国家出版基金项目
NATIONAL PUBLICATION FOUNDATION

科技创新与
科技强国丛书

科技与创新
改变世界

薄智泉　徐　亭　张玉臣　编著

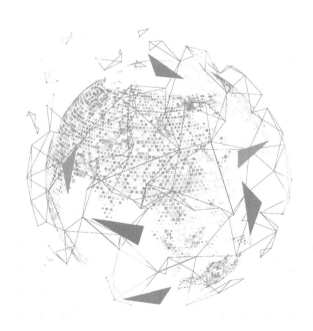

清华大学出版社
北京

内 容 简 介

当前,全球科技与创新的迅猛发展,科技与创新水平不仅体现着一个国家的综合国力,而且创新力也成为一个人的核心素质。鉴于此,本书通过对完整建立创新类型分类图谱,全面介绍创新过程,严谨梳理创新模式和模式创新以及创新战略和战略创新,构建了具备创新思维的框架。通过对前沿科技领域(智慧时代、共享时代和数字时代的典型场景的技术架构、商业模式及创新要点)的综合分析,为了解科技与创新的管理和规划领导力的培养奠定基础,使本书具有很强的系统性、实用性、科普性、启发性和前瞻性。

本书适合从事科技创新实践和管理的所有人员,包括在校学生、政府和企业科技管理人员及相关从业人员以及创业者等阅读。希望读者通过系统地学习创新体系,了解科技赋能应用场景的商业模式及创新要点,把握科技创新管理和提升创新力,用科技与创新改变世界。

图书在版编目(CIP)数据

科技与创新改变世界/薄智泉,徐亭,张玉臣编著. —北京:清华大学出版社,2024.1
(科技创新与科技强国丛书)
ISBN 978-7-302-64451-4

Ⅰ.①科… Ⅱ.①薄… ②徐… ③张… Ⅲ.①技术革新-研究-中国 Ⅳ.①F124.3

中国国家版本馆 CIP 数据核字(2023)第 144324 号

责任编辑:白立军 薛 阳
封面设计:刘 乾
责任校对:韩天竹
责任印制:杨 艳

出版发行:清华大学出版社
       网 址:https://www.tup.com.cn,https://www.wqxuetang.com
       地 址:北京清华大学学研大厦 A 座   邮 编:100084
       社 总 机:010-83470000   邮 购:010-62786544
       投稿与读者服务:010-62776969,c-service@tup.tsinghua.edu.cn
       质量反馈:010-62772015,zhiliang@tup.tsinghua.edu.cn
       课件下载:https://www.tup.com.cn,010-83470236
印 装 者:三河市龙大印装有限公司
经 销:全国新华书店
开 本:185mm×230mm   印 张:16.25   字 数:307 千字
版 次:2024 年 1 月第 1 版   印 次:2024 年 1 月第 1 次印刷
定 价:69.00 元

产品编号:098287-01

"科技创新与科技强国丛书"出版说明

科技是国之利器。建设世界科技强国不仅重要,而且复杂,唯有创新才能抢占先机。当前以人工智能、大数据、互联网、数字孪生、新材料、新能源等颠覆技术为基础的新一轮技术变革使人类进入创新爆发时代。

"科技创新与科技强国丛书"包括首批规划出版的《科技与创新改变世界》《智能时代的科技创新——逻辑与赛道》《科技创新的战略支撑——关键核心技术与新型研发共同体》《能源革命与碳中和——创新突破人类极限》《科技创新与社会责任》,以及正在规划中的《科技服务赋能先进制造——深度融合与模式创新》《科技简史——从中国到世界》《创新联合体——战略科技力量与关键核心技术》《科学基金与科学捐赠——推动科技进步与人类发展》《科学原创——从科学原创到产业集群全链融合》《科技创业家——科技创新与产业创新深度融合》《链长制——产业链与创新链融合发展》《数实融合——高质发展与内涵增长》《AI大模型——算力突围与行业应用》《科技创新之路——案例、路径与方法》等。

本丛书由 SXR 科技智库上袭创新联合体理事长徐亭担任总策划,国际应用科技研究院院长薄智泉担任总编审,丛书在策划立项与组织编写过程中,得到了编委会顾问邬贺铨院士(中国工程院院士、中国互联网协会原理事长、中国工程院原副院长)、赵沁平院士(中国工程院院士、教育部原副部长)、干勇院士(中国工程院院士、中国工程院原副院长)、陈清泉院士(中国工程院院士、香港大学荣誉讲座教授)、褚君浩院士(中国科学院院士、复旦大学教授)、王中林院士(中国科学院外籍院士、爱因斯坦世界科学奖得主、中国科学院北京纳米能源与系统研究所创始所长)、薛其坤院士(中国科学院院士、南方科技大学校长)、黄维院士(中国科学院院士、俄罗斯科学院外籍院士、美国工程院外籍院士、西北工业大学学术委员会主任)、唐本忠院士(中国科学院院士、香港中文大学(深圳)理工学院院长)、谭建荣院士(中国工程院院士、浙江大学教授)、陈纯院士(中国工程院院士、浙江大学教授)、贺克斌院士(中国工程院院士、清华大学教授)、王金南院士(中国工程院院士、生态环境部环境规划院院长)、何友院士(中国工程院院士、海军航空大学教授)、杨善林院士(中国工程院院士、合肥工业大学学术委员会主任)十五位院士联袂推荐。本丛书还得到了联合国科学和技术促进发展委员会主席、世界数字技术院理事长彼特·梅杰；世界数字技术院执行理事长、联合国数字安全联盟理事长、乌克兰国家工程院外籍院士李雨航；第十三届全国政协常委，国际核能院院士，中国科协原党组副书记、副主席张勤；中华人民共和国科学技术部原党组成员、第十一届全国人大教科文卫委员会委员吴忠泽；以及中国上市公司协会会长、中国企业改革与发展研究会会长宋志平；中企会企业家俱乐部主席、深圳国际公益学院董事会主席马蔚华；第十二届全国政协常委、中国石油化工集团公司原董事长、党组书记傅成玉；福耀玻璃集团创始人、董事长曹德旺；海尔集团董事局主席、首席执行官周云杰；360公司创始人、董事长兼CEO周鸿祎等的大力支持。

本丛书分别从三个不同的角度，全面诠释科技创新与科技强国的重要意义。首先是"高度"，从国际视野的高度分析了整体科技的格局，比较了核心科技领域的状况，揭示了科技战略的规划，反映了我国在科技方面的理论创新和实践创新。其次是"宽度"，从全面科技领域及实践的宽度对颠覆科技领域进行了分析，对重大科技工程进行了介绍，对未来科技领域进行了展望。最后是"深度"，从科技创新理论和实践的深度对分散的相关理论进行了梳理，对实践中的规律进行了理论总结和提升，对科技创新理论的进一步发展提出思考空间。

科技是第一生产力，创新是一个民族的灵魂，是建设现代化经济体系的战略支撑，也是实现高质量发展的必由之路。科技人员是科技创新的主体，"科技创新与科技强国丛书"为科技人员量身打造。本丛书通过重点关注科技人员和科技工作者关心的一些热点问题，涵盖了目前科技创新的方方面面，如对科技场景的深入分析，包括结合颠覆科技人工智能、大数据、云计算、区块链、边缘计算、数字孪生、虚拟现实、元宇宙等，为读者展示了智慧时代、共享时代、数字时代典型应用场景的商业模式及创新要点。

那么，本丛书的价值主要体现在哪些方面呢？

第一，较高的体系价值与学术价值。首先是"体系价值"，作为一套丛书，形成一个完整知识体系非常重要。本丛书从科技创新理论、创新力培养、创新力实践、各种科技场景以及社会责任等方面创造了完整的知识体系，在很大程度体现了"体系价值"。其次是"学术价值"，本丛书对创新理论进行了全面梳理，对科技场景进行了深入分析。同时，总结了创新管理和创新力培养的实践指南，提出了构建综合创新生态系统的思路和模式，全面梳理了新型研发共同体的特征和核心领域。

第二，核心的教育价值和创新价值。本丛书由院士担任编委会主任和名誉主任，核心作者有的来自高校，有的来自研究院，有的来自产业界，阵容强大、权威，他们长期从事科技创新的教学、研究和实践工作，保证图书内容的系统性和实用性。对创新既有理论研究，又有产业实践,使学校的创新和创业课不但能够做到有很好的理论支持,而且有很好的实践指导,能够很好地做到产学研融合,达到产学研的深度合作和交流。

第三,关键的科普价值和启发价值。本丛书从科技创新管理、广泛的科技实践等方面进行了科普,无论是管理类人员还是各个不同领域的科技人员都会感到既熟悉又新鲜,具有很强的"科普价值"。丛书从不同角度列举了多个创新案例,提出了多个创新方案,研究了多个创新模式,并加以分析,启发思考,具有"启发价值"。如果希望将"创新"发挥到极致,那就必须从"启发"开始。

第四,深远的国家战略意义。通过对创新理论和创新体系的全面梳理,为个人创新、企业创新指明了方向,通过个人创新和企业创新推动国家创新,从而为科技强国做贡献。

本丛书策划的初心主要是为实现其社会效益。内容涉及科技创新、科技合作、科技成果转化和科技向善,有系统性、实用性、科普性和启发性。读者通过阅读这套丛书,可以提升对科技创新的认识,自觉地宣传和承担社会责任。相信本丛书在激发新时代科技人才创新,以及服务国家战略等层面均将产生积极、深远的影响。希望广大读者发扬创新精神,加强创新意识,提升创新能力,成为在科技时代能够不断寓意创新的重要贡献者,用科技与创新改变世界。

徐 亭 薄智泉

2023 年 8 月

"科技创新与科技强国丛书"编委会名单（排名不分先后）

顾问：

邬贺铨　赵沁平　干　勇　薛其坤　陈清泉　褚君浩　谭建荣　陈　纯
贺克斌　王金南　何　友　杨善林　王中林　黄　维　唐本忠　彼得·梅杰
李雨航　张　勤　吴忠泽　傅成玉　宋志平　马蔚华　曹德旺　周云杰
周鸿祎　杨　军　潘　毅　吴东方　郝志峰　刘常青　杜　兰　卢建新

名誉主任：

陈清泉　王中林　唐本忠

主任：

黄　维

联席主任：

徐　亭　薄智泉

副主任：

张玉臣　沈寓实　廖文剑　高文宇　吴启锋　王　坤

编委会成员：

徐贵宝　谢　坚　贺晓光　杨冰之　林子薇　乔　琦　龚　丽　吴高斌
谢安娜　徐汉群　张世光　王丁桃　王宝臣　王　彬　王志东　徐惠民
陆道云　李　菲　许木娣　沈一涵　徐稚淇

编委会秘书长：

白立军

"科技创新与科技强国丛书"序 1

近年来,全球很多国家都在大力发展科技创新,科技创新是国家核心竞争力的体现,也是推动经济社会发展的重要引擎。科技创新与科技强国日益重要,只有坚持科技创新与产业创新深度融合,科技强国与产业强国齐头并进,才能真正解决高端芯片、操作系统、工业软件等关键技术一体化研发等问题,才能真正做到科技强国。在过去几十年里,中国科技创新取得了巨大的成就,从基础研究到应用技术,从学术界到企业界,都涌现出了一大批优秀的科学家和创新企业。然而,我们也要看到科技创新面临的挑战和问题。一方面,中国科技创新仍然存在着与发达国家相比的差距,特别是在核心技术领域。另一方面,科技创新还需要更好地与经济社会发展相结合,解决实际问题,推动产业升级和转型。为了回应这些挑战和问题,由SXR科技智库上袭公司、国际应用科技研究院和清华大学出版社等单位共同牵头出版了这套"科技创新与科技强国丛书",意义重大,影响深远。

我非常高兴受徐亭理事长和薄智泉院长邀请,担任"科技创新与科技强国丛书"顾问和编委会主任。作为中国科学院院士,我深感科技创新对于国家发展的重要性。本丛书从多个角度探讨科技创新的重要性、现状和未来发展方向。例如《科技与创新改变世界》一书,立足国际视野,展望未来科技领域,对全球科技创新格局进行了深入分析,为科技创新理论的完善与发展开拓了思考空间。从科技理论和实践的相互作用切入、构建成熟技术,到未来科技的发展逻辑框架、遵循现有成果总结,再到未来面临挑战的探索思路,本书循序渐进、环环相扣、阐幽显微,极具启发性,为广大读者奉上了一场丰富而精彩的"书香盛宴"。本丛书中的《能源革命与碳中和——创新突破人类极限》《科技服务赋能先进制造——深度融合与模式创新》《智能时代的科技创新——逻辑与赛道》《科技创新的战略支撑——关键核心技术与新型研发共同体》,都是从产业变革与场景革命的高度梳理了新一轮产业革命的重点成就和未来趋势,既具有科普性、启发性、前瞻性,也具有核心的教育价值和创新实践价值,更具有深远的国家战略意义。特别是能够很好地做到产学研融合,达到产学研的深度合作和交流。

本丛书正在规划编写的《科技服务赋能先进制造——深度融合与模式创新》《科技创新与社会责任》《科技创新之路——案例、路径与方法》《科学原创——从科学原创到产业集群全链融合》《创新联合体——战略科技力量与关键核心技术》《链长制——产业链与创新链融合发展》《科技创业家——科技创新与产业创新深度融合》《科学基金与科学捐赠——推动科技进步与人类发展》等新书,深入研究当前科技创新的热点、难点、痛点、卡点和关键点,既从发展趋势和应用前景进行规划和分析,也充分关注到科技创新与经济社会发展的关系,探索如何更好地将科技创新成果转化为经济效益和社会福祉,极具创新思路,也比较务实,为广大读者了解中国科技创新的现状和未来发展提供有益的参考。

人是科技创新最关键的因素,创新的事业呼唤创新的人才。国家科技创新力的根本源泉在于人。一个又一个举世瞩目的科技成就的取得,靠的是规模宏大的科技人才队伍。而科技人才的培养,离不开重视科技、重视创新的教育。科技创新过程中,需要弘扬科学家精神和学风建设,要求大力弘扬胸怀祖国、服务人类的奉献精神,勇攀高峰、敢为人先的创新精神,追求真理、严谨治学的求实精神,淡泊名利、潜心研究的进取精神,集智攻关、团结协作的协同精神,甘为人梯、奖掖后学的育人精神。牢记前辈们的殷殷嘱托,接过科技创新的接力棒,传承科学家精神,胸怀"国之大者",不单是广大科技工作者的责任,也当是教育工作者的责任和育人的基本遵循。

不创新,不发展科技,企业就难以在竞争环境中生存,国家就会落后,甚至失去真正主权。因此,只有通过个人创新和企业创新推动国家创新,才能实现科技创新与科技强国。希望本丛书能够成为广大读者了解科技创新的重要渠道,激发更多人投身科技创新的热情,共同推动科技创新和科技强国的目标。

科技创新是民族振兴、社会进步的基石,科技报国、强国有我,让我们共同努力。

黄维

中国有机电子学科、塑料电子学科和柔性电子学科的奠基人与开拓者

中国科学院院士、俄罗斯科学院外籍院士、美国工程院外籍院士

西北工业大学学术委员会主任

"科技创新与科技强国丛书"序 2

  当前的国际经济形势给经济增长的动力带来挑战,同时也为科技与创新引领的新产业、新业态和新模式等带来机会。解决经济跨周期问题、克服企业的困难、在国际市场竞争中取胜,都要靠"创新",而且是"有效创新"。因此,人们需要了解创新的体系,认识创新的底层逻辑,这样才能把握有效创新的重要方面。

  首先,了解创新的体系对"有效创新"至关重要。虽然关于"创新"的介绍很多,但是很难找到将"创新"体系化的。本丛书首次对"创新"进行了全面分类,给读者呈现了一幅创新导图,在完整梳理创新过程的同时,将创新类型与创新过程的关系进行了清晰的展示,提出创新过程模型选择的具体方案,对"有效创新"具有实际的指导意义。

  其次,认识创新的底层逻辑是"有效创新"的重要基础。创新活动会产生知识,而创新活动也需要知识要素的投入,创新本质上是一项复杂而系统的、以知识资源为核心的创造活动。从知识的相互转换及知识管理的底层逻辑,本丛书对"创新的模式"进行了深入浅出的分析,系统地阐述了科技成果的转化。从政府、企业、教育及科研机构、第三方技术服务、资本和中介机构六方面说明了科技创新和各方面的关系。科技创新通常被视为一个纯粹的市场化活动,为了持续创新,需要建立一个创新联合体,将政府、企业、高校和科研机构等各方力量凝聚起来,形成一个协同创新的生态系统。高校和科研机构应加强基础和前沿技术的研究,培养更多的科技创新人才,为科技创新的发展提供有力支持。企业应加强与高校和科研机构的合作,共同开展科技研发和技术转移,实现科技成果的产业化和商业化。丛书中对科技成果转化成功典范"硅谷模式"的总结成为精彩的点睛之笔。

  著名的管理学大师德鲁克讲过,"未来商业的竞争,不再是产品的竞争,而是商业模式的竞争。"在科技快速发展的当下,商业模式变得越来越重要,而且商业模式也成了创新最活跃的领域之一,不仅新创立的公司需要认真设计商业模式,运营中的公司也要根据市场发展、行业竞争、新产品和服务的推出,以及科技和经济环境的变化进行调整,以确保企业的核心竞争力。企业不是为了创新而创新,而是为客户创造价值而创新,要在商业模式上动脑筋,学会在价值链或价值网中思考问题,通过改变商业模式的构成要素或组合方式,用不同以往的方式提供全新的产品和服务,不断提高价值创造能力和盈利水平。商业模式创新虽然看起来没有高科技,但却创造了很高的商业价值。而且颠覆科技的发展,商业模式的创新更是推陈出新。丛书中的《科技与创新改变世界》详细总结了 20 种类型的商业模式并介绍了把握商业模式的创新时机,是重要的商业实战指导材料;《链长制——产业链与创新链融合发展》更是从产业链和创新链的深度融合,将模式创新拔高到产业链的维度。

经过 30 多年的基层管理到大型企业的领导工作,在一些创新方面获得一定成功尝试,深刻体会到创新的重要和不易。本丛书对科技创新丰富翔实的介绍和分析,既提供了扎实的理论基础,包括创新图谱、创新过程、创新战略、创新管理、创新力培养、社会责任和创新范式的思考,又展示了丰富的创新场景,包括能源革命与碳中和、智慧时代、共享时代、数字时代、新材料、生命科学甚至未来科技。丛书逻辑清晰,分析透彻,兼具理论性、实用性、科普性和启发性,读之受益匪浅,是对广大管理人员及各行从业者非常有价值的工具书。

宋志平

中国上市公司协会会长

中国企业改革与发展研究会会长

"科技创新与科技强国丛书"序 3

  科技创新从未像当前一样深刻影响着人类生活与生产活动。作为一种革命性力量,科技创新正不断改变世界和社会关系,它既是解决问题的有力武器,也是通往未来的必由之路。

  当前,新一轮科技革命和产业变革深入演进,数字技术与实体经济深度融合,并加速发展。数字经济不但成为全球经济复苏和经济增长的重要引擎,而且也是重组全球要素资源、重塑全球经济结构、改变全球竞争格局的关键力量。在人类拥抱和迎接数字文明时代来临之际,努力让科技创新成为破解人类可持续发展的"金钥匙",推动科技向上和科技向善,促进科技进步和造福人类,已经成为当今世界安全保障和高质量发展的必然选择。

  科技创新是增强经济竞争力的关键,也是推动可持续发展目标的首要引擎。从全球范围来看,由于产业基础、市场规模、人才结构、政策导向、全球化程度等方面的差异,不同国家科技水平的发展呈现较大的差异性,科技创新被赋予更多社会使命和责任。当前,人类社会生存环境呈现多样化、复杂化的发展趋势。倡导开放、包容、信任、互鉴、创新的科学共同体文化,为科技向善赋"正能",为科技伦理守"底线",已经成为世界可持续发展的迫切需要。

  在此背景下,我非常高兴接受清华大学出版社"科技创新与科技强国丛书"编委会委托为本丛书作序。纵观丛书整体架构设计,既从国际视野的高度分析了整体科技的格局,也对颠覆科技领域及重大科技工程进行了介绍,通过对未来科技领域的展望,从科技创新的理论及实践出发对科技创新发展提出思考空间。本丛书从科技创新理论、创新力培养、创新力实践、各种科技场景以及社会责任创造了完整的体系,在很高程度体现了"体系价值"。本丛书从科技创新理论和实践的相互作用、从成熟科技到未来科技的逻辑、从现有成果总结到未来面临挑战,形成环环相扣的"启发价值"。本丛书从《科技与创新改变世界》到《科技创新与社会责任》,从《能源革命与碳中和——创新突破人类极限》到《科学基金与科学捐赠——推动科技进步与人类发展》,从全球视野和多个维度进行顶层设计和统筹规划,对科技创新与科学发展进行了全方位、多角度的深度分析和探讨,为科技创新造福人类发展提供了解决方案和案例支撑,难能可贵。

　　我在联合国任职三十余年,在国际电信联盟工作二十余年,担任联合国科学和技术促进发展委员会领导职务十余年,曾经主持联合国互联网治理工作及联合国与欧洲委员会网络领域合作,并指导多家计算机科技企业。在数字经济快速发展的今天,如何有效构建支撑多元主体的智能时代科技创新?为了建立对数字世界的安全与信任,护航数字经济在全球的发展,实现联合国数字合作路线图"连接、尊重和保护数字时代的人们"的目标,2023 年 4 月,在联合国相关机构的支持下,以成为"全球各国数字技术创新的引领者"为愿景,"世界数字技术院"这个新型研究创新国际组织正式成立,代表了数字时代全球数字技术领域产业界与学术界的最高水平。

　　数字经济作为科技创新的一个重要领域,正改变着经济与社会的方方面面。加快数字化发展,发展数字经济,推进一个安全、可持续、高质量发展的数实融合世界,需要联合国和各个国家的共同努力。宏观世界大至天体运行、星系演化、宇宙起源,微观世界小至基因编辑、粒子结构、量子调控,都是当前世界科技发展的最前沿,而宏观和微观世界的科学研究成果,又会深刻影响和有力推动事关人类生存与发展的科技进步。实现世界的可持续发展目标,可以借助多种科学技术创新途径实现,期待本丛书的出版和发行,在为读者带来惊喜的同时,也为世界科技进步和人类发展做出应有的贡献。

彼得·梅杰

联合国科学和技术促进发展委员会执行主席

世界数字技术院创始人兼理事长

联合国数字安全联盟名誉理事长

"科技创新与科技强国丛书"序 4

世界经济论坛主席克劳斯·施瓦布说,第四次工业革命将颠覆几乎所有国家的所有行业。这也使得科技与创新在国家发展和企业竞争中上升到了前所未有的战略高度。

习近平总书记在二十大报告中指出,必须坚持科技是第一生产力、人才是第一资源、创新是第一动力,深入实施科教兴国战略、人才强国战略、创新驱动发展战略,开辟发展新领域新赛道,不断塑造发展新动能新优势。

立足于时代大背景,着眼于国家战略,清华大学出版社出版"科技创新与科技强国丛书",从国际视野分析了整体科技的格局,并从全面科技领域及实践的宽度对颠覆科技领域进行了分析,对重大科技工程进行了介绍,对未来科技领域进行了展望。更可贵的是,丛书对实践中的规律进行了理论总结和提升,对科技创新理论的进一步发展提出思考空间。这套丛书既有顶级院士、学者的前沿力量研究支持,又有产业管理者的鲜活实践加持,很好地做到产学研融合,为无论是个人创新还是企业创新提供了启发。

关于技术与创新的关系,战略专家凯翰·克里彭多夫提出了这样一个观点:最伟大的创新都是概念的创新,而非技术本身的创新。他认为,当我们开始思考概念转变是如何推动技术发展,并开始了解改变演变的方式时,我们就能更好地理解创新是如何发生的。

概念或者是理念的提出或革新让我们对认识事物、认识世界、理解世界趋势形成了一种新共识。这种新共识将推动我们对技术形成新的理解,进而推动技术变革,并应用到更新的领域,为人们的美好生活、为社会的发展、为人类的进步创造价值。

创新的概念最早是熊彼特定义的,他认为创新就是建立一种新的生产函数,也就是说把一种从来没有过的关于生产要素和生产条件的"新组合"引入生产体系。而这种创新被认为是企业家的特质和职能。德鲁克对创新则定位为"创新就是创造一种新资源"。但他不再将"创新"归结为仅是企业家个体的行为,而是提出"每个人都是自己的 CEO",也就是每个人都是创新的主体。

物联网时代是一个"流动的时代"。对企业而言,用户的需求是不确定的、时刻变化的。只有让人人都创新,才能为科技持续和更深刻的创新提供源源不断的动力,才能为用户提供持续迭代的最佳体验。

而这也需要企业从理念到机制上全面创新的支持。

海尔正在全面推进向物联网生态的转型，这是一个自理念到机制、到技术全面转型和创新的系统性工作。自创业开始海尔便明确的"人的价值最大化"宗旨在今天更凸显出其价值和意义。我们推进了从小微到链群合约生态的组织变革，搭建了让人人都有机会成为创业家的平台，释放了每个人的自主创新意识。链群中每个节点围绕用户的体验迭代、围绕用户的美好生活自主创新、迭代升级。也正因如此，海尔在智慧住居生态和产业互联网生态等赛道上无论是从技术创新，还是体系变革，乃至在带动产业转型方面都取得了一些成果。这也让我们对科技与创新改变世界有了更深刻的理解。

诺贝尔经济学奖获得者埃德蒙·菲尔普斯说，万众创新是经济增长和社会活力的源泉。让人人都创新，让人人都成为自主创新的主体，会带来更美好的世界。

周云杰

海尔集团董事局主席、首席执行官

PREFACE

序　　1

尖端科技无疑是一个国家的核心竞争力。当前以人工智能、大数据、互联网、数字孪生、新材料、新能源等颠覆技术为基础的新一轮技术变革使人类进入创新爆发时代。传统产业基于产业内的协同创新、企业内的研发团队的封闭式创新、企业间的联盟式战略创新已经一定程度地被基于大数据与互联网环境下的开放式创新所取代。全面熟悉创新类型、恰当的创新选择、快速有效的科技成果转化以及灵活的商业模式运用就变得非常重要。本书正是为广大读者解决这些问题提供新的视角和视野。

本书在全面梳理创新类型的基础上，从多个维度为创新选择提供了具体的建议。通过对创新过程的了解，依照创新过程与创新类型的关系，在选择创新过程之后来确定创新类型。创新战略则是通过深入浅出的创新战略分析，提出了具体的选择方法。而战略创新是从更高的层面来进行创新设计和选择。

快速有效的科技成果转化是各国都非常关心的问题。本书深入地阐述了知识以及创新模式的系统知识，帮助读者透彻地了解科技成果转化的底层逻辑。在全面介绍了科技成果转化的主体和形式之后，"硅谷模式"就变得呼之欲出了。由于科技成果转化主体涉及各个层面，所以对各类主体都有参考价值。每个个体或机构，创新的同时都需要考虑应用场景和如何落地；各级地方政府都需要考虑如何创造好的科技成果转化生态和环境。学习成功的经验是很重要的，学习是"跟跑"，在科技成果转化方面我们只有先"跟跑"，才能逐渐发展到"并跑"，最终实现"领跑"。

在科技跨界融合和创新的时代，支撑尖端科技的是人才和教育，尤其是创新人才的培养。培养更多、更优秀的富有社会责任感的拔尖创新人才，是未来中国教育努力的目标和方向。本书不仅对创新的知识体系进行了完整系统的介绍，对重要的应用场景进行了展示和说明，更重要的是对"创新力培养"提出了具体指南。例如，在全面总结了"创新力核心三要素"的基础上，创造性地提出了直观的"创新能力的加减乘除法则"，大大简化了培养创新力的手段,并提出行之有效的"五多"(多思、多看、多听、多讲、多做)的具体行动建议。本书是帮助"创新"被广大民众接受的很好的读物,也是对目前教育多样化的程度不足而无法满足创新人才培养的一个补充。让我们怀揣梦想,用科技与创新改变世界!

唐本忠

中国科学院院士

发展中国家科学院院士

香港中文大学(深圳)理工学院院长

科技创新是第一生产力。因此，创新是一个产业、一个领域长远发展的不竭动力，以多学科技术交叉创新、多产业商业模式互补创新、多层次立体研发体制创新正是当前的节奏，同时也可以看出创新过程不但重要，而且复杂。本书以有限的篇幅很好地解决了创新过程面临的挑战。

首先，本书引经据典地系统总结了创新的理论体系。在创新实践中，不同的阶段、不同的角色、不同的环境、不同的问题，需要有效地选择创新战略、商业模式以及创新手段。例如，本书在完整系统地陈述了创新类型和创新过程的同时，还揭示了创新过程与创新类型的关系。创新战略需要围绕企业经营战略，而企业都要选择一套符合自己的发展创新战略。本书全面介绍了创新战略选择要素，包括创新的基础、创新的对象、创新的水平、创新的程度、创新的方式、创新的成分以及创新实现的时机等，并详细描述了创新战略的实施步骤。需要强调的是该书首次严格区分了创新模式和模式创新，以及创新战略和战略创新这两组核心概念，为读者正确地运用创新体系奠定了基础。

行之有效的科技创新都离不开应用场景，我现在努力推动的"四网四流"融合，就是突破性的环形思维取代线性思维，其核心思想是可以采用先进的信息及数字技术，即将大数据、云计算、5G、人工智能、数字孪生等技术的结合，从数据变知识，再通过数字化变知识为智能。从而实现智能化、网联化、共享化、数字化。我欣喜地发现该书涵盖了深入而丰富的应用场景，包括智能制造、智慧医疗、共享工厂、智慧教育、碳中和、数字城市、元宇宙等，与"四网四流"融合有异曲同工之妙，同时又是对前面创新体系应用的具体展示。

创新的三大要素中，理念是创新的灵魂，创意是创新的源泉，人才是创新之本。如何培养人的创新力？本书也给出了答案。我过去曾经分享过我的观点，创新人才有四个特征：一是有深厚而扎实的基础知识；二是有敏锐的观察力，能够从本源上发现重大问题，准确把握科技发展趋势；三是具有严谨的科学思维能力和对事物做出系统、综合分析与准确判断的能力；四是具有敢于创新的勇气和善于创新的能力，敢于面对困难，同时又要符合科学思维的规律。在本书中总结为：创新思维能力表现在怎么想，创新技能能力表现在怎么干，而创新人格能力表现在动机如何的三个核心要素，表达得清晰充分，并提供了具有实操性的创新力提升的方法。要创新，思维方法很重要，前面我已经几次提到，我也一直提倡创新需要多维思维，所以我非常欣赏书中对提升创新力"多思"的透彻解释。"思"本身包含着很丰富的内容："思维""思路""思考""思想"等。具体展开包括：联想力是创新力的基础，想象力是创新力的催化剂，发散思维是创新力的核心之一，聚合思维是创新力的关键，逆向思维是创新力的突破，系统思维是创新力的精髓等，非常具有启发性。

书中类似这样高屋建瓴、画龙点睛之笔还有很多，例如，把握商业模式的创新时机、传统的战略方法与战略创新方法的比较等。读者如认真揣摩、细细品味，一定会受益匪浅。

陈清泉

中国工程院院士

英国皇家科学院院士

香港工程科学院院士

世界电动车协会创始主席

国际院士科技创新中心（IASTIC）创始人、主席

PREFACE

序　　3

当今世界，创新是主旋律。创新使得科技革命和产业变革日新月异，科技创新与经济、社会发展以前所未有的广度、深度、力度加速融合，全球已进入重大创新密集涌现的重要时期。新冠疫情加速了人们工作、生活场景的线上迁徙，在网络和技术的催化下，倒逼创新生态加快形成。世界科技强国出现了不少跨界融合的新赛道，衍生出新经济、新产业等新场景。要抢占创新发展新高地，就要集聚人才资源，培养一流的创新人才。我从事创新理论和科技政策研究多年，很期待一本系统介绍创新体系并具有实践指导性的书籍。《科技与创新改变世界》犹如一股清泉，滋润着这块市场需求。细细读来，如沐春风。发现本书用有限的篇幅，从三个层次对主题进行了全面阐述。

第一个层次是构建了完整的创新体系。本书不但对创新类型进行了全面总结分类，对创新过程做了完整的表述，而且还将创新模式与模式创新以及创新战略与战略创新区分开来，解决了过去实践中概念有些混淆、表述不够严谨的问题。更重要的是对完整创新体系有了全面、深入的认识，可以有效进行创新战略规划和创新实践。以深圳为例。深圳之所以仅仅用四十多年，就从一个小渔村成功打造成创新之都，就是因为深圳的创新不仅有科技创新，还有制度创新、管理创新、理念创新、文化创新等综合创新。对于一个企业和个人也是一样，如果要快速提升创新能力，了解完整的创新体系是必要的。

第二个层次是对应用场景的深入分析。云计算、大数据、物联网、工业互联网、区块链、人工智能、虚拟现实和增强现实等各种前沿数字技术形成了颠覆科技的核心基础，云计算、边缘计算、数字孪生等拓展了高性能计算的发展模式，先进网络及 5G 通信基础设施加速了大数据、人工智能、区块链的深度融合，推动了计算网络化、网络智能化、传感智能化的深入发展，激发了技术创新活力和应用潜力。本书不仅诠释了这些颠覆科技对应用场景赋能的原理，还通过创新要点的总结揭示了成功案例与创新体系的内在联系，帮助读者透过现象挖掘问题的本质。

第三个层次是对具体实践的指导。科技创新的评价对于理解科技创新规律、提高科技管理效率具有重要意义。本书在创新体系展示和应用场景分析的基础上，从知识产权、人才管理以及资金管理三个维度对科技创新管理展开讨论,并提出了创新力"五度"境界,由此对创新力提升效果展现了具体评价标准。

　　本书由浅入深、逻辑清晰、入情入理、大道至简,具有系统性、指导性和启发性。对于普及大众对创新体系的认识,推动各种技术新发展和新应用,提升科技创新能力都有着重要的借鉴意义,是一本值得一读的佳作 。

吴忠泽

中华人民共和国科学技术部原党组成员

十一届全国人大科教文卫委员会委员

FOREWORD
前　言

　　科技引领发展，创新赢得未来。日新月异的颠覆科技不断出现，的确给民众的生活带来了便利和美好体验，同时又打破了既有的平衡和陈旧的习惯；而对一个企业和国家而言，科技水平决定着其综合实力和未来命运。创新力是一个企业的重要生存法则和核心竞争力，对一个群体和国家是重要的发展动力，而对个人来说，创新力是一个重要素质。不创新，不发展科技，企业就难以在竞争环境中生存，国家就会落后，甚至失去真正主权，个人就会在职场失去竞争优势。因此，深入学习和了解科技与创新，无论是对个人还是企业乃至国家都是至关重要的。

　　虽然科技创新已经家喻户晓，人们也在津津乐道像抖音、拼多多这种企业的快速崛起，以及苹果、亚马逊、微软这些公司富可敌国的传奇，显然这些都是特定条件下的产物，虽然仍有学习和借鉴的价值，但是对于普通工作者或创业者并不具备普遍指导意义。虽然人们的创新意识在不断加强，但是绝大多数缺乏实践性的系统知识作为后盾。围绕创新，有很多关于创新方面的论述专著，主要集中在创新发展史、科技创新管理、科技创新政策或一个具体细分领域的论述。关于科技，虽然大数据、人工智能、区块链、虚拟现实、5G、工业互联网及目前正在兴起的元宇宙等专题的书籍琳琅满目，但是缺乏一本关于科技创新系统性的、科普性的，并与主要颠覆科技相结合的实践性指导书籍。

　　本书创造性地提出了创新 LCCSMFD 分类模型，对创新的分类和概念进行了系统总结，提纲挈领地归纳了简单实用的"加减乘除"构建创新项目法则和创新能力法则。对创新过程介绍之后，分别用 4 章的篇幅对创新的模式和模式创新以及创新战略和战略创新进行了梳理，澄清了普遍对这两对概念严重混淆的问题，分析了科技成果转化的过程，也了解了"硅谷模式"的理论基础，这样就奠定了具备创新思维的框架。例如，在计划一个创业项目的时候就会理性地从创新战略入手，选择一个或几个创新类型，制定相应的创新模式。通过对前沿科技领域在智慧时代、共享时代和数字时代典型场景的技术框架、商业模式及创新要点的综合分析，揭示了科技与创新的内在联系。这些新兴领域在各自领域迅速发展的同时又在相互交叉融合，伴随着颠覆创新也是层出不穷，如科技创新、模式创新、协同创新、开放创新等，科技与创新的作用与反作用,进入一个高速和跨越式发展的阶段,颠覆科技的发展和创新的进步成为世界经济发展的核心动力,同时也为创新赋予了新机会、新功能、新思维。

概括起来,本书的核心内容分为三个层次:一是对创新理论进行了全面梳理,包括创新的概念和各种类型的创新,即创新模式、模式创新、创新战略、战略创新以及创新的过程,为读者建立了完整的创新理论体系;二是对科技场景的深入分析,包括结合人工智能、大数据、云计算、区块链、边缘计算、数字孪生、虚拟现实、元宇宙等颠覆科技,为读者展示了智慧时代、共享时代、数字时代典型应用场景的商业模式及创新要点;三是总结了创新管理和创新力培养的实践指南,包括风险管理、知识产权保护、人才管理、资金管理、过程管理,以及构建创新项目法则、创新核心三要素、创新能力法则,帮助读者通过"五多"达到"五度"境界,将创新理念和方法运用到工作和生活中,使本书成为广大读者快速提升创新力的重要工具。

本书为国家出版基金项目"科技创新与科技强国丛书"的开篇之作。"科技创新与科技强国丛书"是由国际应用科技研究院和SXR科技智库上袭公司共同策划和组织编写的。国际应用科技研究院是一家以科技成果产业化为主的非营利国际组织机构,通过全领域及全地域覆盖,定位于以高科技产业应用技术研究、战略性新兴产业培育、科技成果转化、应用技术培训为核心,搭建了一个推广应用技术的平台、交流应用技术的桥梁、科技创新培训的中心;凭借先进的技术优势、人才优势和管理经验,充分整合、挖掘和调动国际各领域科技资源赋能科技成果转化和科技创新实践。SXR科技智库上袭公司是一家以科技为主的非营利、综合性的战略研究和决策咨询机构,携手战略合作伙伴,为政府、高校、企业提供科技决策咨询、科研成果产业化和持续经营体系解决方案,努力成为新时代科技咨询综合性思想库、科技咨询开创者和代言人;通过"上袭奖(SXR Prize)委员会、上袭科学基金与科学捐赠(SXRSF)委员会和上袭家族办公室(SXRFO)委员会"三位一体,以SXRIC上袭创新联合体新型组织模式,推动科技不断进步和人类持续发展。

本书由薄智泉、徐亭、张玉臣编著,核心体系、框架及方法论出自薄智泉及国际应用科技研究院多年来对创新实践的积累,徐亭及张玉臣团队提供了丰富的案例。在本书编写过程中还得到了邬贺铨院士(中国工程院院士)、赵沁平院士(中国工程院院士)、干勇院士(中国工程院院士)、陈清泉院士(中国工程院院士)、褚君浩院士(中国科学院院士)、王中林院士(中国科学院外籍院士)、薛其坤院士(中国科学院院士)、黄维院士(中国科学院院士)、唐本忠院士(中国科学院院士)、谭建荣院士(中国工程院院士)、陈纯院士(中国工程院院士)、贺克斌院士(中国工程院院士)、王金南院士(中国工程院院士)、何友院士(中国工程院院士)、杨善林院士(中国工程院院士)十五位院士联袂推荐,以及中国民营科技实业家协会副秘书长龚丽、中国民营科技实业家协会元宇宙工作委员会副会长兼秘书长吴高斌、TOP10000 企业家智库执行理事长吴启锋、SXR 上袭研究院副院长高文宇、清华大学出版社首席策划编辑白立军等的大力支持。另外,陈劲教授(清华大学技术创新研究中心主任、经管学院创新创业与战略系教授)和吴晓波教授(浙江大学管理学院原院长、社会科学部主任、创新管理与持续竞争力研究中心主任)提供了自己的创新研究作品作为参考文献并进行了学术互动,在此一并表示衷心的感谢。

随着颠覆科技的快速迭代对人们生活的深刻影响,创新应该是大众化的、全球化的,颠覆科技的常识以及创新的意识应该是普遍具备的。本着系统性、科普性、实用性及启发性的原则,希望读者在短时间内可以了解科技与创新的规律和管理,规划创新力的实践和培养,成为在科技时代能够不断锐意创新的重要贡献者,用科技与创新改变世界!

薄智泉　徐　亭　张玉臣

2023 年 8 月

CONTENTS

目　　录

第 1 章

创新概述

学习目标：

- 了解创新的概念与价值。
- 熟悉创新类型图谱。
- 认识创新的意义。

1.1 什么是创新

什么是创新？这一定是大家首先要问的问题。创新（innovation）首先是由哈佛大学教授约瑟夫·熊彼特（Joseph A Schumpeter）提出的。所谓创新就是将原有的生产要素重新排列组合，进而获得暂时的垄断以获得超额的利润。随着科技的发展和社会的进步，"创新"的内涵也愈加丰富。例如，从创新的产生流程视角出发，创新可界定为以创意产生为始，涵盖设计（包括产品设计、模式设计等）、研发、测试、制造（成型）等过程，以市场化创造利润和被社会接受为结果的一项复杂活动。为了更好地把握创新，正确理解创新的概念及其本质是很重要的。创新其实并不是遥不可及的事情，生活中的点点滴滴都存在创新，比如近些年来愈加重要的手机便是很典型的创新案例。经过三十多年的发展，手机经历了几代产品的创新升级，在外观、功能等方面都不断迭代升级，如从键盘到触屏、从开始单一的语音通信功能到逐渐丰富的短信文字、图片、视频、游戏交互等。从这个人们身边最直接的例子可以看出，创新是没有真正边界的，可以是新设计、新方法、新工艺、新材料、新产品，也可以是新模式、新结构、新组织。在颠覆科技的背景下，创新的空间更加广阔，但无论如何发展，有一点是不变的：创新以创意开始，发展无限，没有终点。因此，培养创新力最首要的便是学会产生创意，更确切地说，是产生可以转化成真正创新的创意。除此之外，创新若想不断延伸与提高,还需要借助外力。在科技创新已经成为且可能会继续长期成为最突出和明显的创新形式的背景下,借助对科技的全面了解,可以帮助创意成为创新,可以帮助创新不断延伸提高。

既然创新是从创意、设计、研发向成型和市场化转化的全过程,企业如何搭建从创新到成型的桥梁便成为创新的关键。创新活动强调战略与创意、研究与发展、成型与营销的有效整合,对于企业而言,同样也需要以上四大职能的有效协同,因此,若要做好组织创新,如何将以上四点很好地协调和组织是重中之重。

1.2　创新的发展历程

"创新"的发展伴随着科技的进步,科技在多个维度的发展也展示了创新发展的丰富历程。

"创新"源自 16 世纪拉丁语 Innovationem,它最初被用作行动的名词——"新思想,新设备或新方法"。随着工业革命的兴起,创新观念与科学、新机器和新产品的发明联系在一起。随着各国政府开始强调将实验室研究和专利作为经济优势的源泉,创新者成为积极的贡献者。

1939 年,著名经济学家、哈佛大学教授约瑟夫·熊彼特提出发明创造与创新是有所区别的[1]。到 20 世纪 60 年代,新技术革命迅猛发展。美国经济学家华尔特·罗斯托把"技术创新"提高到"创新"的主导地位。林恩(G. Lynn)认为技术创新是"始于对技术的商业潜力的认识而终于将其完全转化为商业化产品的整个行为过程"[2]。美国国家科学基金会(National Science Foundation,NSF)也从 20 世纪 60 年代开始兴起并组织开展对技术变革和技术创新的研究,其研究报告中提到,技术创新是从新思想、新概念开始,通过不断地解决各种问题,最终使一个有经济价值和社会价值的新项目得到实际的成功应用[3]。到 20 世纪 70 年代下半期,NSF 又将技术创新扩展为"将新的或改进的产品、过程或服务引入市场",大大拓宽了技术创新边界。

从 20 世纪 70—80 年代开始,有关创新的研究进一步深入,开始形成系统的理论,在后面章节中会进行具体介绍。从经济学角度出发,技术创新明确只包括新产品、新过程、新系统和新装备等形式在内的技术向商业化实现的首次转化。

进入 20 世纪 90 年代,在信息技术推动下,知识社会的形成及其对技术创新的影响进一步被认识:科技创新是一个科技、经济一体化过程,是科学技术进步与应用创新共同作用的产物。许多国内外学者也进行了系统的总结,比较有代表性的有"五代创新模型",将在第 2 章中详细介绍。进入 21 世纪,尤其近十年,随着互联网、大数据、人工智能、5G 通信等技术的发展和成熟,学者对技术创新的研究也步入新高度,同时这也是本书重点探究的内容。

近年来,随着"创新"的学科性质不断凸显,围绕"创新"的发展历程也有很多专门的分析介绍,而且视角丰富。例如,学者董洁林从一个个引人入胜的科技创新故事,将需求层次理论应用于对人类发展历史的重述中,又把人类的科技创新分为 6 个不同的层级重新梳理其发展脉络[4];杨旸从人类发明石斧开始,讲到当今互联网经济催生的各种爆品,完整再现了创新在人类历史中的发展历程,总结出了"根创新""域创新""维创新"三个创新的基本逻辑[5]。

1.3　创新的价值

创新是企业生存与发展的不竭源泉和动力,没有创新就缺乏竞争力,没有创新也就没有价值的提升,科技创新则日益成为促进经济增长和提高科技竞争力的关键。世界著名咨询公司普华永道通过对 7 个国家 399 家企业的一项财务指标的分析发现,业绩高增长的企业往往具有较强的创新性,而低增长的企业往往相反。随着知识经济时代的来临,越来越多的企业发现,仅有良好的生产效率、足够高的产品质量甚至高度的灵活性已不足以保持市场竞争优势。创新正日益成为企业生存与发展的不竭源泉和动力。

在 20 世纪上半叶,一项技术从发明到商业化成功往往需要几十年。然而,进入 20 世纪下半叶以后,科技创新的周期越来越短。20 世纪上半叶,电话走进 50% 的美国家庭用了长达 60 年,而互联网进入美国家庭只用了 5 年。著名的摩尔定理也验证了技术创新周期加快的趋势,即"单位面积芯片的存储量每 18 个月增加一倍""主干网的宽带将每 6 个月增加一倍"[6]。软件产业产品生命周期(一个产品从引入到从市场上退出或被其他产品替代的时间)已经变为 4~12 个月;计算机硬件产品和电子消费产品为 12~24 个月,大的家电产品为 18~36 个月。产品生命周期还在继续缩短,这一趋势促使企业将创新作为一个强制性战略——如果一个企业不能快速创新,其产品就会过时,市场份额也会开始下降[7]。企业通过明确到底可以组织哪些类型的创新可以有效帮助其发现最适合的创新,故了解创新的类型十分必要。本书对创新类型进行了全面梳理,并建立了创新类型模型或图谱,便于读者全面认识并有效地把握。

1.4 创新的分类

自创新理论创立以来,各国学者根据不同的标准和维度对创新进行了分类,分类繁多,错综交叉。因此,本书提出了 LONSEFS 创新分类模型或图谱,就是从 Level(程度)、Continuity(连续性)、Nature(性质)、Structure(结构)、Method(方式)、Field(内容)、Strategy(战略)七个维度来进行分类,如图 1-1 所示。

(1)按照创新程度的不同划分:渐进性创新(incremental innovation)、突破性创新(radical innovation)。

(2)根据创新的连续性划分:连续性创新(sustaining innovation)、颠覆性(破坏性)创新(disruptive innovation)。

(3)根据创新的性质划分:模仿创新(imitative innovation)、自主创新(independent innovation)、合作创新(cooperative innovation)、协同创新(collaborative innovation)和集成创新(integration innovation)。

(4)根据创新的结构划分:架构创新(architectural innovation)、模块化创新(modular innovation)。

(5)根据创新的方式划分:封闭式创新(closed innovation)、开放式创新(open innovation)、偶发性创新(serendipitous innovation)、设计驱动创新(design driven innovation)和逆向创新(reverse innovation)。

(6)根据创新的内容划分:产品创新(product innovation)、工艺(流程)创新(process innovation)、技术创新(technological innovation)、服务创新(service innovation)、商业模式创新(business model innovation)、营销创新(marketing innovation)、金融创新(financial innovation)、战略创新(strategic innovation)、组织创新(organizational innovation)、教育创新(educational innovation)、文化创新(cultural innovation)、社会创新(social innovation)等。

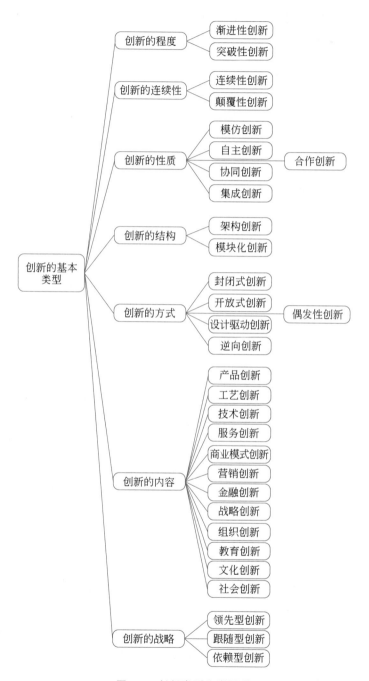

图 1-1　创新类型分类图谱

（7）根据创新的战略划分：领先型创新（leading innovation）、跟随型创新（follow-up innovation）、依赖型创新（dependent innovation）。

1.4.1 创新程度的划分类型

按照创新程度的不同，创新可以分为渐进性创新和突破性创新。

1. 渐进性创新

渐进性创新是指，在现有概念、产品或服务基础上进行的渐进和逐步的改进和提升。大多数创新是渐进性创新。渐进性创新仅比产品或服务的先前版本好一点，并且与现有产品配方或服务交付方法相比仅稍有变化。

尽管渐进性创新不会创造新市场，并且通常不会包含根本性的新技术，但是如果能够以较低的成本提供更好的功能和价值，那么该产品或服务也可能会吸引一个更大的主流市场。

举例说明：电冰箱是伴随着每一个家庭的最核心的家用电器之一，就是一个渐进性创新的经典案例，因为它在不断改进，体积、材料、外观设计、效率等都在不断变化和改进，但其核心功能和组成部分几乎保持不变。例如，主流客户可以拥有不到一千美元的标准双门冰箱，而要求更高的客户也可以花上数千美元获得更高端的产品。

渐进性创新对现有产品的改变相对较小，能充分发挥已有技术的潜能，虽然单个创新所带来的变化很小，但它们的累计效果常常超过初始创新。虽然渐进性创新对企业盈利状况的影响往往是相对较小的，但通过渐进性创新，能够提高顾客满意度，增加产品或服务的功效，由此也可以产生正面的影响。因此，渐进性创新的便利之处在于它通常很容易被接受，因为不需要解释产品或服务的关键原理，人们已经熟悉它的工作原理了。

虽然渐进性创新成本低、易实现，但是也存在一些不足。

（1）渐进性创新不一定会产生巨大的影响，因为通常仅比已有的略好。

（2）存在产品过于复杂和增加太多人们不想支付的功能的风险。因此，除非特别设计针对个性化需求的客户群提供个性化产品和服务之外，否则还应该以简约、大众化为主，以便经济实惠地服务大众消费群。

（3）在市场或者其他相关科技发生重大变化而出现突破性创新成果的竞争对手时，如果还是仅依靠渐进性创新，将不足以跟上变化甚至会被淘汰，过去很多大众熟知的产品后来逐渐销声匿迹就是这样造成的。

（4）渐进性创新很容易被竞争对手抄袭，从而"先入者"的优势很快就丧失殆尽。如果企业一味寻求渐进性创新,很可能会忽略新产品的开发,为顾客提供的也总是一成不变的价值。

因此,企业在集中精力改善核心产品和业务的同时,还必须寻找新的业务模型,采用颠覆性创新等其他新方法来创造价值。

2. 突破性创新

突破性创新是指以前所未有的全新方式解决了需求,甚至为不为所知的需求和问题提供了解决方案,从而彻底改变了市场甚至整个经济。突破性创新过去出现频率较少,因为它具有与颠覆性创新相似的特征,但是在使用革命性技术和新商业模式的方式上有所不同。随着近些年来颠覆科技的快速发展,突破性创新开始变得越来越重要。由于突破性创新与人们习惯的创新截然不同,因此通常一开始它确实会面临很大的阻力。这些类型的创新通常需要大量的时间和技术开发,才能为主流市场所接受。但是一旦创新成功,就会开启一个新时代,会对社会和生活产生深远的影响,还会波及和影响许多领域。

举例说明:互联网的出现就是典型的突破性创新的例子,互联网的创新彻底改变了整个世界运作和交流的方式。这些颠覆性的创新为社会提供了一个建立在其上的平台,带动了几乎可以想到的所有领域的改变和创新,从而极大地促进了经济增长。还有现在越来越重要的人工智能(AI)、量子计算、基因组测序等,数不胜数的技术均为突破性创新。

1.4.2　创新连续性的划分类型

根据创新的连续性划分,创新分为连续性创新和颠覆性(破坏性)创新。

1. 连续性创新

就像渐进性创新,连续性创新每次迭代都会使连续性创新的产品性能和服务内容略有提高,从而减少了缺陷。如果产品或服务的目标客户是要求更高的高端客户,那么产品或服务的改进版本可能会比上一版本价格更高且利润也会更高。针对许多传统的产品和服务,连续性创新通常是足够的,因为连续性创新是增量利润空间的,风险也比较低。而另一方面,连续性创新对市场的增量是缓慢的。

举例说明:汽车经过一百年的快速发展已经成为大多数人生活不可缺少的一部分,2017 年达到历史上全球年产峰值近一亿辆,在这一百年中,汽车在不断持续创新。1908 年,福特的 T 型车使汽车进入大众生活,迎来汽车的第一次快速发展,奔驰、福特、通用等 20 多家汽车公司相继成立,汽车产量大幅提升,汽车技术也有了很大进步。变速器、四轮制动、独立悬挂技术、压减震器都是在这个时期发明的。第二次世界大战结束后,汽车产量增长了近10倍。汽车技术方面出现了前轮独立悬架、自动变速器、全轮驱动等。到了20世纪70—80年代,汽车公司之间竞争激烈,也增加了连续创新的动力。进入20世纪90年代,随着电子技术的飞速发展,汽车电子快速发展,安全气囊、制动防抱死控制系统(ABS)、牵引力控制系统(TCS)和驱动防滑控制系统(ASR)等技术出现,大大促进了汽车产业的革新。进入21世纪,随着互联网和移动互联网的崛起,GPS、蓝牙等成为标配。随着空气污染及石油短缺问题的日益严重,接下来即将迎来汽车的颠覆创新时代——新能源汽车。除了汽车,人们天天用到的家用电器几乎个个都是持续创新的典型案例:电视、冰箱、洗衣机等。

2. 颠覆性创新

颠覆性创新通常称为破坏性创新,是由哈佛商学院教授克莱顿·克里斯滕森(Clayton Christensen)首先提出的,后来在他的《创新者的困境》一书中引入了这一概念[8],据说这也是乔布斯最喜欢的一本书之一。颠覆性创新是指通过重塑现有市场或创建全新市场来创建新价值网络的概念、产品或服务的创新理论。近几十年科技的发展日新月异,颠覆性创新的重要性也愈加凸显。颠覆性创新是传统业务方法失败亟须开发新功能的必经之路,尽管风险很大,但一旦创新成功,则将带来巨大的创新潜力。

举例说明:传统胶卷相机曾经红极一时,最终却被后来居上的数码相机所颠覆。数码相机刚刚问世时,并不是多么完美的产品,像素比较差,成像也存在很多问题。就算当时它存在这样或那样的不足,但通过持续不断的改进和创新,最后成功彻底颠覆了胶卷相机。在数码相机成功颠覆了胶卷相机之后,很快就遇上一个使用更加方便的竞争对手——智能手机。现在,手机拍照的像素越来越高,美颜又很强大,又配有各种方便的编辑软件,因此数码相机又正在被智能手机所颠覆,与胶卷相机被颠覆一样,原因就是更加方便,并且可以满足人们的大多数需求,这就是颠覆性创新。

1.4.3　创新的性质划分类型

根据创新的性质划分,创新可分为模仿创新、自主创新、合作创新、协同创新和集成创新。

自主创新与模仿创新并不是互相对立的,而是统一的、相融的。模仿创新也有创新的成分,自主创新可获得知识产权,模仿创新也可以获得知识产权。

1. 模仿创新

模仿创新是指创新主体通过向率先创新者学习创新的思路、经验和行为,吸收其成功经验和失败教训,引进购买或破译率先创新者的核心技术和技术秘密,并对技术进行进一步改进和完善,根据市场特点和趋势加以深入开发的创新行为[9]。

模仿创新的优势在于可节约大量研发及市场培育方面的费用,降低投资风险,也回避了市场成长初期的不稳定性,降低了市场开发的风险。但同时要求模仿创新者拥有极强的技术消化能力、技术完善能力和变通能力。随着创新主体的实力不断雄厚,创新就逐渐由模仿创新向自主创新过渡。

2. 自主创新

自主创新就是指企业通过自身努力和探索产生技术突破,攻破技术难关,并在此基础上依靠自身的能力推动创新[7]。倪光南院士认为,自主创新是在自主掌控下,利用一切可利用资源,形成体制、机制、产品及技术上的竞争力,并形成持续创新能力。李国杰院士认为,自主创新也不是鼓励从头做起,集成创新和引进技术的消化、吸收、改进也是自主创新的组成部分。提倡自主创新主要是指应尽量争取避免完全受制于人,自主创新同样可以涵盖广泛的内容,除了科技方面的自主创新,在商业模式、管理机制、战略规划、市场营销等方面依然有自主创新的空间。概括起来就是:一是创新是靠自身力量完成的;二是创新成果有一定的突破和颠覆性。

3. 合作创新

合作创新通常是两个或多个独立团体为了一个共同利益而达成的合作伙伴关系,各自以资源共享或优势互补为前提,有明确的合作目标、合作期限和合作规则,合作各方在科技创新的全过程或某些环节共同投入、共同参与、共享成果、共担风险。

合作创新既包括具有战略意图的长期合作,如战略联盟、行业组织,也包括针对特定项目的短期合作,如研究开发产业链中的相关部件。近年来,合作创新已经成为国际上一种重要的科技创新方式,由于企业或组织之间合作创新的动机不同,合作的组织模式也多种多样。

狭义的合作创新是企业、大学、研究机构为了共同的研发目标而投入各自的优势资源所形成的合作,一般特指以合作研究开发为主的基于创新的技术合作,即技术创新。广义的合作创新是指企业、研究机构、大学之间的联合创新行为,包括新构思形成、新产品开发以及商业化等任何一个阶段的合作都可以视为企业合作创新。所以,企业合作创新概念是在上文中所指的广义上的合作创新概念。

4. 协同创新

协同创新是一个过程,它将不同组织聚集在一个共同的课题上,创造一个各自可以以不同的思考方式充分参与的空间,借此加强一个组织乃至整个行业的创新力,因此协同创新更多是为了实现重大科技创新而开展的大跨度整合的创新模式。不像合作创新是两个或几个团队针对一个具体目标和项目的直接结合,协同创新则是通过一个更大组织甚至是通过国家力量和机制安排,促进企业和机构发挥各自的能力专长和优势互补。协同开展科技创新和科技成果产业化已经是当今科技创新的新范式。

5. 集成创新

集成创新是整合或协调不同科学和技术,社会和商业创新相结合而实现关键性的创新突破。集成创新从管理角度来说是指一种创造性的融合过程,即在各要素的结合过程中注入创造性的思维。也就是说,要素仅仅一般性地结合在一起并不能称为集成,只有当要素经过主动的优化、选择搭配,相互之间以最合理的结构形式结合在一起,形成一个由适宜要素组成的、相互优势互补、相互匹配的有机体,这样的过程才称为集成[10]。集成创新的关键是以把握技术知识的需求环节作为起点,通过开放的产品平台集成各种各样的技术资源,以获得更好的创新绩效。集成创新强调与客户互动及参与的特点,而创新涵盖了科学、技术、社会、文化及商业等方面并协同融合,随着经济全球化的发展,集成创新已经从创新的线性过程走向网络化过程。集成创新的形式和内容还在不断升级。主要的集成创新形式包括以下几种。

(1)技术集成创新:按照市场需求开发新产品,将有关的技术单元组织集成创新,使新产品快速进入市场。

(2)服务集成创新:让处于同行业或同一供应链中的企业进入大市场,把物流、资金流、信息流等组织集成服务,以提高市场的经营效率。

(3)资源集成创新:将不同企业的优势资源进行整合,以达到互惠互利的目的,比如拥有足够资金的企业与拥有好项目并有经营能力的企业的合作。

(4)平台集成创新:将供应商、客户、合作商等不同功能的组织平台集成为一个有机组织体,使其整体效率得到极大提高。

(5)模式集成创新:将不同商业模式进行优势结合,形成更具竞争力的商业模式。

举例说明:"互联网+"本质上体现的就是一种集成创新,通过"互联网+"商业模式应用,可以集成创新出新事物、新概念、新方式、新机制等。从实现方法上看,"互联网+"显然强调了一个"+"字,就是要将互联网与各行各业相叠加、相融合,以此促进传统行业的产业能力升级,推动新兴业态的诞生与发展,从而推进整个社会经济的创新式发展。因此,"互联网+"中的"+"可以理解为一种集成创新,即通过互联网资源与传统产业资源的集成、改造和创新,创造出新的产业发展能力。

1.4.4　创新的结构划分类型

根据创新的结构划分,创新可划分为架构创新和模块化创新。

1. 架构创新

哈佛商学院教授丽贝卡·亨德森(Rebecca Henderson)和院长金·克拉克(Kim Clark)早在 1990 年就提出了架构创新的概念。架构创新被描述为对现有产品技术的重新配置,它对组件(其中某些组件不一定是创新组件)的组合或连接方式进行了改进[11]。

架构创新的一些示例包括联网的计算机系统和灵活的制造系统。其中,产品的核心组件保持不变,但是这些组件之间以及它们之间如何连接的关系发生了变化。

从技术角度来看,与其他类型的创新相比,体系结构创新的风险通常较小,因为该技术可行性已经被证明。因此,无须花费时间和投资来测试这些技术组件在实际中的工作方式,只需要确保它们配置在一起能够工作即可。

2. 模块化创新

与架构创新正好相反,模块化创新则是对核心组件的完全重新设计,而组件之间的连接保持不变。比如手机就是一个典型的模块化创新,内存的增加、镜头的升级这些模块的改变并不会影响与其他模块之间的连接。身边工作和生活用到的工具和产品越来越多是模块化的了。模块化创新具有便携的、可共享的、可互操作的、可调控化等特点,因此,相比较传统的创新方式,模块化创新具有如下主要优势。

(1)加快创新速度。模块化战略可以加快模块内部创新和模块组合创新,不同模块由具备不同核心专长的供应商生产,研发并行,提高模块创新和系统创新的速度。另外,通过替代、追加、删除等模块化操作,可以实现产品创新的系统化。

(2)分散投资,降低风险,应对不确定性。实施模块化战略之后,每个模块都可能存在一个或者多个团队同时进行"背靠背"的独立竞争性研究,制造商和多个供应商共同来分担风险,既可有效地应对不确定性,又降低了所承担的风险,并且提高了研发的成功率。

（3）降低交易成本。实行模块化战略之后,供应商数目减少,制造商与供应商建立了长久的合作与信任关系,双方沟通、谈判、交涉、决策等造成的交易成本大大降低。同时,制造商和供应商的协作可以有效地超越各种区域组织的贸易和非贸易壁垒。

（4）模块复用,降低开发成本。模块化战略为产品创新创建了一种外松内紧的产品设计架构——模块化产品架构,此架构充分界定了零件之间的连接关系,所以产品开发过程能分解成许多独立的单元(模块)。模块化产品架构就是"看得见的设计原则"的体现。模块重用是利用事先建立好的模块库,可以缩短开发周期,降低产品开发成本,有效地解决设计滞后于生产发展的问题。

（5）为合作创新战略提供技术基础。实行模块化战略,能够提高零部件的模块化和通用性,从而实现零部件共享,为实施合作创新战略提供有力保障。虽然模块化创新有这么多好处,但是必须有一个前提,否则可能得不偿失。

1.4.5　创新的方式划分类型

根据创新方式划分,创新划分为封闭式创新、开放式创新、偶发性创新、设计驱动创新和逆向创新。

1. 封闭式创新

封闭式创新是指创新全部由公司自己开发,从产生想法到开发和营销,创新过程完全在公司内部进行,并进一步提供售后服务和财务金融支持,以此获得产品在市场上的垄断地位,从而得到超额的边际利润[12]。虽然许多大型企业获得成功,但是随着科技及市场的快速迭代也暴露出许多弊端:资金投入、闭门造车、反应迟缓与市场脱节等。因此,封闭式创新逐渐转向开放式创新。

2. 开放式创新

开放式创新是将企业传统封闭式的创新模式开放,引入外部的创新能力的创新模式。开放式创新意味着在公司范围之外开放创新流程,以便通过积极地战略性使用外部能力来提高自身的创新潜力。因此,创新是通过内部和外部构想、技术、流程和销售渠道之间的相互作用而产生的,其目的是公司开发有前途的创新产品、服务或商业模式,可以整合自己的员工、客户、供应商、大学、竞争对手或其他行业的资源,通过技术合伙、战略联盟或者风险投资等方式来尽快地把创新思想变为现实产品与利润。

但是,开放式创新所特有的知识交流和知识网络并不意味着免费获得公司的知识和技术。因此,开放式创新可能会导致使用许可证和其他知识产权的成本较高。所以,针对不同情况,需要对封闭式创新或开放式创新选择,例如,产品核心技术部分适合采用封闭式创新,而开放式创新有利于通过多方协同配合持续创新。有时候封闭式创新和开放式创新可以相互结合,底层的核心逻辑开发采用封闭式创新,而用户界面等可以采取开放式创新。例如,微软的操作系统采用封闭式创新以保护自己的核心技术,而用户界面广泛与客户互动,采取很多用户的创新建议。

举例说明:随着互联网的发展,我国物流行业不断发展,"智慧物流"一词逐渐被人们所熟知。智慧物流是以物流互联网和物流大数据为依托,通过协同共享创新模式和人工智能先进技术,重塑产业分工,再造产业结构,转变产业发展方式的新生态。作为中国智慧物流的领军企业,菜鸟网络集团在其发展过程中体现了开放式创新。菜鸟网络旨在成为支持物流活动的"公共基础设施",其开放式协同创新实践集中在三个方面:一是与快递业共享电商红利,菜鸟在国内与通达系快递企业(外部利益相关者)建立了协作、互信、分工与共赢的协作关系,在国际跨境物流市场上也逐渐落稳脚跟,七年布局全球的目标也得以实现;二是用科技为物流行业赋能,菜鸟基于头部订单、物流数据以及对物流公司的把控,通过挖掘物流大数据,整合物流全流程信息系统,构建标准化流程,从改造电子面单到数字化升级包裹、智能供应链提供商家普惠服务、全球供应链"秒级通关"、菜鸟裹裹快递全链路数字化,再到菜鸟驿站"最后 100 米"数字化解决方案,大幅提高了整个物流过程的库存效率、商品处理效率,以及送达的准确率;三是实现线上线下智能化协同。

3. 偶发性创新

偶发性创新是由意外事件或偶然因素引发,并最终获得了有价值的创新成果的创新活动。当然光有意外事件是不够的,还需要知识和经验将意外事件转化为创新。

举例说明:回顾诸多重要的创新活动,意外事件触发创新的例子不胜枚举。例如,强生公司的"邦迪"创可贴来源于公司职员迪克森为太太包扎伤口时灵光一现做的"药膏带"。3M 的"便条贴"也是 3M 科学家斯潘塞·西尔弗博士偶然发明的,可以粘的同时又很方便地拿下来,非常受欢迎。

4. 设计驱动创新

设计驱动创新是产品传递的信息及其设计语言的新颖程度超过了产品功能和技术的新

颖程度的创新。设计驱动创新应该围绕用户体验,是实现突破性产品的创新。设计驱动型创新为客户提供了新的含义。这样,公司可以驱动市场而不是适应市场[13]。

举例说明:苹果、任天堂、Instagram 等都是通过满足消费者潜在的深层次的情感、心理和社会文化需求来获得持续竞争优势的新产品。

5. 逆向创新

逆向式创新是跨国公司在新兴市场进行创新,然后引入类似的市场和延伸发达的市场的一种增长战略,从而为跨国公司在全球范围内提供可持续增长[14]。逆向创新隐含两层含义:一是低端需求可能引导产生全球性创新动力,二是创新的源头需要从发达市场转向新兴市场。随着网络及数字时代的到来,逆向式创新的源头又开始延伸到生产端和消费者端。

1.4.6　创新的内容划分类型

按照创新的内容划分,创新划分为产品创新、工艺(流程)创新、技术创新、服务创新、商业模式创新、营销创新、金融创新、战略创新、组织创新、教育创新、文化创新、社会创新等基本类型等基本类型。

1. 产品创新

产品创新可能是最常见的创新形式,是指提供一种能够满足顾客需要或解决顾客问题的新产品,包括产品性能特征和属性的改进,因此,产品创新可以是前所未有的全新产品,也可以是现有产品的改进版。产品创新始终是有形的,可以是涉及根本性的新技术,也可以是基于将现有技术以新的方式进行组合而构建,尽管它们不一定必须涉及任何技术。

产品创新有很多方面的推动力,例如,客户需求的变化,需要增加产品的生命周期,新市场或细分市场的开拓,或者仅仅是为了增强外观和使用便利性等,都需要推动产品创新。

产品创新是提高质量和产品可靠性以获得竞争优势或维持在市场中的地位的好方法。另外,它可以帮助降低加工和制造成本。

产品创新又可分为元器件创新、架构创新和复杂产品系统三类。

2. 工艺(流程)创新

工艺(流程)创新是指生产和传输某种新产品或服务的新方式(如对产品的加工过程、工艺路线及设备所进行的创新)。对制造型企业来说,工艺(流程)创新包括采用新工艺、新方式,整合新的制造方法和技术以获得成本、质量、周期、开发时间、配送速度方面的优势,或者提高大规模定制产品和服务的能力。工艺创新通常不会更改最终产品,但是会改进产品的引出方法。

举例说明:流程创新的一个示例是零售商店的自动补货订购。以前,员工必须逐个手动浏览所有产品,以查看应订购的产品数量。这不仅非常耗时,而且很容易导致存货过多或不足,这取决于估计是否保守。一种更现代的方法是使用统计模型来进行更准确的预测。如果自动订单是由系统创建的,则可以简单地让工作人员仔细检查预先计算的订单建议,例如,在订单碰巧超过某个阈值的情况下,这不仅可以节省大量时间和金钱,而且拥有更好的库存水平也可以提高为客户提供服务的能力。

3. 技术创新

技术是创新的源泉,可以确定为提高市场竞争力的关键成功因素。技术创新是以创造新技术为目的的创新或以科学技术知识及其创造的资源为基础的创新,技术创新涉及新的或改进的技术,是企业核心竞争力之一[15]。

例如,在谈论将技术整合到生产过程中时,它可以实现自动化,从而提高生产率,降低每单位产出的成本,并提高材料的使用效率,减少可变性并提高产品质量的一致性。

举例说明:从智能手机和健康设备到无线家庭音响系统,人们每天都在使用许多技术产品创新。例如,SONY 公司已经开发出先进的技术来提供无线多房间音乐体验。该公司最初打算选择 Linux 操作系统作为技术平台,但是当时不存在音频驱动程序,因此必须自己构建它。

在技术服务创新方面,麦当劳采取了一种整体的数字方法来创造引人入胜的客户体验。他们的主要战略目标是使用技术来改善餐厅体验,并创造下一代的直通车和交付车。麦当劳已经向收银员"说再见",用自助点菜亭代替了收银员。麦当劳还提供了点餐系统,客户可以使用点餐系统订购餐点并支付,避免排队取餐,改善客户体验。

4. 服务创新

服务创新是指新市场或现有市场中新的或显著改进的服务概念、产品或过程,是对服务系统进行有目的、有组织的地改变的动态过程。成功业务的一个重要方面是能够使客户具有更好的服务体验,更好地满足所服务客户的需求和期望。

1) 服务创新分类

服务创新可以分为四种类型：服务产品创新、服务过程(流程)创新、组织创新和市场创新。

(1) 服务产品创新：服务产品创新是指服务内容或者服务产品的变革。创新的重点是服务产品的设计和生产能力。

(2) 服务过程(流程)创新：服务过程(流程)创新是指服务产品生产过程和交付流程的更新。在供应商和顾客的关系比较密切的服务企业，顾客需要参与到服务过程中，服务产品过程由供应商和顾客共同完成。

(3) 组织创新：前面已经提到，组织创新就是服务组织结构的变化和服务管理的调整。例如，C2M(Customer-to-Manufacturer，用户直连制造)的落地和推广完全改变了服务组织形式，为顾客带来更好的体验和服务。

(4) 市场创新：市场是最贴近顾客的环节之一，也是服务创新的重要部分。市场创新是指进入一个新的市场或者公司与外界关系的新改变。例如，寻找新的市场元素，进入其他行业和其他市场。市场创新的重点是商业情报和市场探索。

除了上述四种服务创新类型，服务创新中还存在特定创新。特定创新是指用来解答由某位顾客提出的特殊问题的相互影响的构造(战略、组织、社会、法律等)。这类创新是由顾客和服务提供者共同作用所产生的。特定创新尤其在知识密集型行业服务中起主要作用。

2) 服务创新的基本特性

从服务创新的分类可以看出：服务创新的理论研究来源于技术创新，两者之间有着紧密的联系。但是由于服务业的独特性，服务业的创新与制造业的技术创新有所区别。此外，服务创新也不完全局限于服务业。近年来，伴随着消费者需求的升级，现代制造业与生产性服务业之间的融合发展日益深入，服务业向制造业的渗透也日益广泛，出现了制造企业服务化趋势。随着科技的发展，生产效率的提高，服务业占比也越来越高。例如，科技很发达的美国，服务业在 GDP 中的占比已经突破 80%，所以认识和了解服务创新的特性非常重要。陆强华等将服务创新的基本特性总结为以下五项[22]。

(1) 不可感知性：与有形的消费品或产品相比，服务的特质及组成服务的元素往往是无形无质的，让人看不见摸不着。这一特性难以评价和验证。因此，企业营销时需要与有形的事物结合起来，以便更好地展示对顾客的服务。例如，可以通过场地、设备、形象等可感知的东西将无形化有形。随着企业服务水平的日益提高，很多消费品或产品是与顾客的附加服务一起出售的。

（2）不可分离性：有形的工业品或消费品在从生产、流通到最终消费的过程中，往往要经过一系列的中间环节，生产和消费过程具有一定的时间间隔。而服务则与之不同，它具有不可分离性的特点，即服务的生产过程与消费过程同时进行。也就是说，服务人员向顾客提供服务时，也正是顾客消费服务的时刻，二者在时间上不可分离。由于服务的这种特性，企业必须重视一线服务员工的素质及其与顾客沟通的能力，重视员工的激励，发挥他们工作的热情和积极性。

（3）差异性：差异性是指服务的构成成分及其质量水平经常变化，很难统一界定。服务行业是以"人"为中心的产业，由于人的个性的差异，服务的质量检验很难采用统一的标准。由于服务人员自身状态的影响，即使是同一服务人员所提供的服务质量也有可能不尽相同；同样，服务质量也会受到客户自身条件和状态的影响。因此，为了保证服务的一致性，企业必须重视员工的挑选、培训，制定明确、规范的服务流程，及时处理顾客建议与投诉，定期监测顾客满意度，持续提升服务水平。

（4）不可存储性：不可存储性的特征服务一经使用，不得存储、保存、退回或转售，所以企业不能像对待有形产品那样通过库存来调节供求关系。企业可以通过服务预约、差别性定价、补充性服务、自动化和增加顾客工作参与等缓解供求矛盾。

（5）缺乏所有权：缺乏所有权是指在服务的生产和消费过程中不涉及任何东西的所有权转移。因此，有些服务的提供是可以通过低成本实现高收益的，所以企业应该大力挖掘这方面的服务能力和服务方式。

举例说明：优步是服务创新公司的一个范例，该公司在其核心业务之外创造了进一步的增长。通过 UberEATS，它利用了自己的优势和独特的能力，使其品牌进入了相邻市场。优步已经是人们手机中的工具，并且已经在帮助人们交流，这一事实帮助优步扩展了产品线，并为客户提供了新的价值。

5. 商业模式创新

商业模式是对一个组织如何行使其功能的描述，是对其主要活动的提纲挈领的概括，是企业与企业之间、企业的部门之间乃至与顾客之间、与渠道之间都存在各种各样的交易关系和连接方式，是企业赚钱的方式。它由核心价值和资源、战略、核心渠道和目标客户组成[16]。商业模式创新就是改变行业内目前通行的为客户创造价值的方式，通过对创造价值方式的改变来满足客户不断变化的要求，为客户提供更多的价值，为企业开拓新市场。商业模式创新是公司向客户提供价值或从市场获取价值方式的根本变化。商业模式创新的手段越来越多,可以通过开发新的定价机制、收入流或分销渠道来实现,但不仅限于此,更全面的内容将在第 4 章专门介绍。

业务模型创新面临的挑战是,经过优化使公司成功的功能和流程成为转型的目标。为了能够创建新的、可行的业务模型,通常需要更改业务运营所依据的基本决策。换句话说,致力于颠覆性创新。商业模式创新通常会在短期内给公司带来更高的风险,但对于长期生存和保持稳定至关重要。另外,商业模式创新,尤其是数字服务,可能具有更高的营业利润率增长,因此,这些类型的创新确实值得追求。

举例说明:在过去的几十年中,购买音乐已经发生了两次变化。iTunes 是分解模式的一个有趣示例,在 iTunes 开始销售单曲之前,要么必须购买整张专辑才能听到自己喜欢的歌曲,要么在适当的时候坐在收音机旁才能对其进行录制。后来,Spotify 通过削减中间人并直接在线与客户打交道,通过其免费增值流模式将数字音乐业务带向了一个完全不同的方向。

与其他行业相比,制造业、金融服务、物流和医疗保健等一些行业更容易受到即将来临的中断浪潮的影响。但是,没有哪个行业会完全安全。

6. 营销创新

营销创新的主要目的是开拓新市场或增加市场份额。如果一项创新为"传统"营销组合(4P:价格、产品、促销和位置)带来了重大变化,则通常被认为是营销创新。与客户建立联系的能力是关键,并且始终存在改善关系和提高客户参与度的空间。由于技术和客户偏好的不断发展,需要新的营销创新来推广新的和现有的产品和服务。持续的营销创新可以给客户带来全新的体验。例如,欧莱雅化妆品公司开发了 Makeup Genius App,以覆盖更广泛的客户群,并提高了他们与品牌的互动度。

举例说明:营销创新与其他创新不同,从某种意义上说,营销创新还可以用于推广现有产品或服务,其方式与以前不同。营销创新有巨大的想象空间,比如就促销而言,可以打折、买一送一、价格分时段浮动、限客流的"饥饿销售法"等。最经典的营销创新就是"拼多多",不到三年成功上市,不到六年成功挤进中国电商行业前三甲,已经成为一个商业奇迹。拼多多的营销创新在于主打低价产品,以团购吸引消费者,面向的是广大中低收入群体,这类群体追求极致的性价比,成为拼多多的忠实粉丝。毫无疑问,拼多多的营销创新非常成功。

7. 金融创新

谈创新就一定涉及资金和投入,因此也自然涉及金融创新。金融创新是通过改变现有的金融机制、技术、市场和增加新的金融工具的手段,以获取现有的金融体制和金融工具所无法取得的潜在利润,是一个为盈利动机推动、缓慢进行、持续不断的发展过程。

广义的金融创新是指发生在金融领域的一切形式的创新活动,包括金融制度创新、机制创新、机构创新、管理创新、技术创新和业务创新。狭义的金融创新主要指金融工具和金融服务等业务创新。通常所说的创新主要是指狭义的金融创新[17]。

金融创新是指金融内部通过各种要素的重新组合和创造性变革所创造或引进的新事物。金融创新大致可归为七类,如图 1-2 所示。

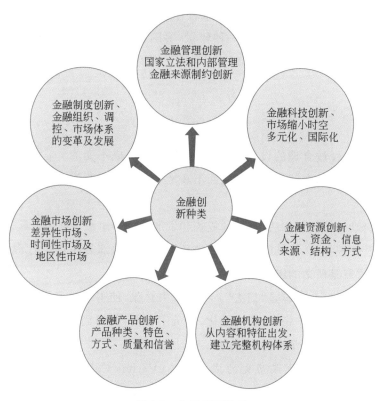

图 1-2　金融创新种类

从思维层次上看,"创新"有三层含义:第一,原创性思想的跃进,如第一份期权合约的产生;第二,整合性,对已有观念的重新理解和运用,如期货合约的产生;第三,组合性创新,如蝶式期权的产生。

金融体系是一个国家经济运转的核心体系,没有有效的金融体系,现代经济就无法存在。随着人工智能、区块链、云计算、大数据等技术在金融行业的广泛应用,科技对于金融创新的驱动作用被不断强化,创新型的金融产品和服务层出不穷,给金融产业链、供应链和价值链带来了深刻影响[18]。金融创新会带来跨界融合,出现更多颠覆式创新和缩短迭代周期,因此,金融创新是很重要的,也涉及很广的话题,值得有兴趣的读者进一步深入学习,这里只介绍基本概念。

8. 战略创新

战略是以未来为主导,与环境相联系,以现实为基础,对企业发展的策划、规划,它研究的是企业的未来目标和手段。创新则是实现目标的一种手段和一个过程,可以说企业的发展过程是不断创新的过程。创新又是一种较量,要围绕着种种不利于企业成长的环境进行创新。创新也是一种挑战,推动企业不断成长壮大。可见战略创新非常重要,所以将在第 6 章展开讨论。

9. 组织创新

任何组织机构,经过合理的设计并实施后,都不是一成不变的。它们像生物的机体一样,必须随着外部环境和内部条件的变化而不断地进行调整和变革,才能顺利地成长、发展,避免老化和死亡[19]。

应用行为科学的知识和方法,把人的成长和发展希望与组织目标结合起来,通过调整和变革组织结构及管理方式,使其能够适应外部环境及组织内部条件的变化,从而提高组织活动效益的过程,这就是所谓的组织创新[20]。

未来组织创新的核心内容是"四去":一是去中介化,使得组织扁平化、平台化;二是去边界化,跨界,形成产业生态;三是去戒律化,让员工自主,能够创新;四是去威权化,组织跟人的关系是合作伙伴关系,是平行协同的关系[21]。

举例说明:具有 19 年发展历史的威睿达思(Veritas Collegiate Academy)在最初的 11~12 年仅仅是有一个校园的美国私立学校。最近三四年开始进行由一个校园的学校转型为全球教育平台,控股、参股和连锁加盟的校园已经超过 20 个,如果不是疫情影响,这个数字还要大很多。服务区域从仅仅辐射 5km 扩展到中国、东南亚、欧洲、非洲等,服务范围也从线下教育延伸到连锁加盟、教师培训、升学计划、游学体验、技能开发、线上教育等。实现转型升级的核心就是组织创新:组织扁平化和去权威化,将核心管理者发展成和合作伙伴关系;去边界化,与产业上下游深度合作,扩展生源渠道,技能开发;去戒律化,发挥员工的主观能动性。随着组织创新的进一步深化和疫情控制,威睿达思将迎来爆发式增长。

10. 教育创新

在组织创新案例分析中已经触及教育创新。科技的发展、社会的进步无疑教育都是重中之重，因此，教育创新也势在必行。教育创新即为了改善和提升教育目标而采用的突破性的方法、产品、流程和策略，而教育目标就是培养适应社会发展需要的人才，不断提高国民素质。

教育创新不仅包括教育体系和内容，还包括教育观念、教育方法、教育手段、教育工具甚至组织结构以及时间和空间等，可以涉及教育领域的方方面面。例如，新课程设置、游学体验、线上课程、远程教育、虚拟现实运用等，都属于教育创新。

11. 文化创新

国家和民族之间有不同文化，企业及组织也应该有其独特的文化，随着企业的发展、社会的变迁，文化也随之调整和变化。文化在交流的过程中传播，在继承的基础上发展，都包含着文化创新的意义，而文化发展的实质，就在于文化创新。

文化创新，是社会实践发展的必然要求，是文化自身发展的内在动力。文化创新可以推动社会实践的发展，也深刻影响着企业的精神面貌。企业文化源于企业的形成，又引导、制约着企业的发展[23]。

文化创新不仅能够促进民族文化的繁荣，而且还增强一个企业的活力，甚至影响着企业的可持续发展。因此，在资本市场上评判一个企业往往把企业文化作为重要的评判标准之一。文化创新，是一个企业永葆生命力和富有凝聚力的重要保证。

12. 社会创新

社会创新就是努力创造比现有解决方案更好地满足社会需求的新实践或技术发明。这些类型的创新解决方案可以由公共或商业实体提供或资助。

社会创新之所以重要，原因有很多，例如，改善工作条件，提供更多的教育，发展社区或使人口更健康。因此可以说，社会创新对于扩大和加强公民社会是必要的。

举例说明：捕获空气湿度并将其转化为饮用水的饮用水发生器，是社会创新的典范，可以帮助缓解现在和将来清洁饮用水分配不均的问题。

芬兰的一家名为 Gubbe.io 的初创公司通过提供一个平台，将学生与需要在家务、技术、交通或仅保持活动状态方面获得帮助的老年人联系起来，成功地将技术服务创新与社会创新相结合。

1.4.7　创新的战略划分类型

按照创新的战略划分,创新划分为领先型创新、跟随型创新和依赖型创新。第 5 章将做专门介绍。

1.5　创新与其他相关概念

1.4 节针对创新类型进行了全面梳理,在建立创新类型图谱的同时也对每一个创新类型进行了介绍。在对创新体系全面展开和典型科技场景分析之前,有必要对常见的相关概念进行说明。

1. 创新与创业

近些年,"创新"与"创业"是经常连在一起讲的概念,可见"创新"与"创业"两个概念的密切程度,但显然它们又是两个概念。正如前面谈到的,创新强调的是新方法、新手段、新管理、新措施、新产品或新工艺的首次商业化;而创业是指创业者发现、利用或创造适当的机会,对自己拥有的资源或通过努力获得的资源进行优化整合,创立新的团队或组织,从而创造出更大的经济或社会价值的过程。创业往往伴随着创新,而创新不一定导致创业。创业往往是将创新技术或产品的进一步商业化,而创新则为创业提供了源源不断的创业驱动力。

2. 创新与创造

创新与创造是两个关系极为密切而又有区别的概念。创新与创造的共同点是都具有"新颖性",即都具有"第一"或"非重复性"的本质。两者的区别是:创新是"把创意转变为现实,实现商业化";而创造仅是"提出创意",只强调其"前所未有"的"新颖性",因此,创造既包括成功的、能产生"成果效益"的"前所未有的事情",而且也包括那些数量更多的因失败、失误、条件所限或其他各种原因而造成的难以或一时难以产生"成果效益"的"前所未有"的事情。因此创造的外延比创新广,创新的内涵比创造深;创新是具有"成果效益"(含市场经济效益或社会效益等)的创造,创新是系统化的创造[24]。

3. 创新与发明

创新与发明同样有着密切联系,但是又有根本的区别。发明是创造出从前没有的事物或方法,而创新是首次将发明的新事物或方法付诸实施。许多发明需要其他互补的发明和创新才能在创新阶段取得成功,简化地形象表述为:创新就是发明的第一次商业化。

4. 创新与研发

创新与研发也是一对重要的概念。研发是一种系统的创造性工作,并利用这些知识进行新发明、开拓新应用,研发是技术创新的第一阶段,可以在商业、行业或国家层面提供竞争优势。虽然回报可能非常高,但研发的过程复杂且充满风险,所以往往研发由政府及科研机构主导,企业界研发也主要集中在实力雄厚的大企业或者资金支持的高科技企业。

5. 创新,科学与技术

科学是一个建立在可验证的解释和对客观事物可以预测的基础上而建立和组织起来的知识系统[25]。科学知识系统主要可分为自然科学、社会科学和交叉科学,它能产生或创造知识,而从这些知识中又可以得到数据和信息。技术是解决问题的方法及方法原理,是指人们利用现有事物形成新事物,或是改变现有事物功能、性能的方法。技术可被定义为应用科学知识开发能生产一种产品和(或)交付一种服务的技能,或被定义为实际目的应用科学知识。

科学是人类智慧的结晶,科学发展是基于人类的创造性思维。创新是科学进步的源泉,正是创新思维才使无数梦想变成了现实[26]。

1.6　创新的误区

当今世界综合国力的竞争就是创新的竞争,创新是经济发展的第一驱动力,因此"创新"一词已经家喻户晓,深入人心。然而,围绕"创新"存在很多误区,这里列举五个常见的误区,起到一个警示作用。

1. 绝妙的创意才是创新

一个常见的误区就是只有绝妙的创意才是创新,而实际上很多创意都是在生活和工作中碰到问题而在解决问题的过程中触发的创意,或者可能是平淡无奇的创意,这些创意随着时间推移慢慢发挥出市场威力。例如,手机的照相功能就是简单地将照相机功能叠加到手机上,刚开始并没有觉得是什么绝妙的创意,但是现在手机的照相功能已成为手机最重要的功能之一,已经侵吞了绝大多数相机市场。

2. 新技术和新产品才是创新

创新不一定只是技术或产品上的创新,还包括很多无形的创新,例如,管理创新、营销创新、商业模式创新等。

3. 有好产品自然有客户

要想获得有规模的客户群,产品要好是自然的,但是有好产品未必就有应有的市场份额。Rimowa 是德国超过百年的老牌行李箱,售价一直不温不火,自 2016 年被全球第一大奢侈品品牌公司 LVMH 收购后打造为成功人士必备,很快销售价格及销量大幅提升。

4. 追求大而全

创业者总想追求大而全的产品,不仅想解决用户的痛点,还想突出其他附属的功能。一款产品解决了疲劳问题,还想解决美容;有明确的电商属性,还希望增加社交属性,等等,以显示产品的强大。看到市场上有些产品热销,就也想给自己的产品增加相应功能。

5. 技术领先不等于创新成功

虽然产品的技术领先,但其项目是失败的情况也非常常见,其中的原因有很多,主要原因是技术与市场、营销、制造能力以及企业的组织、文化等非技术因素间的不协同。

本章介绍了创新的概念、创新的价值、创新的类型及一些相关概念,第 2 章将要详细讲述创新的过程。

参 考 文 献

[1] SCHUMPETER J.Business Cycles[M]. New York Toronto London：McGraw-Hill Book Company，1939.

[2] 李艳利. 加快高校创新实践基地建设对策研究[M]. 北京：新华出版社,2015.

[3] MYERS S, MARQUIS D G. Successful Industrial Innovations：A Study of Factors Underlying Innovation in Selected Firms[R]. National Science Foundation,1969.

[4] 董洁林. 人类科技创新简史：欲望的力量[M]. 北京：中信出版集团,2019.

[5] 杨旸. 创新简史[M]. 北京：九州出版社,2017.

[6] 吴贵生,刘建新. 对自主创新的理解[M]. 创新与创业管理,1006(1)：1-11.

[7] OFEK E,MULLE E,LIBAI B. 创新的价值：创新的商业价值评估[M]. 杨清波,译. 北京：中信出版集团,2018.

[8] 陈劲,邱嘉铭,何郁冰. 偶发性创新过程模型及激发因素分析[J]. 中国软科学,2008,(3)：88-96.

[9] LEVITT T. Marketing Imagination：New,Expanded Edition[M]. USA：Simon & Schuster Inc,1986.

[10] 符刚. 管理信息成本论[M]. 成都：西南财经大学出版社,2012.

[11] HENDERSON M R,Clark B K. Architectural Innovation：The Reconfiguration of Existing Product Technologies and the Failure of Established Firms[J]. Administrative Science Quarterly, Special Issue：Technology,Organizations,and Innovation,1990,35(1).

[12] CHESBROUGH W H. Open Innovation：The New Imperative for Creating and Profiting from Technology[J]. Boston：Harvard business school press,2008.

[13] CHRISTENSEN C.The innovator's dilemma[M]. Boston：Harvard Business School Press,1997.

[14] VERGANTI R. Design-driven innovation[M]. Boston：Harvard business press,2009.

[15] 傅家骥. 技术创新学[M]. 北京：清华大学出版社,1998.

[16] 孙天宏. 贸易金融商业模式及营销[M]. 北京：中国财政经济出版社,2013.

[17] 江生忠. 中国保险业发展报告 2008 年[R]. 北京：中国财政经济出版社,2009.

[18] 中国互联网金融协会,KPMG. 2021 中国金融科技企业首席洞察报告[R]. 2021.

[19] 王哲. 互联网环境下的不正当竞争及其法律规制研究[M]. 杭州：浙江大学出版社,2018.

[20] 季辉,王冰,李曲. 管理学基础[M]. 2 版. 北京：人民邮电出版社,2015.

[21] 周朝林. 赋能型组织：未来组织不是管理,而是赋能[M].北京：中国纺织出版社,2019.

[22] 陆强华,翁海燕. 营销的真理[M]. 北京：北京工业大学出版社,2010.

[23] 张明,等. 新常态下旅游开发中的文化创新、模式与实践[M]. 成都：西南财经大学出版社,2016.

[24] 庄寿强. 创新与创造之异同[J]. 中国科技术语,2008(5)：34-36.

[25] WILSON E O. Consilience：The Unity of Knowledge[M].New York：Vintage,1999.

[26] 建一. 创新是科学进步的源泉[N]. 大众科技报,2002-06-20.

第 2 章

创新的过程

学习目标：

- 熟悉创新的基本过程。
- 了解五代创新过程模型的发展。
- 了解创新的动态过程。
- 认识创新过程与创新类型的关系。
- 把握创新过程的选择。

2.1 创新的基本过程

从第 1 章对创新概念的介绍中可以清楚地认识到创新是指从创意、设计、研发向成型和市场化的全过程。在此过程中，需要对不同步骤进行透彻思考，定期收集客户反馈，必要时进行迭代，并获取正确恰当的资源和方法，以确保解决问题实现创新[1]，因此了解创新的基本过程是重中之重。创新的过程如图 2-1 所示。

图 2-1　创新的过程

1. 产生创意

构思及产生新创意的过程是设计思考过程的重要组成部分，在此过程中，组织着重于发现客户正在体验的非显而易见的痛点，并开发与他们的需求相符的新产品、服务和商业模型。

产生创意的一种行之有效的方法是对分歧和趋同的思考,在不同的思维过程中,思想可以自由发挥,鼓励提出并探索尽可能多的解决方案。在这个基础上融合和提炼最能引起客户共鸣并最有效地实现公司业务目标的概念。在聚合思维过程中,团队通常会要求每个成员对他们认为最有潜力的三个或四个想法进行投票,从而使流程民主化。

2. 研发

并非所有想法都值得实施,需要筛选和研发,需要通过研发来验证。研发代表公司为创新和推出新产品和服务或改善现有产品而进行的活动。研发通常不会期望立即获利,而是期望在未来长期获得盈利。在研发过程中可能会产生专利、版权和商标等。

3. 实验/中试

实验阶段会使用原型或中试测试来验证一个想法,实验并不能检验一个主意的客观价值,而是验证特定时间对特定条件的性能。有时,实验会根据结果收集的信息以及原始构想的整体可行性而产生新构想。在进行完善和评估时,必须有足够的时间对实验进行反思。当想法完成实验或中试就可以进入生产和商业化阶段。

4. 生产制造

在对功能测试和系统测试结果感到满意之后开始进入生产制造阶段。生产制造旨在将创意的潜在影响形成市场价值,实现新创意的实际利益。

5. 营销

创新过程的最后阶段就是营销/商业化,将创意研发和生产的产品或服务推向市场。商业化过程除了自身从最初引入产品或服务到大规模生产和采用之外,还有不断获得客户的反馈,对产品和服务不断完善。

为了成功地将产品或服务商业化,需要为产品或服务定价并制订营销计划。如何打造知名度并建立客户忠诚度将会非常关键,营销和销售部门与研发(R&D)或信息技术(IT)团队之间的协调与沟通也非常重要。在麦肯锡的一项调查中,只有 39% 的受访者表示:他们公司擅长将新产品或服务商业化。当被问及他们最大的挑战是什么时,指出的问题通常是研发与营销之间的关系、人力和财力资源的错位,以及缺乏制造和引进创新的流程。

在商业化阶段,建立恰当市场战略至关重要。方法越简化,发布越有效,产品或服务就越有可能被市场接受。

2.2 创新过程模型的迭代

过去的大半个世纪,创新过程的模型也是在不断迭代升级的,但相关分类和表述多种多样,尚未形成一个确定的界定。美国科技创新顾问委员会的 Chris Eveleens 进行了全面总结和比较。本书以五步法为代表对创新的基本过程进行介绍[2],具体以较有代表性的 Rothwell(1994) 总结的五代模型展开[3]。

1. 第一代线性模型

第一代线性模型是以技术作为推动力的。该模型将基础科学研究视为工业发展的基础,以在公共和私人研发中心产生的科学知识的密集型创新为重点。在该模型下,科学进步的实际应用体现为科学对技术和市场的不断输入和推动,这种模式的流行使得学术界更加重视具有高度技术新颖性的新产品和新工艺的创新,如图 2-2 所示。

图 2-2　第一代技术推动创新过程模型

2. 第二代线性模型

第二代模型是在 20 世纪 60 年代中期到 20 世纪 70 年代开发的。随着半导体及新材料等新科技在美国硅谷的兴起,市场竞争开始加剧,风险投资开始成型,引发了对新产品和相关技术的投资,形成"市场拉动"或"需求拉动"的局面。因此,与第一代截然相反,第二代创新是以市场为驱动的研发活动,这就是为什么第二代模型被称为反向线性的原因,如图 2-3 所示。

图 2-3　第二代市场拉动创新过程模型

3. 第三代线性模型

在十多年间,创新到底是技术推动还是市场拉动的辩论层出不穷。通过实践发现,科技推动与市场拉动模型都是极端的或非典型的情况,而实际上技术能力与市场需求之间是密切关联并相互作用的。因此,以技术与市场的耦合互动为重点的第三代模型产生了。根据 Rothwell(1994) 的说法,从 20 世纪 80 年代中期开始,大多数西方大型公司都将第三代视为最佳实践,如图 2-4 所示。

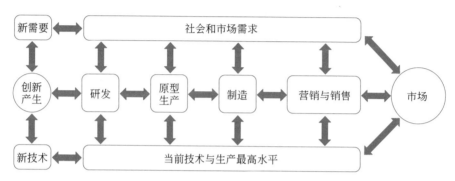

图 2-4　第三代技术与市场耦合互动推动创新过程模型

4. 第四代线性模型

第四代创新模型盛行于 20 世纪 80 年代初到 20 世纪 90 年代初,在这一时期,美国的制造业在全球范围受到日本严重冲击。在创新方面,以日本企业为代表的领先企业有两个显著特征:集成和并行。根据 Bochm 和 Frederick(2010) 的研究[4],第四代创新是以并行工程或新产品并行工程驱动。日本企业使用了这样的创新过程模式进行了颠覆性创新,如车企大大提升的推新速度,极大地增加了企业的竞争力(日本车企可在 30 个月内推出新车,而他们的竞争对手往往需要 48～60 个月)[5],如图 2-5 所示。

5. 第五代线性模型

20 世纪 90 年代以来,随着技术的进步,第五代系统集成与网络化的创新过程模型诞生,以获得更快更低成本的开发创新。产品开发过程的各个环节(研究、开发、商业化)密切互动整合,企业内部及外部从创意、技术到产品也有着紧密的横向及纵向互动联系,以密集而灵活地使用集成网络和系统来快速、连续地实施创新,如图 2-6 所示。

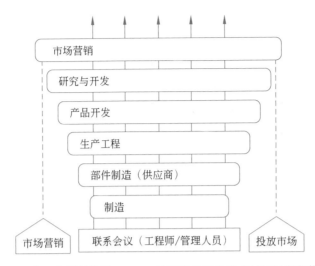

图 2-5　第四代创新模型：Nissan 的新产品开发集成（并行）创新模型

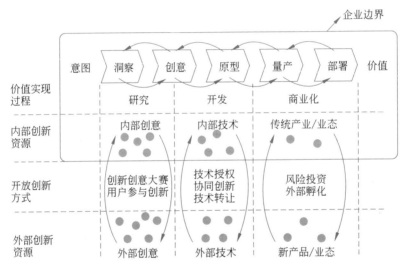

图 2-6　第五代创新模型：系统集成级网络模型

　　第五代是第四代的进化模型，是技术变革本身发生变化而引发的模型升级。创新过程模型迭代升级过程如图 2-7 所示。

　　自第三代模型开始，创新"互动"日益受到重视，包括企业研发部门内部、研发与其他部门间、企业与顾客或供应商间，以及与其他企业间的互动等。第四代和第五代创新过程模型

图 2-7　五代创新过程模型迭代升级

的出现,标志着技术创新从线性、离散模式转变为集成、网络化模型。由于创新过程和产品对象的复杂性大大增加,现代信息技术的发展为第四代、第五代模型的应用提供了有力支撑。

目前,全球已进入数字和智能化的时代,人工智能对整个经济以及社会的各领域产生了巨大的影响;同时也极可能作为一种新的通用"发明方法",对创新过程和研发组织的重塑产生巨大的影响。这种影响不仅体现在人工智能对商业和经济的直接贡献,更多的还体现在实现和激发互补创新的能力上[6]。例如,基于 AI 的学习可能会在分类和预测任务扮演重要角色的许多领域实现自动化发现,并彻底改变科学技术社区的概念方法和问题框架[7]。因此,人工智能可能会影响组织管理和进行研发以开发新产品和服务的方式。在制药行业,人工智能已被用于预测实验的候选对象选择,鉴定目标蛋白和使分子设计自动化,所有这些都使某些药物的开发成本减半,并通过更高的批准率大大缩短了上市时间。在市场营销中,人工智能可以利用大量的消费者数据来预测未来产品或服务的有效功能,这将减少新产品或新服务开发的高失败率。在组织层面,人工智能可以通过大幅降低研发成本来降低资源受限组织的进入门槛。在这种情况下,越来越多的小公司将能够使用人工智能和深度学习功能来产生增量创新。智能时代的创新还刚刚开始,在组织研发、创新过程以及数据应用等方面均有许多思考和发展的空间。

1) 组织研发

(1) 人工智能如何影响现有的研发结构和组织?

(2) 人工智能可以为组织或研发带来哪些潜在的好处(降低成本,任务自动化,缩短时间表等)? 这些好处如何产生? 在现有的研发部门中引入新的结构和组织将面临哪些挑战?

(3) 人工智能将如何影响每一个人在研发团队中的角色?

2) 创新过程

(1) 人工智能如何成为通用的发明方法?

(2) 特定领域中现有的创新流程如何受到人工智能引入功能的影响?

(3) 企业在创新过程中实现人工智能功能的挑战和成功的关键因素是什么?

(4) 就创新产出(创新数量、创新性质、创新质量、创新类型)而言,人工智能带来了哪些好处?

3)数据在人工智能创新中的作用

(1)使用人工智能的创新高度依赖数据的访问,组织或行业如何努力促进共享数据?

(2)如何建立"数据市场"?

随着在创新和人工智能领域中技术的逐步改进,以及大数据处理能力的不断提升,人工智能的重要性愈加凸显。互联网作为一种丰富的数据资源将会发挥更大作用,可以更准确地分析趋势变化,了解市场变化,掌握客户期望以及新产品和业务的灵感。但是,除了使用先进的工具之外,不能忘记创造力和知识是给企业产品升值赋能的核心。因此,对创新管理过程、创造性的颠覆技术和具有创新力的人的持续投入是必要的[8]。

2.3 创新的动态过程

在越来越激烈的全球竞争环境中,创新越来越被视为企业发展和竞争的关键因素,这促进了企业在创新产品、流程和服务的开发力度。企业的竞争地位取决于产品创新能力、产品组合以及将新产品推向市场的速度,因此,企业新产品的快速开发和生产变得至关重要。而实体企业是复杂而动态的系统,必须考虑到大量内部和外部风险,因此,产品和工艺创新之间的相互作用需要考虑。

2.3.1 U-A 模型

Utterback 和 Abernathy 的产品-过程生命周期理论(U-A 模型)提供了一个有效的动态模型,如图 2-8 所示[9]所示。该模型成功地涵盖了各个阶段之间的相互关系、产品生命周期、相关生产过程的开发阶段以及竞争策略。

2.3.2 二次创新动态模型

二次创新模型是浙江大学的吴晓波教授提出的。他基于"U-A 创新动态模型",通过对中国企业技术发展长期深入研究,发现技术在经济发展不同程度的国家中其创新过程有各自不同的特点和规律,开拓性地提出"二次创新动态模型"[10]。发达国家多以一次创新为

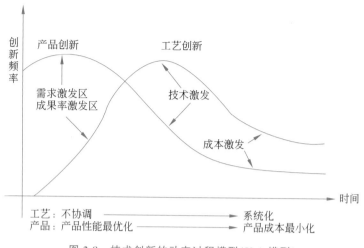

图 2-8　技术创新的动态过程模型（U-A 模型）

主,而发展中国家的创新则是在引进发达国家技术的基础上而进行的二次创新。

　　二次创新动态过程模型的目的在于描述二次创新过程的一般规律与特点,解释"一次创新"与"二次创新"之间的不同特性与区别,同时映射出发达国家与发展中国家在制度体制、经济水平、科技创新能力等众多方面的差异对技术创新路径产生的深刻影响。"二次创新"过程是在引进技术的基础上,在已有的技术轨迹上持续优化的技术创新过程。而"一次创新"过程是指依赖于自主研发,其所遵循的路径为"基础研究-应用研究-技术开发-生产销售"的技术创新模式。二次创新根据技术来源可以分为成熟技术引进、新兴技术引进和实验室技术引进三种,而技术能力积累分为操作性工程技术、应用型研发和发展型研发三种,如图 2-9[11] 所示。

　　二次创新动态过程模型的核心思想是通过对外部成熟技术与新兴技术这两类技术的引进,充分运用"后发优势",使技术较为落后的后发者从"二次创新"坚定地迈向"后二次创新",直至一次创新的过程。可以认为,以成熟技术引进(如引进国外企业已经商业化的技术)为代表的创新是最为典型的二次创新,逐步缩小与领先者的技术差距,真正意义上实现技术的追赶与超越。引进技术的一方已完全掌握技术的原理并能灵活运用,在自身研发能力的基础上进行较重大的再创新,直至一次创新。在二次创新理论框架下,"创新"与"模仿"并非是两个完全割裂的概念,从成熟技术引进开始,"创新"便蕴含在"模仿"之中,其思想显著区别于单纯的"引进—消化吸收—再创新"的线性过程。所以"二次创新"意味着企业持续积聚技术且提高创新水平的演化流程,实现由"线性"学习至应用的转变,最终直到"非线性"

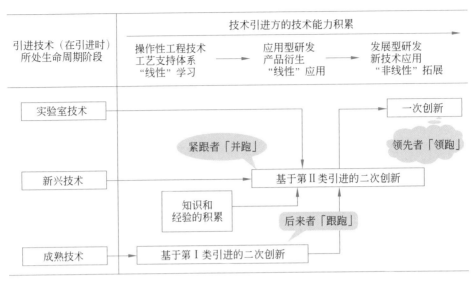

图 2-9　技术创新的二次动态过程模型

的发展型研发新技术的拓展为止。世界上越来越多的国家尤其是发展中国家采用二次创新实现赶超,所以"二次创新"的模型具有重要意义。

举例说明:"二次创新"是中国多数企业赢得"后发优势"的最大机会和最有效方法。海康威视便是其中的典型案例。海康威视的二次创新过程主要经历了两个阶段:第一阶段主要是引进国际上成熟的技术,然后以"逆向工程"的方式简单模仿国外的产品和工艺,并且将已有的技术结构与引进的技术结构做适配,针对本地市场做改进型创新,成功开发了视音频压缩板卡;第二阶段的主要任务是引进新兴技术,形成主导设计能力,与竞争对手同时开始研发新一代产品,由于第一阶段已经积累了视音频压缩板卡的互补性技术,技术能力的快速提升促使海康威视进入自主研发核心压缩算法。短短半年的时间,海康威视就推出成熟的新一代产品,由于技术性能稳定,产品销量达到中国第一。基于自身技术能力与行业发展考虑,海康威视于 2004 年开始自主研发高清网络摄像机核心技术,2009 年取得全面突破,成功推出实时百万像素网络全高清球机,实现海康威视第一个"原始创新"。进入智能与数据的时代,带来了网络化向智能化转型升级的机会,海康威视充分利用智能化转型升级的机遇逐渐超越霍尼韦尔公司,营收实现全球第一。海康威视以强大的环境洞察能力为依托,以技术协同能力为基础,有效地把握"机会窗口",实现从"二次创新"到"原始创新"的华丽转身,成为行业内全球的领头羊企业。海康威视技术演变过程如

图 2-10 所示。

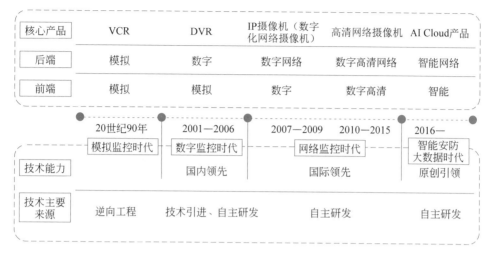

图 2-10　海康威视技术演变过程

2.3.3　创新的链式模型

传统的研究对创新过程的复杂性与混乱性进行了线性简化,然而线性简化受到现代创新理论和实证研究的挑战,人们越来越认识到这一简化的不足。Kline 和 Rosenberg 提出的创新的链式模型指出:创新既不是平稳的也不是线性的,而且经常有出乎预料的表现形式。

创新的链式模型连接了创新过程的五大基本要素:潜在市场、发明或设计、详细设计与测试、生产及分销,形成了由市场分析到市场推广的创新链条;创新要素的连接包含每一阶段的反馈回路,反馈回路是对创新活动满足市场最终目标的不断纠偏过程;在设计、测试、生产等阶段,研发活动与创新链条形成了基于知识交互的紧密联系,研发活动为创新活动提供了解决方案,创新活动同时为研发活动提供必要的技术、工具、流程及信息支持。由此,创新链式模型更加详细、全面地描述了创新中的各类活动及彼此之间关系的动态作用,解释了复杂创新过程的全貌。如图 2-11 所示[12]的链式模型展示了技术开发的流程,该流程不是从研究开始,而是从广泛的角度出发,以潜在的市场场景的构思被转化为设计或原型,从而最终形成一个反馈循环。图中,f 表示重新连接到用户的需求,即反馈;F 是特别重要的反馈;c 是创新中心过程的环节;K 是积累创新所需的科学知识或创新研究;在 R 中创建新知识。有时,新科学会引起颠覆应用(D——发明及设计与研究的直接链接),而有些时候,科学则可以从创新(I——仪器工具等,S——所获信息支持)中受益。

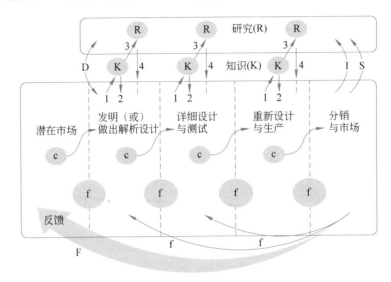

图 2-11　技术创新的链式模型

2.4　创新过程与创新类型

在一个产品或商业创新过程中,不同阶段会选择不同的创新类型。在初期研发阶段,主要是从无到有的颠覆性创新,当然,根据具体行业所处状况可以选择领先型创新或者是跟随型创新和依赖型创新;到研发成熟时就进入产品创新;接着是工艺(流程)创新;在中试阶段进行调整做渐近性创新;进入生产和营销阶段,创新重点将落实在营销创新和商业模式创新;经过市场的检验和客户反馈可能需要进行架构的调整和创新,如图 2-12 所示[13]。认识项目创新生命周期不同阶段与创新类型的关系,对创业者或项目管理者的有效决策是非常有帮助的。

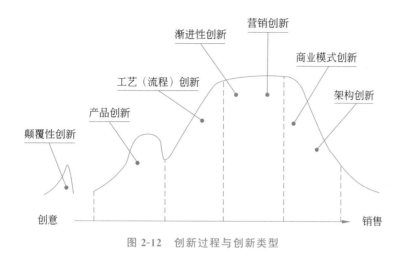

图 2-12　创新过程与创新类型

2.5　创新过程模型的选择

对创新过程模型有充分认识有利于创新过程模型的选择,选择时需要重点考虑如下四个因素。

(1) 企业的实力。如果企业的规模和资金有限,需要重点考虑"二次创新"——引进为主,原始创新为辅。

(2) 所处的行业。有些行业有很多成熟的技术可以利用,如电商平台、管理软件等都有很多成熟的平台,因此只要针对具体应用场景进行应用开发就可以了。而有些新兴领域,没有成熟的技术可以借鉴,如一些新能源、新材料领域,而还有一些高度保护的高精尖技术,如芯片、航空航天等只能专注原始创新。

(3) 企业所处的环境。有些高新科技企业选择在大学的科技园就是方便大学科研成果的转化。大型跨国企业可以进行空间布局,将原始创新布局在科技和人才发达的地区,而引进实施创新可以安排在相对不发达的地方,以获得成本优势增加竞争力。

(4) 企业所处的发展阶段。当前是数字经济时代,传统企业面临数字化转型的机会和挑战。根据不同产品,创新过程模型选择会有所不同,创新类型也是做相应的选择。

需要强调的一点是,技术创新并非必须沿着五代过程模型依次升级,同样根据以上四条进行选择。

如果说第 1 章建立的创新类型图谱为创新画了一个平面图,那么本章通过对创新过程模型的介绍以及创新过程生命周期与创新类型的关系,读者可以立体地看待和认识创新。

参 考 文 献

[1] CLIFFORD A S. A Step by Step Guide to the Innovation Process[M]. CA:NSC Publishing,2006.

[2] EVELEENS C. Innovation management:a literature review of innovation process models and their implications[R].2010.

[3] ROTHWELL, R. Towards the Fifth-generation Innovation Process [J]. International Marketing Review,1994. 11(1):7-31.

[4] BOCHM G,FREDERICK L J. Strategic innovation management in global industry networks[J]. Asian Journal of Business Management,2010,2(4):110-120.

[5] GRAVES A. Comparative Trends in Automotive Research and Development [M]. Boston:International Motor Vehicle Program,1987.

[6] BRYNJOLFSSON E,MCAFEE A. The Business of Artificial Intelligence[J]. Harvard Business Review,2017.

[7] COCKBURN M I,HENDERSON R,STERN S. The Impact of Artificial Intelligence on Innovation [R],National Bureau of Economic Research,2018.

[8] TOHANEAN D. Innovation Management and Artificial Intelligence:The Impact of Digitalisation on Management Processes[J].Review of the Air Force Academy,2018(1),36.

[9] UTTERBACK J M,ABERNATHY W J. A Dynamic Model of Process and Product Innovation[J]. The Int. J1 of Mgmt Sci.,1975,3(6):639-656.

[10] XU Q,WU X. A Model of 'Secondary Innovation' Process[C]. Proceedings of PICMET'91 (Portland International Conference on Management and Technology),1991.

[11] 吴晓波,李思涵.中国企业从"二次创新"到"原始创新"的超越追赶之路[J]. 清华管理评论,2020.

[12] KLINE S J,ROSENBERG N. The Positive Sum Strategy:Harnessing Technology for Economic Growth. Chapter:An Overview of Innovation[M]. Washington,D.C.:National Academy Press,1986.

[13] MARKKULA M,LAPPALAINEN H P. New Openings in University-industry Cooperation:Aalto University as the Forerunner of European University Reform[J]. European Journal of Engineering Education,2009.

第 3 章

创新的模式

学习目标：

- 认识知识的概念和类型及其转换。
- 熟悉创新的模式及其特征。
- 了解知识产权转化及硅谷模式。

技术变革和创新是经济增长的关键驱动力,在对创新过程有了初步的了解之后,接下来将展开创新模式的相关内容。人们从呱呱落地到生老病死,每一天、每一秒都伴随着各种知识活动,涉及人们衣食住行的方方面面,与人们的生活息息相关、密不可分。创新活动会产生知识,而创新活动也需要知识要素的投入,创新本质上是一项复杂而系统的、以知识资源为核心的创造活动。为了深刻地认识作用于知识创造的创新模式,在展开对创新模式的定义前,有必要先对知识及知识的形式进行梳理。

3.1 关于知识

3.1.1 什么是知识

知识是对事物的认识或理解,包括事实(描述性知识)、技能(过程知识)或对象(熟识知识)。在大多数情况下,知识有多种获取的方式和来源,包括但不限于感知、理解、记忆、证词、科学研究、教育和实践。

"知识"一词可以指对主题从理论角度或是实践角度的理解。根据知识能否清晰地表述和有效地转移,可以分为隐性知识和显性知识,前者是指人们知道但难以言明的知识(如实践技能、技巧、经验和价值观等），后者是指能明确表达并易于被获取和学习的知识（如学科知识、理论和图表等）。知识还可以划分为正式知识和非正式知识，或是系统知识和特定知识。

3.1.2 知识的特性

讨论"知识"概念的时候还是有些抽象，进一步了解和认识知识的特性，对具象地认识"知识"有很大帮助。下面总结了五个主要的知识特性。

1. 阶梯性

知识获取分为被动式学习和主动式学习。被动式学习包括听讲、阅读等，真正获取知识的比例是很有限的；而主动式学习包括实践、传授等，获取知识的比例就要大很多。所以形象地总结就是：要想给别人（听的人）一杯，需要自己（讲的人）有一壶。

2. 可被多次利用和回报收益持续增长

虽然知识在创造的时候有比较高的成本，然而创造出的知识可以多次利用。高投入获得的知识可以用专利权和著作权等形式加以保护，而且在利用过程中还在不断丰富，更增加了知识的价值，知识被使用次数越多，收益就越高，所以知识收益回报会持续增长。

3. 需要更新

在当前知识爆炸的年代，知识更新的速度越来越快，而且还会延伸出更多知识分支而变得散乱和不完整，因此，知识需要不断更新。

4. 价值不确定

知识的价值具有不确定性，一方面同样的知识组对不同人群具体不同价值，另外不同知识经过叠加和融合会产生更丰富的知识资源而又变得有价值。

5. 收益不确定

首先，知识是无形资产，很难像有形资产，比如出租房有确定收益；其次，知识作为资产很难交易，现在正在进入一个数字时代，一部分知识变为数字资产，如艺术品、音乐等开始变得便于交易了，但是绝大多数还是很困难，而且一些知识被复制后很难获得收益。

基于知识的这五个特性,实现高效率的知识管理并非易事。

3.1.3 知识的分类

知识的分类有两种,一种是按照所掌握知识的性质来分,而另一种是按照知识的表现形式来分。

按照所掌握知识的性质可以划分为:

(1) 事实知识(Know what)。知道是什么的知识,是关于历史事实、经验总结、统计数据的知识。

(2) 原理知识(Know why)。知道为什么的知识,是关于事物的原理和客观规律方面的知识,通常属于科学范畴。

(3) 技能知识(Know how)。知道怎么做的知识,是关于技艺、技巧、诀窍和能力方面的知识,属于技术范畴。

(4) 人力知识(Know who)。知道是谁的知识,是关于与知识渊博者的人际关系(包括了解知识渊博者的特长与水平)以及如何与社区互动的社交技能(包含某种特定的社会关系及社会分工),属于经验和判断的范畴。

按照知识的表现形式可以划分为显性知识和隐性知识。

(1) 显性知识(Explicit Knowledge):也称编码知识,指可以用语言、文字、数字等方式进行表达从而易于沟通和共享的知识,如以文件、手册、报告、地图等方式呈现的知识。

(2) 隐性知识(Tacit Knowledge):也称未编码知识,指难以表达、高度个性化、难以沟通和共享的知识,如经营者或员工的经验、技术诀窍、直觉等。

3.1.4 显性知识与隐性知识的相互转换

日本知识管理专家野中郁次郎(Ikujiro Nonaka)提出了显性知识和隐性知识相互转换的 SECI 模型[1]。

(1) 潜移默化(社会化,Socialization),指的是隐性知识向隐性知识的转化(Tacit to Tacit),是一个通过实践和团队共享建设而建立隐性知识的过程,而获取隐性知识的关键是观察、模仿和实践。例如一个新进人员向资深同事学习经验和技巧,在具体的商务活动及培训中获取最新资讯,并且有向他人分享知识的意愿。在此过程中面临的主要挑战是:如何识别并组织相关领域中的专家?如何与他人沟通协作?如何总结和传递经验教训?

（2）外部明示（外化，Externalization），指隐性知识向显性知识的转化（Tacit to Explicit），是一个将隐性知识用显性化的概念和语言清晰表达的过程，也是一个链接显性知识的过程，其转化手法有隐喻、类比、概念解释和模型构建等，即将实践工作中的经验教训总结成书面形式。这是知识创造过程中至关重要的环节。在此过程中面临的主要挑战是：缺乏识别隐性知识的自动化流程、缺乏激励隐性知识滋长和转化的环境。

（3）汇总组合（组合化，Externalization），指的是显性知识和显性知识的组合（Explicit to Explicit），是一个通过各种媒体产生的语言或数字符号，将各种显性知识组合形成更复杂、更系统的显性知识体系的过程。例如通过整合从多个来源收集和学习到的知识形成新的知识。这个过程中面临的主要挑战是：大量存在于不同介质中的知识难以被发现、难以被整合。

（4）内部升华（内化，Internalization），即显性知识到隐性知识的转化（Explicit to Tacit），是一个将显性知识形象化和具体化的过程，即通过"整合重组新的显性知识，使之被企业中的个人或团体吸收、消化，从而将其升华并转化为他们自己的隐性知识和实际能力的过程。例如通过阅读大量的书籍来丰富自己的知识，提升自己的能力。在此过程中面临的主要挑战是：信息量过大难以处理，缺少系统性的指导。

以上四种不同的知识转化模式是一个有机的整体，它们都是知识创造过程中不可或缺的组成部分，且不同的模式之间可以不断地相互转换。总体上来说，知识创造的动态过程可以被概括为：高度个人化的隐性知识通过共享化、概念化和系统化并在整个组织内部进行传播，从而能被组织内部所有员工吸收和升华。四种模式的转化图示见图3-1。

为了实现显性知识和隐性知识之间的良性循环，必须保障以下几点。

（1）必须创建公开、透明和鼓励共享的企业文化。

（2）必须有清晰的激励措施来鼓励共享，而且用户能够从知识管理中获得直接的好处。

（3）必须有来自高层的强大支持。

（4）必须给予显性知识和隐性知识同等的重视，只关注其中之一会抑制两者的良性转化。

显性知识与隐性知识的相互转化过程也包括个人层面与组织层面的知识转化。

3.1.5　个人知识与组织知识的相互转换

在知识表现形式的转换模式中，更有现实意义的是个人和组织之间的知识转换。随着一个多世纪以来科技的迅猛发展，人类在微电子技术、生物技术、新材料科学、电子通信、新

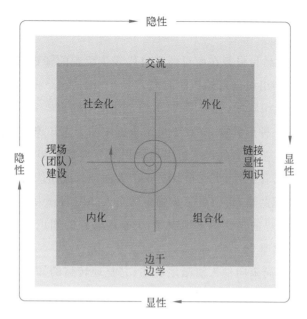

图 3-1　显性知识与隐性知识的转换模型

能源、装备制造和机器人、计算机等领域快速积累了大量知识财富,尤其最近几十年随着网络及信息的快速发展,人类进入了一个人工智能、区块链、云计算、大数据、5G、物联网等万物互联的新信息革命时代,进入了知识经济蓬勃生长和知识信息爆炸的时代,进入了科学技术是第一生产力的时代。企业(或机构组织)通过研发、人才招聘、校企联合等手段快速获得了企业独有的科技知识,以此增强了创新力,有助于推出新产品等,从而取得市场竞争优势。因此,在激烈的市场竞争中,企业对知识的有效整理、转移和管理就变得格外重要。站在机构组织的立场上,根据机构组织知识存在的位置和方式,可以将机构组织知识划分为以下 6 种形式。

（1）个人知识:即员工通过以往的经验和培训而获得的知识。

（2）人际关系:指存在知识的人际关系网络。对于未知的知识,大多数员工会首先向熟悉的朋友或人际关系圈子里的人请教,随后才会翻阅、求助于组织的显性资料。因此,组织内部员工的关系网是重要的隐性知识资源。

（3）数据库:通过结构化的方式存储的、对组织有益的规范化知识。当员工存在共性问题或普遍问题时,数据库的存在有助于帮助员工解决同类问题,并节省时间、精力和资源。

（4）工作流程和支持系统:指组织完成某种任务时采取的工作流程,以及为了完成各项工作所需要的软件和硬件的支持系统。个人的经验和教训可以通过组织的工作流程和支持系统加以沉淀。

（5）产品和服务：产品和服务在面对顾客时代表了组织的知识形象。顾客会通过组织提供的产品和服务来判断组织创造知识的能力。

（6）固化在组织内组织制度、管理形式、组织文化中的知识。

在组织内部知识的6种形式中，存在于员工头脑中的个人知识是最富有创造力的，对组织而言也是最为重要的。根据表现形式可以把知识划分为显性知识和隐性知识两类，但这种划分只能反映知识的转移特性，无法反映员工个人向他人或组织转移知识的意愿或程度。为了表现员工之间的知识共享，可将员工头脑中的个人知识划分为如下两类。

（1）共享知识：个人已向他人清晰地表述、完整地转移的知识；个人向他人完整地转移知识的过程就是知识的共享化。

（2）隐藏知识：个人尚未向他人清晰地表述、完整地转移的知识。它又包括两种类型：一是个人能够与他人共享但因某种原因未能转移的知识；二是个人不能够与他人共享的知识，不能共享的原因有多种，如无法清晰地表述或是本人对个人知识的理解尚不清晰等。

显性知识包括共享知识和第一类隐藏知识，隐性知识即第二类隐藏知识。共享知识和隐藏知识之间的区别并不是绝对的，在一定条件下，第一类隐藏知识很容易转化为共享知识，第二类隐藏知识也可以转化为第一类隐藏知识。清晰地划分组织知识的形式及个人知识的形式，有助于理解和促进个人知识和组织知识之间的相互转化。

从组织中知识的来源来看，组织知识最主要的原始来源是个人知识，而个人知识的隐性化程度最高，所以个人知识的共享最不容易实现。个人之间有两种交流知识的形式：文档交流和直接交流。参照显性知识与隐性知识的相互转化，个人知识和组织知识可以通过团队知识在显性知识和隐性知识转换中相互转化，如图3-2所示。隐性知识在个人之间相互转化，个人知识通过团队研发、分享等形式转化到机构组织中，隐性知识也可转化成显性知识，显性知识可以在机构组织和团队之间相互转化，组织还可以通过提供团队和个人分享学习的机会使显性知识转化为隐性知识。

知识管理的目标是为了实现组织总体的发展战略，因此知识共享的过程也必须以实现组织战略目标为前提。

3.1.6　知识管理的目标

知识管理的目标可以列举很多，例如在合适的时间把合适的知识传递给合适的人、提高

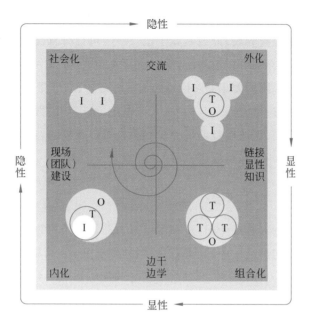

图 3-2　个人知识与组织知识的转化（I——个人，T—— 团队，O——组织）

组织的竞争力、促进组织创新、保护组织的知识资产、避免知识随着人才的流失而流失、获取更多的商业利益，等等。当组织确定要实施知识管理时，会实现上述罗列的全部或是部分目标，但这些目标不能作为指导具体知识管理实践活动的目标。管理学大师 Peter Drucker 提出了管理中目标的 SMART 原则。

1. 明确性

明确性（S，Specific）就是要用具体明确的语言清楚地说明要达成的行为标准。明确的目标几乎是所有成功团队的共有特点。很多团队不成功的重要原因之一就是因为目标定得模棱两可，或没有将目标有效地传达给相关成员。因此，实施该原则的要求是：目标设置要有项目、衡量标准、达成措施、完成期限以及资源要求，使考核人员能够很清晰地看到部门或科室的具体行程计划和拟定的完成程度。

2. 衡量性

衡量性（M，Measurable）是指目标应该有一组明确的数据作为衡量是否达成目标的依据，而不是模糊的。如果制定的目标没有办法衡量，那么就无法判断这个目标是否实现。例如当领导认为现阶段尚未实现目标时,团队成员可能认为已经成功实现了目标,这说明领导和下属对团队的目标认识有分歧,原因就在于没有一个可供分析衡量的数据和定量的标准。当然,也并不是所有的目标都可以被衡量,有时也存在例外,例如一些大方向性质的目标就难以衡量。因此实施该原则的要求是:目标的衡量标准遵循"能量化的量化,不能量化的质化",使制定人与考核人有一个统一的、标准的、清晰的、可度量的数据标准,杜绝在目标设置中使用形容词等概念模糊、无法衡量的描述。如果是难以衡量的,还可以将完成目标的工作进行流程化,通过流程化使目标可衡量。

3. 可实现性

目标是要能够被执行人所接受的,是在付出努力的情况下可以实现的(A,Attainable),要避免设立过高或过低的目标。因此实施该原则的要求是:在目标设置的过程中要坚持让员工参与沟通,使拟定的工作目标在组织及个人之间能够达成一致,既要使工作内容饱满,也要具有可实现性。

4. 相关性

目标的相关性(R,Relevant)是指实现此目标与其他目标的关联情况。如果实现这个目标与其他的目标完全不相关,或者相关度很低,那这个目标即使被达到了,意义也不是很大。因为工作目标的设定需要和岗位职责相关联。

5. 时限性

目标的时限性(T,Time-bound)是指目标是有时间限制的。没有时间限制的目标是没有办法进行考核的,或者容易损害考核的公平性。因此实施该原则的要求是:目标设置要具有时间限制,并且根据工作任务的权重、事情的轻重缓急,拟定出完成目标的时间要求,定期检查项目的完成进度,及时掌握项目进展的变化情况,以方便对下属进行及时的工作指导,以及根据工作计划的异常情况和突发变化及时地调整工作计划。

总之,无论是制定团队的工作目标,还是员工的绩效目标,都必须符合上述原则,五个原则缺一不可。制定目标的过程也是提升部门工作掌控能力的过程,完成计划的过程也是对现代化管理能力进行历练和实践的过程。

在对知识、知识的特点、知识的类型及其转换和管理目标有了一定的了解之后,再来讨论知识创造背后的创新和创新的模式就变得顺理成章了。

3.2 关于创新模式

3.2.1 创新模式的基本概念

创新模式主要有两种基本模式：① 基于科学技术驱动的创新模式（Science-Technology-Innovation，STI），如研发、专利、信息及通信技术、与大学合作等；② 基于边做边学、通过使用和进行互动的实践创新模式（innovation by Doing，Using and Interaction，DUI）[2]。两种模式相得益彰并互相补充。第①种模式在企业层面，越来越多的人开始强调科学是创新的重要来源，以及广泛使用科学信息技术可以提升科技知识的吸引力并降低成本。而第②种模式则强调在技术和市场需求不断发生快速变化的背景下企业如何适应变化，并进行创新和学习活动。两种模式可以产生不同形式的知识，科技创新模式产生可以编码的显性知识，实践创新模式产生隐性知识[3]。

3.3.2 创新模式的基本特征

1. 科技创新模式的特征

基于科学技术的创新模式是基于高度研发投入的相关产出，包括投资高技能的科技人才、技术和基础架构。科技创新模式支持创造新科技中心，主要是强调研究中心和大学的互动和合作。这种方法往往会产生可以编码的显性知识（即科学原理、探索发现和公式），以此来进行创新，这在一定程度上重组了知识基础，将工程知识进行延伸并与实践相结合，形成了新的知识基础。知识的输出通常与高科技行业和公司相联系，包括芯片技术、生物科技、新材料、医药等领域。尽管这些专有技术可能只适用于某一个公司，但其中更多的专业或技术是可在相同技术领域中运用的通用知识。与 3.1.3 节介绍的知识分类相对应，科技创新模式主要解决的是：知道什么（Know What）和知道为什么（Know Why）。需要明确的是，与产业结合的研究通常称为应用研究，旨在解决现代世界的实际问题[4]，如如何提升手机运行效率、如何消灭病毒等。与应用研究相对的是基础研究，是指受科学家的好奇心或兴趣驱动而在一个科学问题上展开的研究，主要目的是扩大人类的知识面,而不是创造或发明,如研究宇宙的起源、中子的结构等。因此,基础研究的结果通常不会直接带来明显的商业价值。在科技日新月异的今天,应用研究与基础研究的边界有时也是模糊的。

将在某领域前沿从事研究的科学家和大公司研发部门的专业知识相结合,有助于研究实验的开展和对研究结果的解释。特定的研发项目通常是由实践需求所触发动机的,例如,针对新产品、流程和用户需求方面的问题可以产生相关的研发需求。此处仍将这种模式的创新定义为科技创新模式,是因为该类创新会在解决问题的过程中产生可以编码的显性知识。

在整个创新的过程中,以书面形式记录结果是非常重要的,通过这种方式记录,使科学家不仅可以将研究结果作为默认信息保存在个人的记忆中,还可以通过团队合作和模块化的方式将单个结果作用于团队中的其他成员。在研究流程结束后,如果研究成功,那么组织需要将其组织边界内的结果整理成文档。

科技创新模式框架与线性模型相关联,如图 3-3 所示,表明技术和科学方面的变化从发明到产品创新,再到传播,都以线性方式发生。过程中包括研究和开发阶段、可能存在的申请专利阶段,然后在此基础上进行原型制作和测试,最后予以执行。由于科技创新的高度专业化,创新活动通常需要大学、研究所以及研究密集型小公司设有专门的研发部门。知识创造是主要基于科学创新模型的开发和测试过程,在药物、信息通信、机械、食品、医药、卫生、银行和金融等领域中都能有所体现。科技创新模式不仅涉及创新的实施方式以及使用的知识类型和学习方式,且其研发项目是由实际的产品和生产等问题所触发研究动机的,因此,新的创新项目与公司的总体战略相适应、与公司发展轨迹相匹配。

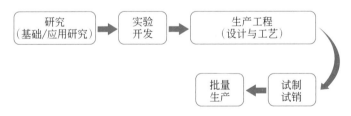

图 3-3　科技创新模式的过程示意图

2. 实践创新模式的特征

实践创新模式基于边做边学的形式。通过互动的创新,如团队合作、与供应商的合作等,针对员工在产品生产过程中(或用户在使用过程中)遇到的问题,在企业现有技术能力的支撑下,通过自主研发或通过与大学和科研机构共同研发,来寻求问题的解决方案,实现技术创新。在寻求问题解决方案的过程中,员工(或用户)增长了技术知识或技术诀窍。如果这一过程相当复杂,那么问题的解决就需要团队内部成员或不同团队成员之间的交互影响,从而产生许多新的共享技术经验和技术知识。这种创新模式的实现需要员工和用户具有解决问题的责任心和相应的技术能力,需要以普通员工较高的科学素质为基础。这一创新模式主要依靠在实践中不断改进来提高技术的使用效率,其中经验的积累也起到重要的作用。这一创新模式不是单纯从产品的角度出发,也不是从核心技术的角度出发,而是从用户的角度出发。在非核心技术领域内有效实施创新,能够较好地提高创新绩效和经济竞争力,是帮助技术积累的有效途径。边做边学的创新和通过使用进行的创新也都涉及人与部门之间的互动。这个过程是循环,如图 3-4 所示。对创新过程的实践研究表明,成功的创新取决于开发阶段中成员之间的联系和设计部门、生产和销售部门之间的沟通。这些连接通常是非正式的,有助于传达可以响应用户需求的成功设计。实践创新模式主要指的是专有技术和专有知识,这些专有知识之间配合默契、相辅相成,并且通常是经过了高度的本地化。实践创新模式会产生知道如何(Know How)和知道谁(Know Who)的知识。

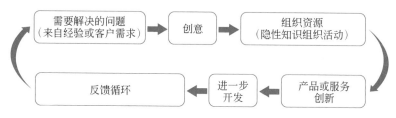

图 3-4　实践创新模式的过程示意图

3. 科技创新与实践创新模式的关系

科技创新模式需要更多的研发投入,需要人员更积极地参与研发活动,但并不意味着可以忽略实践创新模式。同样,实践创新模式必须以科技创新模式为基础和补充。在全球化经济环境下,技术机会和市场条件瞬息万变,核心技术开发、市场情况、用户需求、用户体验等都是创新活动中必须要考虑的问题。充分掌握技术创新的规律,协调科技研发、生产制造和市场等外部因素,将科技创新模式和实践创新模式有机结合,有效利用各类科技资源,加快科技进步和产业化进程。通过内部研发和搜寻、吸收、利用外部创新资源,提高技术创新能力。显然,创新政策应根据产业特性而设计。科技创新模式的创新需要更大的研发投入,完备的实验设施,专业化、线性的组织形式,以及强大的知识产权保护政策;科学家、工程师是主要的创新者。产学研合作需要严格的契约,并充分限制员工流动。而实践创新模式需要更多的学习与交流沟通方面的投入,用户、供应商、研发人员、一线员工等是主要的创新者,组织应保持开放性,内部交流和跨组织知识管理颇有必要,但是,在宏观政策方面,对知识产权的保护力度不应过度,而应积极地鼓励员工之间的合理流动,在实践创新模式中,员工需要忠诚的不一定是某个企业,而是他们为之感兴趣的产业或领域。

总之,科技创新模式有助于产生先进的科学技术知识,一般包括适用于行业中所有公司的普遍规律,如半导体、生物制药等行业。实践创新模式更有助于将科学和分析知识转化成基于工程应用的综合知识,如机床、汽车、铁路等领域。两者的结合有利于加强业务的互动,促进知识转化和丰富创新。关于两种模式还有很多方面可以讨论,这里一并总结如表 3-1 所示,通过此表能使两种模式的特点及关系一目了然。

表 3-1　科技创新模式和实践创新模式的特点及关系

方　　面	科技创新模式	实践创新模式
组织的特征	严格的分工	工作职能灵活
员工组成	受过良好教育的员工比例很高 科学人员	混合,经验驱动
选择创新项目	长期战略选择	应对机遇和现实条件
主要驱动力	技术	需求
创新过程的规划	线性,逐步推进过程	循环的,吸取经验,接受失败
公开性	封闭的流程,完成之前一定程度的保密性	开放的流程,并邀请客户和合作者参与流程
知识输入	科学知识,显性知识	实践知识,隐性知识
解决问题	知道什么(Know What)和知道为什么(Know Why)	知道如何(Know How)和知道谁(Know Who)
验证	测试,原型,专利	现实生活中的实现
主要优势	效率	创造力

3.3　科技成果转化

3.3.1　科技成果转化的概念

科技成果转化是指为提高生产力水平,通过科学研究与技术开发产生具有实用价值的科技成果,并对其进行后续实验、开发、应用、推广,直至形成新产品、新工艺、新材料,发展新产业等活动。大学、科研院等重要的研究创新机构拥有大量的科研成果,因此科研成果的转化就变成一个非常值得关注的问题。

3.3.2　科技成果转化的主体

1. 政府

科技成果转化是个复杂的系统工程,因此政府在转化过程中起着非常重要的作用。政府不仅在政策方面提供支持,在科研经费、科技成果转化平台搭建等很多方面也起着关键作用。如果没有政府作为后盾,缺少政府的资助,个人或企业都很难实现科技成果的转化。其他发达国家的政府科研支出都很高,按 2019 年的统计数据,按购买力平价的金额排名如表 3-2 所示。美国高居榜首,中国其次。日本和德国虽然总数只分别排在第 4 和第 5,但是科研投入占比高达 3.2%,而韩国和以色列更是分别占比高达 4.6% 和 4.9%。

表 3-2　各国政府科研投入排名

科研支出排名	国家/地区	科研支出(10 亿)(按购买力平价-PPP)	科研支出 GDP 占比(按购买力平价-PPP)
1	美国	613	3.1
2	中国	515	2.2
3	印度	211	2
4	日本	173	3.2
5	德国	132	3.2

续表

科研支出排名	国家/地区	科研支出（10亿） （按购买力平价-PPP）	科研支出 GDP 占比 （按购买力平价-PPP）
6	韩国	100	4.6
7	法国	64	2.2
8	英国	52	1.8
10	俄罗斯	39	1
11	巴西	38	1.3
12	意大利	34	1.4
13	加拿大	27	1.5
14	土耳其	25	1.1
15	澳大利亚	23	2.1
16	西班牙	22	1.3
17	荷兰	20	2.2
18	瑞典	18	3.4
19	以色列	17	4.9
20	波兰	16	1.3

美国作为世界第一大科技强国，从政府层面也体现了对科技成果转化的高度重视，除了巨额的科研投入，联邦政府还要求各个政府部门专门设立小企业创新研究（SBIR）和科技转化研究（STTR）基金，每年按照三个阶段投入上百亿美金，分别是第一阶段的创意形成、第二阶段的产品原型和第三阶段的产品商业化。企业受到政府资助后仍拥有100％知识产权和商业使用的权利。

中国在科技成果转化方面也做出了巨大的投入，且颇具中国特色。各大城市里的大学科技园、孵化器、服务中心和转化平台比比皆是，许多地方政府也设立了科技成果转化引导基金，大大方便和加速了科技成果转化。

2. 企业

企业作为科技成果转化过程中的重要主体，可以通过技术交易中介机构获得所需的科技成果，也可以直接与科研机构合作联合实施科技成果转化。

3. 高校及科研机构

高等院校、科研院所等科研单位是科技成果的供给主体。美国的技术型企业,尤其是在初创阶段,大多聚集在大学及科研院所周围,以利于科技成果的转化。而且核心科研人员以技术入股的形式直接参与创业企业非常普遍,技术授权机制也相对成熟,因此这种形式被广泛运用。中国在"科教兴国"的战略指导下,高校及科研院所的科技工作已经成为国家科技创新体系的重要组成部分,高校及科研机构承担了建设一大批科技创新基地或平台,使高校及科研院所总体科技实力、自主创新能力以及综合竞争力大大增强。

4. 第三方技术服务机构

第三方技术服务机构囊括科研技术服务,产业技术服务,以及后期工商管理,法律顾问等技术上的服务。尤其在高科技领域的早期创新创业过程中,创新团队对事务管理面面俱到是很难的,需要集中力量抓住最核心的部分,因此第三方技术平台的需求就诞生了,它们为创新团队提供其他方面的服务以确保核心研发的顺利进行,也有效促进了"产学研"的一体化发展。

5. 投资机构

科技成果的转化离不开资金的支持,因此各类投资机构担任着重要角色。风险投资最先于 20 世纪中在美国硅谷兴起,于 20 世纪 80 年代开始成熟,造就了一批世界顶级科技公司。20 世纪 90 年代末至 21 世纪初开始进入中国市场,近十年慢慢趋于成熟,规模已经是继美国之后的第二。2020 年全球风险投资如表 3-3 所示。

表 3-3　2020 年全球风险投资

地　　区	北美	亚洲	欧洲	其他地区
投资总额(3 亿美元)	132.9	87.1	33.4	6

投资机构按照阶段、行业等存在多种形式:天使基金,风险投资,并购基金等。政府方面除了前面提到的科技成果转化引导基金,还有许多引导企业拓宽科技成果转化的融资渠道,对科技成果转化起着重要作用。

6. 中介机构

高度市场化的欧美国家,中介机构服务比较发达,在美国除了咨询服务公司、信息服务公司,政府也一定程度上帮助搭建平台和桥梁。中国随着科技成果转化需求的增长,科技中介服务机构大量涌现,它们存在于技术市场化的全过程,加强了技术供给方与需求方的联系,是技术与经济结合的切入点,是技术进入市场的重要渠道,对于技术市场化的进程有很大的推动作用。

科技中介主要有科技部和各地科委成果推广机构、技术成果交易会、技术商城、技术开发公司、大学科技园、创业园、孵化器、生产力促进中心等形式。大学被认为是至关重要的知识投入和中间创新产出的来源(例如科学出版物、专利,有时还包括学术衍生产品)。

一些中介公司希望大学能够自愿地与其进行直接互动,在这个过程中同时也会造成知识溢出,而这些溢出的知识会被公司的代理人和其他代理人(即小公司)间接捕获。

3.3.3 科技成果转化的形式

科技成果转化的形式主要用两种方式来划分,一种是按转移的程度,另一种是转移的途径。

科技成果转化的形式按转移的程度划分大概分为下列四种。

(1)技术入股。这是比较常见的形式之一,供需双方意愿比较强烈且达成共识概率比较高,因此也是比较成熟的一种转化形式。

(2)技术转让。这种形式对需方来说存在一定风险,因为只是购买技术,而没有创新工作者的深度参与,需方在转化和实施过程中经常会碰到意想不到的技术问题,而使成果转化大打折扣。

(3)直接创业。也就是说,创新工作者带着科技成果直接创业将科技成果商业化,这种创新工作者容易转变成企业的主要领导者。

(4)技术租赁或专利费方式。这种方式主要是出于对知识产权8的考虑或者是因为在科技成果价值量化方面存在困难,因此用技术租赁的方式控制前期资金投入,而提供方用收入提成的方式来获得利益。此方式尤其适用于通用性比较强、可以模块化的技术,比如一些软硬件技术。而且收取专利费或一些核心通用模块的使用费已经成为一些拥有核心技术企业的盈利模式。

从转化途径角度主要分为两种:直接转化和间接转化。

(1)前面按转化程度划分的几种情况都属于直接转化。除了上述几种情况之外,高校及科研机构还可以跟企业合作展开联合研究、进行科研成果交流及人才交流。

(2)间接转化则主要通过各类中介机构。机构类型和活动方式有很多种形式,可以通过专门机构实施科技成果转化,也可以通过高校及科研机构设立的科技成果转化服务机构,还有行业组织协会等开展的各类科技成果转化相关的活动。

3.3.4　美国的"硅谷模式"

硅谷(Silicon Valley)作为半个多世纪以来的世界科技创新之都,也是科技成果转化的典范。硅谷位于美国加利福尼亚州旧金山以南,圣克拉拉县帕洛阿尔托到圣荷塞市之间,长约 50km,宽约 16km,面积约 70 平方千米的一个谷地。因这里的半导体工业特别发达,而半导体的主要材料是硅,故称为"硅谷"。20 世纪 50 年代,斯坦福大学在硅谷建立了斯坦福工业园区,首创产学研合作的科技成果转化"硅谷模式",融科学、技术、生产为一体,提高了创新与产业化的速度和能力,成为世界各国争相学习的典范。总结起来,"硅谷模式"的成功有以下几个核心因素,如图 3-5 所示。

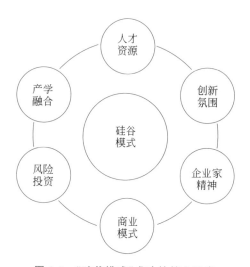

图 3-5　"硅谷模式"成功的核心因素

（1）产学融合:以大学或科研机构为中心,科研与生产相结合,科研成果迅速转化为生产力或商品,形成高技术综合体。企业负责课题设定,投资机构负责资金投入,科研机构、大学负责技术支持,这样得到的科研成果能更贴近市场需求,能有效地进行科技成果转化。以中小型高技术企业群为基础,培育了惠普、英特尔、思科、苹果、谷歌、脸书等世界知名企业。

（2）人才资源:研究机构和大学的技术研发和人才培养,与产业发展和企业需求紧密结合,形成利益共同体。以斯坦福、伯克利等一批世界知名大学为依托,同时吸引着世界各地优秀科技人才,为大批高科技企业的继续成长提供新鲜血液。

(3)创新氛围:硅谷具有鼓励创新的创新文化,自由探索、敢于争论的创新氛围,尊重创新、尊重人才的人文关怀。

(4)企业家精神:硅谷聚集了大批精英,他们具有创新意识、勇于拼搏、善于合作、敢于冒险、持续学习、宽容失败的创业精神,承认"失败"的价值是企业家精神的重要价值观。

(5)商业模式:硅谷的创业者追求的是改变世界的商业模式。在众多创业者进行的改变世界的商业模式的追求中,硅谷成为培育新兴产业的摇篮。从惠普公司出现开始,到晶体管出现,引发集成电路和半导体的发展,催生了个人计算机的诞生;互联网公司的崛起、移动互联网和互联网社交的普及人工智能的震撼,每隔5~10年硅谷必会涌现一些改变世界的大公司,并带动一个新的产业发展。

(6)风险投资:风险投资也是伴随着硅谷的成长而成熟,并带动了全球的风险投资发展。全球近几十年科技的繁荣,风险投资功不可没。美国的风险投资一直居世界首位,而美国风险投资近一半都集中在硅谷,因此风险投资对硅谷成功的影响很大。风险资本不仅能够向有发展前途的高技术公司提供必要的资金支持,而且提供了管理和技术方面的咨询。没有风险投资,许多极其出色的新观念、新思想、新产品就可能胎死腹中,也就无法得到发展和壮大的机会。可以说,没有风险投资,就没有硅谷的成功。

硅谷作为数十年全球科技的高地,是学习和借鉴美国经济发展引擎的重要研究对象。

参 考 文 献

[1] IKUJIRO N,HIROTAKA T. The knowledge creating company:how Japanese companies create the dynamics of innovation[M]. New York:Oxford University Press,1995.

[2] LUNDVALL B A. The Learning Economy and the Economics of Hope[M]. New York:Anthem Press,2016.

[3] LUNDVALL B A,LORENZ E. Modes of Innovation and Knowledge Taxonomies in the Learning economy[C]. CAS workshop,2008.

[4] FITJAR R,RODRIGUEZ-Pose A. Innovation Drivers and Regional Innovation Strategies[M]. UK:Routledge,2016.

第 4 章

模式创新

学习目标：

- 了解商业模式创新。
- 认识商业模式的核心元素。
- 熟悉常见的商业模式类型。
- 掌握商业模式的特点和设计步骤。

4.1 商业模式概述

在第 1 章中简单介绍了商业模式的概念。商业模式就是企业获利的方式，是将企业运行的内外各要素整合起来，形成一个完整、高效、具有核心竞争力的运行模式，并通过优化的形式来满足客户需求，实现客户价值，同时使系统达成持续赢利目标的整体解决方案。企业生存的使命就是创造价值，获取利润。企业因为能够创造价值而具备存在的合理性，价值的实现和创造是企业一切活动的核心和目标。所以，从本质上看，商业模式就是一种价值转换机制。

著名的管理学大师德鲁克讲过，"未来商业的竞争，不再是产品的竞争，而是商业模式的竞争。"在科技快速发展的当下，商业模式变得越来越重要，而且商业模式也成了创新最活跃的领域之一，不仅新创立的公司需要认真设计商业模式，运营中的公司也要根据市场发展、行业竞争、新产品和服务的推出，以及科技和经济环境的变化进行调整，以确保企业的核心竞争力。通过商业模式的创新和迭代希望达到以下目的。

（1）满足市场上其他产品或服务无法满足的需求。

（2）凭借创意、技术或产品率先进入市场。

（3）通过引入新的商业模式，推动市场的发展，为行业转型升级注入新创意。

（4）瞄准并孕育一个全新的市场。

为了有效达到预期目的，设计一个全新的、适合的商业模式将会面临诸多挑战，因此本章将对商业模式及其创新进行深入探讨。

4.2　商业模式的核心要素

商业模式展现了一个公司创造和出售价值的关系和要素，包括如下九个核心要素[1]。

（1）价值主张，即公司通过其产品和服务向客户提供的价值。价值主张确认了公司对客户的实用意义。

（2）客户细分，即公司所瞄准的客户群体。这些群体具有某些共性，从而使公司能够（针对这些共性）创造价值。定义客户目标群体的过程也被称为市场细分。

（3）分销渠道，即公司用来接触客户的各种途径。这里阐述了公司如何开拓市场，涉及公司的市场和分销策略。

（4）客户关系，即公司同其客户目标群体之间所建立的联系。人们常说的客户关系管理（Customer Relationship Management，CRM）即与此相关。

（5）价值配置，即资源和活动的配置。

（6）核心能力，即公司执行其商业模式所需的能力和资格。

（7）合作伙伴网络，即公司同其他公司之间为有效地提供价值并实现其商业化而形成的合作关系网络，这也描述了公司的商业联盟范围。

（8）成本结构，商业模式运营所产生的全部成本。

（9）收入模型，即公司通过各种收入流来创造财富的途径。

根据九个核心要素间的逻辑关系（如图 4-1 所示），商业模式的设计可以分为四步。第一步，价值创造收入：提出价值主张、寻找客户细分、打通渠道通路、建立客户关系；第二步，价值创造需要基础设施：衡量核心资源及能力、设计关键业务、寻找重要合作伙伴；第三步，基础设施引发成本：确定成本结构；第四步，差额即利润：根据成本结构，调整收入来源。值得注意的是，客户关系由价值主张和渠道特性决定，因此核心能力和成本往往是关键业务确定后的结果。

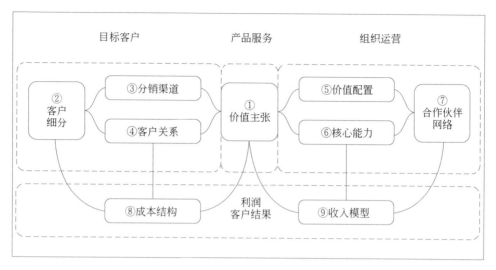

图 4-1　九个核心要素的逻辑关系

4.3　商业模式的发展历程

　　随着经济与科技的进步和发展,商业模式也在不断丰富和发展,商业模式的发展历程就是一个商业模式不断创新的历程。商业模式描述了公司的产品、服务、客户市场以及业务流程,也提供了有关公司如何组织以及创收和盈利的信息。因此,有商业活动就有商业模式。这里只讨论随着现代科技的进步而催发出的商业模式及其创新和发展。商业模式的丰富和创新与科技发展息息相关,随着物联网的出现,商业模式更是推陈出新。

　　20 世纪 50 年代,新的商业模式是由麦当劳和丰田汽车创造的。麦当劳通过加盟代理的特许经营模式使其规模快速扩大。特许经营授权者向受权者销售使用它们商业模式的权利,在这种模式下,他们不再需要由自己来整合所有的资源或者承担所有的风险。丰田的生产系统则使用了超市模式,开展了以需求为导向的生产,通过按需求补充货源,以达到最小化全球库存的目的。

　　20 世纪 60 年代的创新者则是沃尔玛和混合式超市。沃尔玛的运营模式是采取采购与营运分离的模式,提升了价格竞争优势。混合式超市是超市和仓储式销售合二为一的超级商场模式。

　　到了 20 世纪 70 年代，新的商业模式则出现在联邦快递和 Toysrus 玩具商店的经营里。联邦快递以"隔夜送达"为理念，并以及时性、准确性和可信赖性为原则，开启了现代物流。Toysrus 是第一家全规模的玩具商店，打破了同期其他玩具商店产品单一和规模较小的局面。20 世纪 70 年代末成为家喻户晓的公司。

　　20 世纪 80 年代的代表是百视达（Blockbuster）、家得宝（HomeDepot）、英特尔（Intel）、微软（Microsoft）和戴尔（Dell）。由于当时电视频道有限，电影租赁给消费者带来了前所未有的视听选择。百视达公司凭借自身巨大的议价能力，以低廉的价格从电影制作公司那里购买了最新发行的电影，并提供给消费者。基于这样的运营模式，百视达公司得到了快速的发展，同时利用自身的连锁商店、特许经营商店和不断收购的商店，将业务扩展到了视频游戏的租赁。百视达公司的商业模式在当时非常具有吸引力，也取得了很好的成绩。家得宝以独具特色的家居 DIY 模式、价廉物美的产品、仓储一站式购物环境打入家居零售市场并迅速获得成功。英特尔是半导体行业和计算创新领域的全球领先厂商，重点聚焦于技术创新和掌控核心技术。1981 年，英特尔的 8088 处理器造就了世界上第一台个人计算机，也使英特尔一举成名。英特尔采用制程工艺和核心架构的两条交替提升钟摆模式，大大缩短了研发周期，提升产品的竞争力，持续引领芯片及微处理器几十年。英特尔凭借出色的硬件实现了个人计算机的诞生，而个人计算机的真正普及则依赖的是微软的软件。微软的软件模式使计算机成为每个人的必需品，也奠定了微软成为世界科技龙头企业的地位。戴尔则根据顾客的订单装配产品，然后采用了直接将产品寄送到顾客手中的去中介模式，这个模式抛开了传统商业销售链的中间商和零售商环节，节省了成本，降低了产品价格。

　　20 世纪 90 年代的代表则是西南航空公司（Northwest）、网飞（Netflix）、易贝（eBay）、亚马逊（Amazon）和星巴克咖啡（Starbucks）。美国西南航空公司通过提供"短航线、高频次、点对点"的直航服务，成功建立了低成本模式，在美国民航业全线亏损的形势下一枝独秀，持续盈利。网飞在商业模式上借鉴了百视达优秀的数据分析模式，但与之不同的是，首先，网飞采用网上租赁的形式，开启了订阅和 O2O 模式，只要客户在网上下单，隔夜就可以将光盘邮寄到用户手中，用户完全不用出门就可以拿到想看的碟片，看完之后，再将光盘邮寄回公司；其次，网飞完全采用轻资产的形式，摆脱了重资产的束缚，大大降低了人力成本。网飞风靡之后，很快便占据了光盘租赁市场的霸主地位。更难能可贵的是，网飞勇于颠覆，随着美国宽带的普及，网飞转身进入流媒体，也因此得以不断成长。易贝是网上竞卖网站，通过易贝的竞卖模式，人们和企业能够在全世界范围内销售更多种类的物品和服务。卖家在网站上设置一个网页,描述其想要竞卖的产品,然后感兴趣的买主就可以对此产品进行竞价。自该网站 1995 年成立以来,大约举行了 20 亿次竞卖会,使其成为目前世界上最大的竞卖行。亚马逊的业务始于线上销售书籍,全球当时有几百万各类书籍,但线下书店却受到了物理空间的限制,只能够销售流通书籍中的一小部分,而线上书店可以销售无限种书籍。亚马逊在拥有 1000 万用户之后,成功转型为网络购物平台,拥有自营体系和开放体系两种模式,形成了一种全新的互联网商业模式,成就了互联网零售业的霸主。星巴克采用直营模式,凭借其强大的选址策略、供应商策略和服务创新很快成为行业龙头,目前已经遍布全球几十个国家,拥有超过万间店铺。

　　进入新世纪,随着科学技术不断发展以及互联网和移动互联网的普及,商业模式不断推陈出新,而每一次商业模式的革新都能给公司带来一段时间内的竞争优势。随着发展,公司的竞争优势会逐渐缩小,消费者的价值取向也会随之转移,因此公司必须不断地重新思考它的商业设计并进行创新改革,而不能故步自封。一个公司的成败最终取决于它的商业设计是否符合了消费者的核心需求。因此,商业模式的创新具有广阔的空间,其创新行为具有必要性。下面将列出一些比较成熟和典型的商业模式。

4.4　商业模式的类型

　　一个商业模式,是对一个组织如何行使其功能的描述,是对其主要活动的提纲挈领的概括。商业模式定义了公司的客户、产品和服务,还提供了有关公司如何组织及创收和盈利的信息,这些信息与商业模式创新所产生的竞争息息相关。随着商业的发展和科技的进步,商业模式不断创新,现今细分罗列起来,已拥有数不胜数的商业模式,因此本节只选择比较具有代表性的几种商业模式展开介绍,其中一些商业模式现在仍然适用。

　　1. 特许经营模式

　　麦当劳创造的特许经营模式仍然是非常常见的商业模式。特许经营是通过合同形式将拥有的经营资源授权给被特许人使用。利用特许权出售其产品和服务以换取特许权使用费的知识产权和权利,是公司扩张的最佳选择之一[2]。除了麦当劳,成功使用特许经营模式的案例非常多,餐饮方面还有温迪、赛百味等,酒店方面如万豪,地产经纪人方面如 21 世纪,租车公司方面如赫兹,还有超市、快递、教育、医疗、健身中心等。特许经营的模式可以提高投资成功的概率,投资者若选择一家实力雄厚、信誉高的特许经营企业加盟其中,其成功的机会将会大大提高。小投资者加盟特许经营网络,也可以从总部那里获得专业技术方面的援助。同时,被特许人也可以获得质量稳定、可靠的品牌和产品服务,享有知名品牌、商标带来的利润,有效降低了运营风险和运营成本,保证顺利运营。

2. 去中介模式

戴尔开启的去中介模式消除了外包或第三方中介的参与。一般来说,大部分的计算机厂商都是运用间接营销模式来销售计算机,即通过销售中介、批发商和零售商等来进行销售,这样的销售模式需要支付中介服务费。而戴尔省去了第三方中介,直接将产品销售给消费者,即消费者先在线上下单,戴尔根据消费者的实际需求来组装计算机,随后将产品直接寄达消费者。戴尔的去中介模式不仅节省了交付时间,提升了消费者体验,节省了不少的中介费用,也减少了储囤成本,降低了计算机过时淘汰的风险。实际上,遵循此模式的公司通过互联网等不同渠道与客户直接打交道,提高了效率,改善了服务,降低了成本。除了戴尔,著名的公司还有苹果、特斯拉等。

3. 订阅模式

订阅模式允许客户通过每月或每年支付固定金额来获得服务。在这种情况下,公司必须为客户提供足够的价值,因此客户会反复访问该网站。订阅模式允许公司细分市场,并根据不同的计划和价格提供特定数量的项目,这些项目被称为分层产品。例如,网飞在"基本"计划下提供每月订阅,价格为 8.99 美元/月;在"标准"计划下,每月订阅费用为 12.99 美元/月;"高级"计划下的每月订阅费用为 15.99 美元/月。采用订阅模式的有 Zoom、LinkedIn、Monster 以及很多线上培训教育机构等。订阅模式对于线上基于内容或基于服务的企业是非常好的选项。

4. 电子商务模式

在互联网时代,电子商务是一种简单且行之有效的商业模式。电子商务允许买卖双方使用在线平台(在线商店)进行联系和交易。电子商务有几种类型,包括企业对企业(B2B)、企业对客户(B2C)、客户对客户(C2C)和客户对企业(C2B)。以亚马逊为例,亚马逊的电子商务模式具体还可由以下三种销售方式组成。首先是 FBA 模式,这是最常见的销售模式。

FBA 是指卖家把货物寄到亚马逊指定的配送仓库，亚马逊会安排货物上架及配送。FBA 销售是不需要客服的，因为客人都会直接联系亚马逊客服解决退换货问题。第二种是 FBM 模式，是指亚马逊仅作为销售平台，卖家拥有自己的货源渠道，当店铺收到来自消费者的订单后，可以控制库存储存和履行的过程，并自行向客户发货销售的产品。对多渠道销售的商家而言，自行交付要注意备货和跟踪库存。第三种是 FBM 无货源技术，即利用跨境电商多平台全流程 ERP 系统的采集、翻译、上传功能持续向亚马逊店铺上传商品，靠亚马逊对上传新品的流量扶持来增加店铺流量从而增加订单。绝大多数大型公司都有配合电子商务。当然最突出的是亚马逊、阿里巴巴、易贝、沃尔玛等。

5. 捆绑销售模式

捆绑销售是一种将产品或服务进行组合以提供打包成一个组合单元并以相对较低的价格进行销售的业务策略，它是方便从单个业务部门购买多种产品和服务的形式。传统的剃须刀和刀片模式和反剃须刀和刀片模式也是捆绑销售的不同形式，这种类型的捆绑具有不可分割性，就像剃须刀和刀片的关系一样。随着经济的过剩，采用捆绑销售商业模式的案例越来越常见。例如，通信商提供话机，通过收取用户话费和服务费获得利润；索尼公司亏本出售游戏机锁定大量客户，再从第三方游戏软件开发商抽取权利金赚取利润；互联网公司提供免费的浏览和搜索服务用以吸引客户，再以广告和互联网增值服务来盈利。典型案例还包括 Microsoft Office、快餐套餐、iPhone 和 iTune、Amazon Kindle 和电子书、计算机套件、打印机和墨水、度假套餐等。

6. 免费增值模式

免费和收费服务混合使用。免费模式主要由技术公司在软件即服务（SaaS）或应用程序商业模式中使用。为了发展业务并获得客户，公司向客户提供了免费（精简版）版本，但功能有限，若要进一步解锁升级功能，客户必须选择付费服务。有些采用免费试用期，试用期之后转入收费模式，这是鼓励客户试用软件或应用程序的绝佳方法。免费的服务起到非常重要的广告效应，通过口口相传、网络推荐等高效地获取用户，然后向客户提供增值服务获得收益。在公司积累了越来越多的用户之后，就会开始销售广告、游戏等产品或服务，这些看似免费的产品背后实际也是一种获利模型，也印证了"天下没有免费的午餐"。有许多知名公司都采用了免费增值模式，如 Zoom、Dropbox、LinkedIn、Evernote、Amazon Web Services 等。

7. 点对点模式

点对点(P2P)模式是公司充当两个独立方之间的中间人,通过提供某些产品或服务或共享信息,并为供需双方创造价值。点对点模式不同于 B2B 或 B2C 产品及服务销售模式,是通过佣金赚钱。P2P 是以"平等""降低金融门槛"为核心的新兴信贷服务模式,能有效改善传统借贷市场对于小微市场、边缘市场的短板。因此,在创业逐渐普遍的情况下,P2P 无论在国外或是国内的业务规模和交易量都势不可挡。eBay 率先推出了点对点模式,用竞拍的方式使买卖双方直接交易。前几年红遍半边天的 Airbnb、美国 Uber 和中国的滴滴均采用了这种商业模式。Airbnb 没有自己经营的酒店或是住房,是房客和房客之间通过平台进行交易,Airbnb 让人们可以将空置的房间出租,得到额外的现金,并且也让人们可以不通过酒店租赁房间,租赁适合自己内心条件的最优选择,颠覆了传统的酒店业。美国 Uber 和中国的滴滴是没有车的出租汽车公司,乘客和司机之间也是通过平台直接对接。

8. 交叉销售模式

本着寻求现行的客户关系以销售更多产品的目的,交叉销售模式会超越其基本产品和服务的范围,向客户提供互补性的产品和服务。交叉销售提供了一个利用现有资源和能力的机会。交叉销售模式在线上线下都很普遍。线下酒店里的礼品店和加油站的便利店,线上电子商场销售电子产品、时装、在线教育服务、家居家电等多品类商品都是采用交叉销售的商业模式。

9. 用户生成的内容模式

这种商业模式允许用户免费在网站上生成高质量的内容,支持用户之间的互动交流,给予用户提问、回答、评论、点赞的平台,这种模式也是近些年迅速发展起来的商业模式。该模式的特点是由丰富的数字信息驱动,从视频到评论,图片,博客文章,推荐和品牌用户创建的任何其他类型的内容都有所涉及,并通过社交媒体进行访问。优质且丰富的内容资源是该商业模式赖以生存和发展的最核心资源,平台运营方是连接内容生产者与内容消费者的基础设置。直播带货模式就是从用户生成的内容模式延伸发展起来的,可创造巨大的商业机会,如抖音、快手、YouTube、Yelp 等。近几年,直播行业在经历了爆发式增长之后,发展渐趋成熟,该阶段直播行业不再单纯关注用户数量和网红热度等,而是侧重产品变现和商业落地能力。目前,抖音直播的盈利模式相对比较清晰,它致力于搭建主播与用户互动的平台以获取资本市场的资金,吸引用户注意力获取广告主的营销费用,签约人气高涨的主播群体获取用户打赏等。就打赏模式来说,抖音直播的分利模式起到了激励作用,平台抽取用户打赏金额的比例较小,从而吸引更多的人气主播加盟并进一步创造更可观的打赏收入。

10. 隐性收入模式

隐性收入模式是指创收系统是隐性的,用户无须为所提供的服务付费,但公司仍可从其他来源获得收入。例如,用户使用谷歌或者百度搜索引擎时是不需要付费的,而搜索引擎可以从企业在广告费的竞价中获利。除了搜索引擎,Facebook、Instagram、Twitter 等也是这种模式的典型案例。Facebook 的主要收入来源于商家和广告主,它的收入来源中 98％都是广告收入,这就是隐性收入来源背后的价值。通过大数据的分析或者标签的分析,可以提升对用户定位的精确程度,因此在推送给用户的信息流当中,可以做到让用户成为真正的、有效的、有价值的受众。

11. 编程接口许可模式

通用的核心功能模块可以通过许可协议,使第三方快速搭建应用获得经济利益,核心功能开发企业授权许可付费而获利。大多数大型软件公司都提供这样的服务,如 Microsoft、Apple、LinkedIn 和 Twitter 等。

12. 数字和数字化模式

把已存在的产品或服务转化为一个数字产品,这种做法会带来很多优势,如消除中介,减少费用以及提升营销效率。数字化模式可应用于大量的商业类型,如提供在线版本的印刷书籍杂志,以及提供在线流媒体服务的音像出租店。数字化模式已经延伸到了更广的领域,数字化或数据产品的门类很多,包括用户数据、环境数据、交通数据、商业数据等,具有广阔的增长前景。自 2009 年第一个数字币比特币出现以来,已经有超过数万的数字货币,未来还将会有更多形式、更多类别、更多领域的数字产品出现。目前,典型的产品包括 Amazon Kindle、Neflix、iTune,Twitter 等。2021 年,NFT(非同质化通证)走进人们的视线,围绕着 NFT 又孕育出一系列数字化商业模式,详细介绍将在第 9 章展开。

13. 用户群社区模式

用户群社区通过开发一个交互式平台来获利。在该平台上,用户可以相互交流,而平台也可以在上面放置广告。该模型通过订阅和广告费用产生收入。用户群社区模式催生了一批世界级互联网公司,如 Facebook、腾讯的微信、抖音、craigslist 等。这种以用户为中心的商业模式突破了原有的时间、空间限制,使人们信息传播的边际成本近乎为零,上传身份验证,地理位置等技术的发展,很大程度上增加了社交的真实性和信任感,使得原先互联网社区的弱关系加强,将线上的互动和线下的生活融为一体,而因此聚集的用户群体,被称为"社群"。"社群经济"的出现,对整个商业,从生产到消费的各个环节都产生了革命性影响,形成了全新的商业模式。

14. 多平台模式

多平台模式是一种连接两个或多个参与者组的服务或产品,扮演着中介的角色。其价值主张是实现这种连接,使参与者更容易找到彼此并建立联系。大多数公司将两个不同的参与者组联系起来,核心是由供应方和需求方组成,因此也称为"双面平台",如买方和卖方、驾驶员和乘客、服务方和需求方等。也有一些大型平台会将供应方和需求方再进行细化分组,形成更多的参与者组。eBay、Uber、Airbnb、Facebook、腾讯的微信、猪八戒网和 PayPal 等都采用的是这样的商业模式。

15. 产品即服务模式

产品即服务意味着出售的产品是服务本身,而不是出售实际产品。当前正处于物联网和云计算时代,尤其随着 5G 的普及,物联网已经渗透到生活和工作的方方面面,从智慧家居到智慧医疗、从智慧交通到智慧城市等,涉及很广的产品。很多情况下,客户只需要为服务付费,不需要完全拥有实际产品,典型案例如 Amazon Web Service、iCloud、Uber 等。

16. 兴趣电商模式

"抖音"可以说是一个现象级的企业,抖音及 TikTok 母公司字节跳动 2021 年全年收入约为 580 亿美元,同比增长 70%,抖音用户数量已经超过 8 亿人,抖音日用户活跃数量超过 6 亿人。"抖音"采用大数据及人工智能算法,根据用户喜欢看的视频、商品,向用户推送可能喜欢的商品,这就是"兴趣电商"的本质。"兴趣电商"的概念是由抖音电商总裁康泽宇在 2021 年 4 月"抖音电商首届生态大会"的主题演讲中首次提出并很快被接受。兴趣电商不仅能满足用户潜在的购物需求,提升生活品质,而且也帮助商家精准把握消费者市场。兴趣电商也将会从"抖音"现象转为一种商业模式,从不同角度或方式发挥兴趣电商的优势。例如,有鹿生活通过一个 App 多场景多功能给用户带来更多体验,目前已经覆盖了衣食住行、健康娱乐、教育培训等多层次、多领域的服务。围绕兴趣电商,期待更多创新的诞生。

17. "借鸡下蛋"模式

"借鸡下蛋"模式是指借用别人的资源来实现自己商业目的的模式。借助别人的资源可以包括很多方面,如特定潜力、名人、品牌、信誉度、流量等。蒙牛就是"借鸡下蛋"的成功案例。蒙牛一头牛也不养,借政府的力,农民可以贷款买牛,所有农民生产出来的牛奶由蒙牛包销,这样一来就有 300 万农民为蒙牛养牛。与伊利相比,不养牛的蒙牛比养牛的伊利赚得还多。像蒙牛这样靠"借鸡下蛋"模式成功的企业很多,著名的希尔顿酒店也是靠这种模式发展起来的。对于初创企业,在人力、物力、资金、市场等不足的情况下,更是要充分发挥"借鸡下蛋"模式的优势,把这些优势合理地转移到自己的企业和品牌身上,以便快速地突破和发展。

18. 换赛道模式

换赛道模式是指突破现有市场框架去拓展一个全新市场而摆脱激烈市场竞争的模式,当然,要想突破就需要创新。换赛道模式已经被很多知名企业运用并取得成功。例如,英伟达(NVIDIA)于 1993 年成立之初虽然仍然看准巨大的个人计算机市场,但是在微处理器(CPU)领域已经有两个巨头企业 Intel 和 AMD 在激烈竞争,而英伟达创始人认为计算机将会成为重要的游戏和多媒体消费电子终端,于是果断选择了不同赛道开发图形处理器 GPU 市场。目前,英伟达的市值已经是三巨头芯片公司 Inter、AMD 和 Qualcomm(高通)市值的总和。通过换赛道模式逆袭成功的例子各国都有很多,中国也有不少。例如,酒店行业早就是一个成熟行业,国际、国内各种星级酒店和大牌酒店云集。汉庭恰恰就是在激烈的竞争市场中发现了新赛道。汉庭的创始人季琦创办携程累积了大量的会员,创办如家建立了系统,然后将会员资产和管理系统打包给分散的酒店经营者赋能,开辟 2B 的市场服务于酒店经营者而不是客户,2005 年从第一家开始,现在已经发展到近三千家门店。换赛道模式不仅是多次验证的成熟模式,而且仍然有不断复制并创新的空间。全球一批顶级的公司几乎都有采用这种模式的成功案例。

19. 降维模式

降维模式就是将一个市场环境或空间成熟的产品或服务复制实施到一个新的环境或空

间而盈利的模式。互联网在中国刚刚兴起时,曾学习并移植美国等一些成熟经过验证的互联网模式到中国的市场。例如,百度学习谷歌,滴滴学习 Uber,新浪微博学习 Twitter,途家学习 Airbnb 等。而中国二十来年互联网的成功又成为很多国家运用"降维模式"的模板。例如,印度的 Paytm 就是模仿中国的支付宝;越南的 Zalo 就是模仿中国的微信;Lazada 就是阿里巴巴成功地将中国电商平台实施到东南亚,成为东南亚最大电商平台之一。很多企业通过运用降维模式找到很好的市场发展空间。

20. 产品升级模式

产品升级模式就是通过技术、工艺、材料等的创新改变来拉开与竞争对手的差距而获得盈利增长的模式。产品升级模式是无处不在的,尤其成长或成熟公司,为了保持在现有领域的领先地位实现可持续发展,需要反复运用产品升级模式。无论是世界知名企业,如亚马逊、苹果、谷歌等,还是中国的著名公司,如华为、腾讯、阿里巴巴等,都是在不断升级过程中保持行业引领地位的。网飞是 1997 年成立的在网上租赁 DVD 的一家公司,解决了普通租片公司过期罚款的缺点。网飞于 2002 年上市。随着网络的普及,2007 年,网飞开始提供在线观看,到 2011 年,线上还是亏损,而线下盈利。网飞的 CEO Hastings 考虑的是未来,毅然决然地将公司分拆,将亏钱的线上业务保留在上市公司主体,致使股价暴跌 3/4,被 Forbes 评为 2011 年最差 CEO。到 2012 年,在面临影视公司续费增加 10 倍的 3 亿美金选择面前,Hastings 再次突破升级选择投资 1 亿美元制作《纸牌屋》,形成了自己的核心资产和竞争力,使网飞会员可以享受独家内容。现在网飞已经成长为美国顶级公司之一,2021 年曾经市值突破 2 千亿美元。而像曾经的著名企业柯达、诺基亚等就是固守着"现金流"产品而错过产品升级的机会窗口,致使曾经红极一时的公司轰塌消失。可见产品升级模式在企业成长发展过程中所起的重要作用,因此产品升级模式已经成为很多公司的创新战略。由于创新战略的重要性,其详细内容将在第 5 章展开。

上述是比较典型的商业模式,并且将一些雷同的模式整合在一起进行了介绍。从这些典型模式的介绍可以发现,对于一个公司来说,不同的产品或服务往往会采用不同的商业模式,而对于同一个产品或服务也会采取多个商业模式的组合,正如上述介绍中多次提到的 Amazon、Facebook、eBay、Uber 就是采用了多个商业模式组合的方式运营的。因此,在开发创造商业模式的同时,如何将不同的商业模式的组合叠加也是商业模式创新的主要内容之一。

4.5　成功商业模式的特点

商业模式是一个整体的系统,是一个企业盈利的策略。那么什么样的商业模式是好的商业模式?如何向目标客户提供优质的产品和服务以使企业可持续成长?下面梳理一下成功的商业模式应该具备的特点[3]。

1. 创新性

一个成功的企业不仅需要有技术上的突破,还要有创新的商业模式。商业模式的创新形式贯穿于企业经营的整个过程,贯穿于企业核心能力、研发模式、客户细分、成本核算、运营体系、分销渠道、收入模型等各个环节。因此,企业中的任何一个环节都有可能成为创新的突破环节。

2. 先进性

在行业中保持先进性是公司获得行业主导地位且持续盈利的先决条件。因此,商业模式的建立和维护对于确立企业的市场领导地位和竞争实力是极为重要的。

3. 高盈利性

企业在市场中,凭借自己独特的商业模式且有效的成本管理使企业盈利,并创造出长期持续的、高于行业平均水平的盈利。

4. 持续成长性

商业模式要拥有能在不加大投入的情况下始终拥有扩大市场规模和提高利润的能力。一个好的商业模式不是靠抓住偶然机会而诞生的,而是需要从最开始就找到它的核心逻辑,从而完善商业模式,长久地发展下去。好的商业模式是企业持续竞争优势之源。

5. 客户持久性

对于企业的发展,不仅需要开发和挖掘新客户,更重要的是如何持久地维护老客户,这是企业持续增长和利润提高的重要因素。

6. 可扩展性

商业管理模式设计需要具有灵活性和标准化,且模式可以在企业内具有可复制性和商业裂变能力,这样业务可以在不同规模的团队和不同的城市甚至不同的国家里迅速展开且快速成长。

7. 低风险性

企业的发展时时处处存在着风险,因此好的商业模式需要很好的抗风险能力。风险不仅来自企业内部的研发、投资、管理、市场、人事等,还会来自企业的外部,如行业竞争、市场环境、突发事件等。

除了上面几个特点之外,一个成功的商业模式还必须具备独特价值、难以模仿、便于执行等特点。当然越成功的企业,商业模式框架越成熟,可能总结出来的也不只限于以上特点,还有更多补充和总结的空间。

4.6 商业模式创新的设计模型

每一个商业项目都应该是独特的,但商业模式的设计和创新一定要与商业项目相匹配。虽然商业模式没有一个现成的公式可以套用,但是却有一个基本原则可以遵循。关于如何设计成功的商业模式也有很多不同方法和原则,本书从实施步骤的角度进行总结,认为是相对易操作的设计模型。

逐项分析商业模式的核心要素、参考相关的成功商业模式并进行组合迭代、对照成功商业模式的特点,将设计模型总结为五个部分:策划(Planning),定位(Positioning)、设计(Designing),实施(Implementing)和管理(Managing)。因此,这里将商业模式创新的设计模型称为:2PDIM 模型。此过程提供了一个设计商业模式创新的框架,不同行业、具有不同背景的企业都可使用此框架。

1. 策划

在策划阶段,项目策划团队需要为成功实施新的商业模式做准备,要针对商业模式的九个核心元素进行分析。以下四项活动成为策划准备阶段的关键。

(1)为成功的项目商业模式设计做好准备。

(2)收集项目的所有必要要求。

(3)明确需要新的商业模式的目的和动机。

(4)列出项目可能成功的原因和可能失败的因素。

完成好设计准备和收集项目必要要求最有效的做法就是填写商业模式画布。商业模式画布就是将商业模式的九个核心元素做成表格,便于分析填写。以 Uber 商业模式举例如图 4-2 所示,认真填写商业模式画布后,项目的模式框架就清晰了。在计划一个项目时,项目范围是需要明确的,要明确为什么需要该项目以及该项目将要交付哪些内容。在确定项目范围时,必须先要明确计划过程的前三个步骤,即策划、定位和设计。最后两个阶段是前三个阶段的产物,因此无法提前计划。

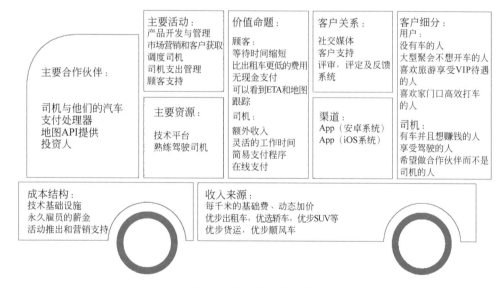

图 4-2 Uber 商业模式分析

其中,需要通过对专家和客户的采访,来收集想法、意见和需求。另一个重要的信息来源是研究过去其他公司试图提供类似解决方案的案例,并找出未能提供类似解决方案的原因,这样有助于充分认识当前的商业环境。

为项目组建合适的团队是另一项关键,团队决定着项目的成败。团队的组织也是非常具有挑战性的,最佳组合就是将高度互补的人融合在一起,使项目具备所需要的、具有不同能力和优势的人才。

策划阶段有一个可能存在的问题就是创始团队可能会过分陶醉于自己的创意之中而出现判断盲点,因此除了列出为什么项目会取得巨大成功的原因之外,还要分析项目可能失败的因素,这样才能使团队能够全面分析商业模式。

2. 定位

这是项目提纲挈领的阶段,在前面策划分析的基础上,需要充分理解项目,明确共识和定位,为合理的商业模式设计做准备。以下四项活动构成了这一阶段的关键。

(1) 清晰项目的商业定位,对商业模式设计过程的需求进行研究和分析。

(2) 团队对影响商业模式设计的各个方面达成共识,无论它们是内部的(例如客户和技术)还是外部的(例如市场和环境)。

(3) 通过与业内专家的交流获得行业内尽可能完整的情况和信息。

(4) 深入了解目标客户的真实需求。

定位阶段成功的关键因素是对潜在目标市场的深刻理解,而且可以以全新的商业视角观察和分析目标市场。

为了成功完成此阶段,必须彻底明确商业模式的定位,可以通过市场调查,客户采访和向领域专家咨询等方式进行。尽管看起来似乎很明显,但是大多数创业者并没有真正找准目标客户,这样的目标错误定位对商业模式设计就是致命的。

3. 设计

从前面的策划到定位阶段,客户需求和项目定位已经明确,并且在团队中达成共识,下面就可以正式进入设计阶段了。

在此阶段,需要先测试许多不同模式的各种迭代,然后团队决定采用哪种模式,这将构成未来业务的核心。

以下三项活动是这个阶段的关键。

(1) 提出一些相关的商业模式选项,并针对业务对其进行测试,以找到合适的匹配项或匹配项数。

（2）根据定位阶段的结果提出商业模式雏形。

（3）此阶段必须专注于完成一个最终迭代，成为项目量身定制的完美商业模式。

在设计阶段要尽可能地把核心团队成员调动起来，并且给予他们足够的创新氛围和时间，以便可以彻底探索所有商业模式构想。

团队成员始终会更青睐于自己设计的运营理念，因此在商业模式画布的九个核心元素中，所有可能的迭代都应被考虑在内，且都应被全面地考量。

4. 实施

这是整个过程的执行阶段。在这个阶段，已经拥有了完善的商业模式，应该开始着手落地公司先前设计的商业模式，将其从概念转变为现实。顾名思义，该阶段专注于实现所选的商业模式。

这一阶段成功的关键因素是采用最佳的项目管理和策略。在需要时可以灵活地快速调整商业模式，并在传统商业模式和新商业模式之间产生协同作用。

有了最终的商业模式后，也需要进一步确定实施过程的时间表和阶段性目标。在整个过程中，要不断权衡风险和回报，以确保实际情况和预期保持一致。

5. 管理

进入管理阶段，需要收集各个方面的市场反应信息，公司的发展要通过市场信息改进和升级商业模式，必要时应该聘请专家。因此这个阶段的关键是：

（1）根据市场反应改变和完善商业模型设计。

（2）建立专家团队，专家团队将负责根据市场反馈信息改进商业模式。

在此阶段，成功的关键是核心团队从战略和长期视角管理项目的能力。

商业模式创新的目的是解决目标细分市场，产品或服务产品以及收入模型的选择。在运营模型的过程中，重点是提高盈利能力、竞争优势和创造价值。而商业模式创新需要对公司的竞争优势有深刻的理解。

大多数初创企业可能规模较小，整个团队都要全力以赴地将精力集中在商业模式的管理上，并密切关注环境的变化可能带来的商业模式调整的需求。需要注意的是，由于初创企业人力、物力的局限，创建和维持"模式优化思想"具有挑战性。"模式优化思想"就是愿意花时间思考很多想法和模式，而大多数想法经过分析之后将被摒弃。大多数创业者或初创团队可能会认为这是浪费时间，因为他们往往会优先考虑决策速度快的，而不是提出许多出色的选择,然后再从中做出最好的选择。这样的行为并没有错,但是为了最大可能地节省时间而低估思考并研究商业模式优化的重要性就得不偿失了。因为对创业者来说,在此过程中,在模式优化上花费的时间越多,将来越有可能从业务中获利。这可能是初创企业面临的一个较大的问题,因为许多行业专家、风险资本家和其他投资者以及企业家自己的要求是缩短完成该过程所需的时间。但是,在这个阶段创业者和团队应该明确,虽然可以通过减少商业模式优化的时间来更快地获利,但是如果最终选择了错误的商业模式而导致增长不可持续,将面临更大的困难。这样的例子比比皆是,每一次"风口"都会有一大批想借着"风口"获得更高利润的公司,最后结果却是"尸横遍野",只有极少数对自己的商业有深刻认识,并花时间扎扎实实设计和优化商业模式的公司才生存下来,而且往往还发展得很好。

4.7　把握商业模式的创新时机

在科技和经济快速发展和变化的时代,商业模式创新变得越来越重要。商业模式创新是创造性的,拥有独特的概念和发展空间,这些概念支持着组织的财务生存能力以及实现战略目标的能力。商业模式创新的主要目标是通过提高产品价值以及如何将产品交付给客户来实现新的收入来源,因此要努力把握商业模式创新的机会。商业模式创新具有巨大的潜力,可以可持续地增强竞争力和成功,因此以下几个方面可以帮助捕捉商业模式创新的时机。

1. 新技术和产品需要新的商业模式

新商业模式的触发因素通常是新产品或新技术,尤其是数字化为商业模式创新带来了许多潜在的增长空间和发展机会。数字化创造新产品、新客户、新利益或新数据,以此作为新商业模式的基础。例如随着汽车电子元器件越来越广泛地使用,汽车制造商可以很容易地从汽车上接收精确的天气数据,另外还有标准温度表、挡风玻璃上的雨水传感器和导航系统。在当前这样的数据时代,汽车还可以成为更多数据的采集单元,包括环境、交通、驾驶者等各种有关数据,有了这些数据,汽车制造商便可以开发全新的商业模式。

因此,每家公司在开发新产品或并行开发流程时都要关注可能引发的商业模式创新,这样公司就可以将更深远和根本的创新带入市场。

2. 通过新的商业模式引发颠覆性创新

商业模式创新具有引发彻底的、全新的和颠覆性的创新的潜力。Uber 和 Airbnb 已经证明了这一点，并通过其新的商业模式颠覆了整个行业。在短短几年内，它们已成为价值数十亿美元的公司。商业模式创新具有很高的创新能力，并为独特的差异化和独特的卖点提供了许多机会。许多知名企业也通过模式创新引发了颠覆性创新，比如微软将办公软件由一次性购买模式增加了订阅模式，不仅增加了盈利空间，同时还激发了微软云的市场需求，刺激其快速发展，使微软市值又一次成倍增长，重新回到市值全球前五的公司，使微软再创辉煌。

许多传统产业中面临着产品和服务过时、创新的潜力空间小的情况。但是，借助全新的和不断变化的商业模式，仍然有可能扩大业务范围，并掌握许多创新手段。例如餐饮业是非常传统而且很饱和的市场，海底捞看似只是一家连锁餐馆，然而仔细研究海底捞的商业模式就可以发现：海底捞已从餐饮自营公司转型成为餐饮行业平台公司，拆分为火锅底料生产公司、食材采购加工配送公司、餐饮人资派遣与培训公司、餐饮流程咨询公司、餐饮店工程设计建设公司、餐饮行业广告营销公司、餐饮 SaaS 软件与大数据公司，海底捞现在已经不是一家单纯的餐饮公司了，它以"采购规模化、生产机械化、仓储标准化、配送现代化"为宗旨，形成了集采购、加工、仓储、配送为一体的大型物流体系。

3. 创造与竞争对手独特的竞争优势

在一些市场，虽然产品、服务和市场定位不同，但是很多企业的商业模式却非常相似，而商业模式的创新恰恰可以产生真正的差异和竞争优势，甚至可以创造全新的市场。例如服装行业早已成为红海市场，相当多的企业面临业绩下滑的局面，而就是在红海市场行业整体市场饱和的情况下，海澜之家利用收加盟费的方式进行供应链的整合和资源的整合，靠商业模式的创新逆袭成功，市值超过了 Coach、Burberry 等世界知名品牌。新的商业模式具有革新现有行业或创造全新市场的能力。

未来的商业仅靠产品或服务的创新是不够的，自始至终都要高度重视商业模式的创新。公司中的每一次变革和创新都可能带来商业模式创新的潜力。只有改变商业模式，才能产生与众不同的真正差异以及竞争优势和领先优势,因此商业模式创新必须放在创新者议程的首位。

参 考 文 献

［1］ CHESBROUGH H. Business Model Innovation：Opportunities and Barriers［J］. Long Range Planning,2010,(43).

［2］ 都向军. 快餐巨头：雷·克洛克经营谋略［M］. 西安：西北大学出版社,2002.

［3］ LUNDVALL B A,LORENZ E. Modes of Innovation and Knowledge Taxonomies in the Learning economy［C］. CAS workshop,2008.

第 5 章

创新战略

学习目标：

- 认识创新战略。
- 熟悉创新战略与企业战略的关系。
- 熟悉科技创新战略。
- 掌握创新战略的选择和实施。

5.1 创新战略的重要性

  战略是指实现特定目标的一系列连贯、相辅相成的政策或行为规则，而创新战略则是为促进机构发展和实现创新使命的一系列结构化活动的共同政策或准则。好的战略可以使机构内不同群体之间协调一致，明确共同的组织目标和行动要点，并围绕这些目标共同努力。企业要定期更新界定企业营业范围和定位的业务战略，明确组织的各项功能（如市场营销、运营、财务和研发）将如何支持组织战略的实施。据统计，高达 96% 的企业高管会将创新定为战略重点。缺乏明确的创新战略对企业的发展是致命的，尤其对成熟企业，因为对现有的业务优化和创新升级对成熟企业的发展至关重要。没有创新战略，创新很可能成为缺乏效率和目标的活动。研发部门如果是由一批各自独立的团队组成的，随意地与客户合作并实施快速原型制作，那么客户的需求将得不到有效的解决，整个组织的创新也难以有效推进。但是这些实践本身是没有问题的，问题在于组织的创新活动依赖于有效的创新系统：一套相互依存的流程和结构来支配资源、设计解决方案、将构想融入业务流程中、进行产品设计、决策项目的资金投入以及权衡各要素的最佳实践。没有创新战略，企业将无法权衡决策和有效地选择创新系统的各项要素。

5.2　创新战略与企业战略的关系

创新战略与企业战略的关系应该是：创新战略是企业战略的关键组成部分，与企业战略总体保持一致；创新战略应该服务于企业总体战略，同时对企业总体战略有能动作用。在当今复杂的竞争环境下，企业需要制定与公司长期目标相匹配的创新战略，使企业能运用创新战略提高组织的经营效率，从而最大限度地从技术创新中获取价值。企业要寻求发展，就要不断地进行技术的迭代，推出技术含量更高的产品。这就要求企业制定出与企业整体战略相匹配的创新战略。与企业战略匹配的创新战略能够保证企业的技术能力和技术资源在实现公司战略目标的过程中发挥最大的效用，从而使得企业建立可持续的竞争优势，提高企业的财务绩效。

5.3　创新战略的类型

创新战略的类型可以按照不同的角度分类，例如，按照创新程度或方式等进行划分的分类方法。本章介绍的是按照创新战略的成本或难度进行划分的分类方法[1]。

5.3.1　领先型创新

领先型创新是指率先开发创新成果或建立全新的管理观念而获得市场主导地位的创新。创新的结果通常是建立起一个全新的市场，创造一个全新的需求空间。例如，阿斯麦的光刻机就是芯片行业无法取代的存在，微处理器的成功使全世界进入个人计算机时代，手机的出现则创造了一个全新的移动通信时代。因此可以看出，领先型创新具有高利润和高风险的特点，所以做创新战略选择的时候一定要清楚地认识领先型创新的特点以确保创新的成功。

领先型创新战略具有以下四个特点。

（1）复杂性。创新背景的综合复杂性，往往需要多种技术的综合才能成功。阿斯麦的光刻机就是典型的案例，它整合了多个国家多个大型公司的技术，经历了二十多年的努力才成功。

（2）长期性。创新过程具有长期性和高投入，一项新药的研制往往需要几年甚至十几年的时间，一款芯片从创意、设计、实验、原型制成到批量生产也需要很多年，而且都需要很高的投入，因此也成为发达国家的大型企业或者大资本的专利。

（3）高失败率。创新过程中只有不到 1% 的设想能够成为现实，近些年随着科技成果转化力度的加大而有所改善，但是成功率还是极低。

（4）低市场接受率。创新的市场接受率难以预测，早在 1999 年，摩托罗拉就推出了全球第一款智能手机——天拓 A6188，采用了摩托罗拉领先型创新的龙珠 CPU 和 PPMS 操作系统，也是第一台触屏手机，但是高达 1.2 万元的售价和颠覆式的操作习惯并没有得到市场的广泛认可。经过了 8 年之后的 2007 年，乔布斯在 Macworld 大会上发布了 iPhone 才真正开启了智能手机的时代。

以上领先型创新战略的特点为领先型创新战略带来以下四个优势。

（1）先发制人获得市场主导定位。领先型创新企业往往其技术或产品有独到之处，而且率先接触客户，使客户形成产品依赖。

（2）树立行业领导者形象。领先型创新企业会给客户树立技术先进、实力雄厚的形象，甚至成为行业领导者形象。

（3）高额回报。由于先发优势而形成的一定市场垄断，从而获得高额利润。

（4）可能成为行业标准的制定者。许多行业的标准制定者基本都是领先型创新企业。

领先型创新战略同时也有一些明显的缺点。

（1）开发投入大。领先型技术研发需要投入大量资金、人力和物力，而且往往需要比较长的开发周期，所以成本比较高。

（2）开发风险高。包括很多风险，如资金成本风险、时间风险、技术成熟度风险、市场接受度风险等。

（3）市场开发难度大。领先型创新虽然引领潮流，但是从前期宣传、市场教育到客户接受同样需要时间、资金以及契机等诸多因素，也不是一蹴而就的。

综合领先型创新的优缺点分析是在创新项目启动之前就要清晰了解的，并且按照前面介绍的科技创新管理的方方面面做好准备，细致地分析创新的条件，一旦做出决定就需要全力以赴地投入。总结起来，领先型创新具有高投入、高风险，然后才有高回报，因此实际操作的时候需要把握以下几个策略。

（1）创新前要细致地分析创新的条件。这些条件和因素既包括创新所需技术及管理本身，也包括社会、经济及文化观念等因素。要通过分析明确哪些因素目前尚不具备，这些因素可以通过努力而创造出来。若有可能，就需要全力以赴。

（2）创新的成功需要全力以赴地投入。领先型创新必须是全力以赴地投入，否则注定要失败。全力以赴要求创新者要以在新产业或新市场中取得领导权或支配性地位为目标，并且一开始就要取得这种领先地位。只有这样，创新的行动才能得到极大的报偿。领先型创新要找准战略重点。

（3）创新试错和风险的成本。领先型创新是没有前车之鉴的，所以创新过程有很高的试错成本，因此领先型创新需要投入的人力和物力都相当可观，需要具备从试错中快速恢复的能力，这样才能避免被后来者超越。

5.3.2　跟随型创新

跟随型创新，顾名思义，就是在别人创新的基础上进一步创新，也就是在别人的技术和项目的基础上发现潜能并加以完善和创新，形成新的市场。与领先型创新不同，跟随型创新更注重以市场为导向应用，因此跟随型创新恰恰与领先型创新互补。

跟随型创新之所以是一种创新，不是简单地照搬，是在对市场准确把握的前提下，对初始创新的补充完善，以满足市场和客户的需求。因此，跟随型创新也是很重要的创新战略的选项。

跟随型创新具有如下特点。

（1）以市场为导向。跟随型创新的思路与领先型创新不同，虽然注重技术，却以市场为导向。跟随型创新适用于一些较为重要、影响面大的产品、加工过程或服务。创新通常以较高的市场占有率为目标，因此创新领导者对市场的洞察力至关重要。

（2）风险小。跟随型创新是风险较小的创新。跟随型创新者是在领先型创新者完成"发明"不久之后开始进入角色，这时新市场多半已初见端倪，而且市场需求量也往往比原发明者所能提供的要大，市场细分已经明显凸显出来，或者可以分析出来。可以通过市场分析，了解顾客购买的内容、方式以及接受的价格等，原创新者许多拿不准的问题都已经明朗。但问题在于原创新者往往看不清真正的市场潜力和进一步开发的紧迫性，这就给跟随型创新者创造了条件。例如，柯达早在 1975 年就发明了第一个数码相机，但是对市场潜力认识不清，将市场拱手让给了竞争对手，于 2012 年申请了破产。

（3）高技术领域。跟随型创新最适用于高技术领域。在高技术领域,最初的创新者通常是技术专家,他们往往忽视以市场为中心这一点,而偏重于技术或产品本身。由于缺乏充分的市场调查和认识,经常不能正确认识创新的实际意义和进一步开发的方向,而跟随型创新者正好利用了这一弱点。

跟随型创新的优势和缺点与领先型创新有很强的互补性,根据跟随型创新的特点,在实操中,执行跟随型创新的战略重点如下。

（1）把握市场。跟随型创新是以市场为导向的创新,所以必须首先认真分析市场的需求变化,对市场的认识也决定了在原创基础上进行完善和再创新。

（2）洞察对手弱点。跟随型创新者要善于分析别人的弱点。领先型创新者之所以常常败在跟随型创新者之手,是由于他们往往有一些根深蒂固的观念和墨守成规的思维,这些观念和思维使他们在新的创新面前因循守旧,不知不觉地把优势让给了自己的竞争对手。跟随型创新者如果能认真分析对手弱点,观念上大胆突破,就能避实击虚,得到意想不到的收获。

例如,曾经独霸手机市场的诺基亚到 2006 年达到了惊人的 72.8% 的全球手机市场份额,2003 年推出的 1110 型号做出 2.5 亿部销售量的空前绝后的纪录。其实早在 2004 年,诺基亚资深的技术研发人员哈克兰在芬兰总部一个展会上就向消费者演示了一款原型机,这款原型机的最大特征是具有互联网功能以及可触控大显示屏,比苹果足足早了三年。但是诺基亚管理层选择了放弃,寄希望依托原有 12 格键位手机已经占领了智能手机市场而放弃了哈克兰的创新。

（3）思维灵活。跟随型创新者要能够转向快,思维灵活,愿意一切以市场需求为转移。微软公司尽管实力强大,但还是运用了竞争对手的思路,大力推出了云计算,成为微软主要业务增长点,帮助微软再创辉煌。

（4）补充性创新。跟随型创新之所以是一种创新,是因为它不是对原有创新的照搬照用。最初的创新可能缺少什么东西,也可能在适应不同需求方面缺少具体、多样的设计等,跟随型创新要根据用户需求将其完善化。

5.3.3　依赖型创新

依赖型创新是依靠领先型创新的大市场中深耕一个细分市场,在一个细分领域做附加值和创新。因此,依赖型创新成功的关键就是准确把握一个刚需细分市场,而这个细分市场的体量又不足以吸引其他人参与竞争。与领先型创新不同,实施依赖型创新的企业并不谋求产业领导地位,只追求在细分领域的纵向发展,但却有别人所不能取代或竞争的地位。因此,依赖型创新的成功必备以下条件。

首先,创新对象必须是某个过程或系统中不可缺少的产品,如果不使用它就要付出极高的代价。例如,如果手机镜头不工作,那整个手机功能就大打折扣。

其次,创新产品的市场必须是有限的,它能使捷足先登者全部占领,而且小得不足以吸引其他企业来竞争。所以,许多小零部件的创新都具有这方面的特点。例如,手机镜头模组的绳边机,既必不可少同时又市场空间很小而不足以吸引众多企业参与竞争。

依赖型创新的优点是可以避免竞争和挑战,因此收益有保障。而且,只要它所赖以生存的系统(如手机镜头模组)继续保持,它就永远能使企业盈利。事实上,这类创新的有效期通常较长。

同时,依赖型创新也存在着明显的缺点。依赖型创新占据了其市场之后就被局限在了细分市场里,很难再有大的发展。因为无论该产品多么物美价廉,它只是某个系统或过程的附属物。同样也是这个原因,依赖型创新产品的兴衰完全依赖于它所从事的产品系统。

结合依赖型创新的特性及优缺点,为了有效发挥优势克服不足,依赖型创新需要把握如下战略关键。

(1)抓"时机"。依赖型创新也需要对创新机会进行系统全面的分析,必须在一个新产业、新习惯、新市场或新潮流刚露出苗头时就捕捉到机会。"时机"在此扮演着重要角色。

(2)稳"市场"。依赖型创新在捕捉到"机会"之后,也要不断改进自身的技术或服务,及时根据市场需求和行情调整产品、服务和价格,以保持领先地位。

5.4　科技创新战略

当前已经进入了科技引领的创新时代,所以对于科技创新战略有必要进行专门探讨。世界 500 强企业中出现了越来越多的科技类企业,其中有很多是年轻的高成长企业。信息技术正在改变世界。全世界市值最大的 200 家公司,其中 150 家是与软件、互联网、集成电路相关的科技型高成长企业。科技型高成长企业的发展得益于科技革命和有效的创新战略。对于科技类企业而言,科技创新战略和公司战略之间的匹配度与企业的财务绩效之间存在正相关关系。所以如果忽视了企业战略的选择、技术创新战略的制定以及两者之间的匹配关系，只单纯强调科技创新战略并不能为企业带来好的财务业绩。

5.4.1　科技创新战略的关注点

随着信息化的发展，尤其在进入互联网时代后，科技含量成为企业竞争和发展的重要因素，因此科技创新战略成为战略管理的重要领域。从宏观上来讲会比较多地使用"科技创新战略"的说法，而对具体企业来说，一般称为"技术创新战略"。本章更多是从企业的角度探讨，所以以"技术创新战略"说法为主做进一步的讨论。

技术创新战略是企业技术选择的表现形式，包括为获取、维持、利用和淘汰落后技术而投入的资源，这些技术选择决定了企业技术能力的水平和投入强度，以及可用的产品和价值链平台。技术创新战略的重点在于企业占有、开发、使用和放弃的技术种类。产品中所包含的技术以及企业价值链中包含的技术都反映了企业的技术创新战略。技术创新战略的关注点通常需要解决以下一些问题。

（1）为了建立和保持竞争优势，必须拥有哪些独特的技术能力？企业必须明确自己想要塑造的竞争优势，从而有针对性地集中资源进行科学研发。

（2）为了实现核心产品，需要运用哪些技术以及如何在产品中体现这些技术？企业必须明确核心技术与最终产品之间的关系，核心技术以怎么样的形式体现在最终产品上并被投资者接纳。

（3）企业技术创新应针对哪些技术与市场？如何决定技术开发的投资体量？例如，企业管理者需要选择进入新市场的时机和方式。选择进入市场的时机即采用什么样的竞争策略，是扮演技术的领先者还是做技术的模仿者？进入市场的方式则是创造新的竞争领域，是打破现有竞争领域的平衡，还是支持原业务模式？

（4）所采用的技术应源于内部还是外部？什么时候以及怎样将新技术引入市场？是通过企业并购、战略联盟或是技术研发？通常需要考虑企业自身研发能力和时间成本等要素。

（5）怎样组织并管理技术与创新并形成技术壁垒？企业需要设计有效的研究开发组织和相应的绩效评价工具，以提高组织运作效率。

5.4.2　科技创新战略的主要手段

科技创新战略包括很多内容，从产品定位、市场分析到研发投入和组织管理，甚至包括人才管理和知识产权等,本章主要概括为以下六方面内容。

(1)重视公司产品-市场战略中的技术要素,在差异化和成本战略中找准技术定位,以获得基于技术的竞争优势。通常管理者需要在差异化战略和成本战略中做出选择,不同的竞争战略对应了不同的技术战略。例如,在差异化战略中,企业找到有别于市场其他竞争者无法替代的技术特征就显得尤为重要;在成本战略中,企业则需要优化产品运营的各个环节,提高工艺技术效率,从而减少不必要的资源投入,提高资源使用效率,帮助企业获得更大的市场空间。

(2)在公司价值链各项环节广泛运用技术。现代企业有很多高效的自动化处理程序,帮助科技企业优化产品线,避免不必要的成本和时间浪费。

(3)公司对各个技术环节包括创意、研发、生产、质检等的资源投入。各个环节都需要基于关注,企业将积极优化价值链的各个环节,以确保最终产品对技术效果的呈现。

(4)公司对技术人才的发展规划和培养管理。现代科技企业更加注重人才的培养,组织定期的培训和学习是保持组织科技进步性的重要条件。

(5)公司对技术知识产权的规划、管理和保护。知识产权在现代科技企业中显得尤为重要,是区别于其他竞争者的重要标志。因此,现代企业更加重视对技术成果的保护,如何有效保护和进一步开发技术成果、提高技术壁垒在企业竞争中非常重要。

(6)运用公司技术创新管理系统进行系统化管理。现代企业要注重系统的概念,应将产品的各个环节相互链接和印证,同时关注系统的动态变化和发展。

5.4.3　科技创新战略的基本类型

5.3节介绍了创新战略的类型,细化到技术创新战略又可分为四大类型:技术领先战略、市场细分战略、技术跟随战略和技术合理化战略。

1. 技术领先战略

与领先型创新一样,技术领先战略就是企业通过开发和利用关键核心技术,建立和保持在技术竞争领域的领导地位。

例如,20世纪80年代,当美国西海岸的企业家正在争夺有限的微型计算机市场时,IBM带着个人计算机(PC)横空出世。不到两年,全世界进入了计算机革命的浪潮,计算机开始以IBM出品为标准,PC的市场更是呈指数增长。因此技术领先战略可以帮助企业快速进入和抢占空缺市场,帮助企业奠定市场地位。但是技术领先战略对企业的研发能力有较高的要求,同时也面临着更大的失败风险。

2. 市场细分战略

开发针对特定细分市场的相对优势技术,也可以理解为依赖型战略的延伸。在科学技术革命的推动下,产品日新月异,以产品差异化为中心的科技发展方式远远不能解决企业所面临的市场问题。于是,部分企业转变技术发展路线,由产品差异化转向以特定市场需求为导向的技术发展路线,即企业可以结合自身的资源与优势,集中资源建立相对的技术优势以满足细分市场的需求。市场细分战略需要满足的前提条件是市场是可划分的,同时市场上其他竞争者不会和本企业选择相当的细分市场作为目标。市场细分战略通常更多地被小公司采纳,以谋求在激烈的市场环境中找到新的发展契机。例如牙膏市场,有清新口气、美白、解决口腔问题等细分;而云南白药基于白药本身止血的功能和优势,找到最适合服务的人群,即有口腔问题人群,他们最典型的需求是解决牙龈出血的问题,正好云南白药牙膏可以解决。

3. 技术跟随战略

技术跟随战略在企业层面被广泛运用,因为企业的技术重点在于应用。企业需要密切监视技术和市场领导者的研发动态,从而能够快速地进入已开拓的市场,通过技术迭代和产品优化抢占剩余的市场空间。技术跟随战略也在新兴国家的发展和崛起过程中被广泛运用,当前大量的企业会采取技术跟随战略,尽可能地降低风险,有利于节约成本。可以通过购买先进技术改变技术结构,同时可以根据现有市场的反应及时调整产品的设计和生产。

4. 技术合理化战略

如果企业既缺乏市场竞争地位,又没有强大的技术能力,那么技术合理化战略是符合企业发展选择的。这些企业的战略目标通常是通过仿制现有技术来抢占市场,采取的多为低成本竞争战略。这需要企业有较强的成本控制能力,一般选择在成长期或成熟期进入市场,这时市场发展较为成熟,产品需求量大,企业有机会通过规模经济降低成本,占领部分低端市场。

5.5 创新战略的选择

创新战略围绕企业经营战略,而企业都要选择一套符合自己发展的创新战略。创新战略的选择一般涉及创新的基础、创新的对象、创新的水平、创新的方式、创新的程度、创新的成分等多个方面。

1. 创新基础的选择

创新基础的选择需要解决在何种层次上进行组织创新的问题:利用现有知识,对目前的生产工艺、作业方法、产品结构进行创新。理论上的创新需要企业员工特别是企业中相关科研人员长期默默地工作。基础研究的特点决定了选择此种战略不仅具有较大的风险,而且要求企业能够提供长期的、强有力的资金以及人力上的支持。应用性研究只需企业利用现有的知识和技术去开发一种新产品或者探寻一种新工艺,所需时间相对较短、资金要求相对较少、创新的风险也相对较小,研究成果的运用对于企业生产设施调整小,从而基础性投资的要求相对较低,当然,与之相应地对企业竞争优势的贡献程度也相对要小一些。

2. 创新对象的选择

技术创新主要涉及材料、产品、工艺、手段等不同方面。由于企业生产所需要的原材料主要是从外部获取的,因此材料创新主要是在外部进行的(这种创新实际上是上游企业的产品创新),所以企业可供选择的创新对象主要涉及产品、工艺以及生产手段三个领域。

3. 创新水平的选择

创新水平的选择主要是在行业内相对于其他企业而言的,需要解决的主要是在组织企业内部进行技术创新时,是采取领先型创新的"先发制人"战略,还是实行"追随他人之后"但目的仍是"超过他人"的"后发制人"的战略。先发制人是在行动上先人一步,目的是在市场竞争中"高人一筹"。先人一步行动,率先开发出某种产品或某种新的生产工艺,采用这种战略的意图是在技术上领先同行业内的其他企业,以获得市场竞争中至少是在某段时期内的垄断地位。先发制人可给企业带来下述贡献:可给企业带来良好的声誉,可使企业占据有利的市场地位,可使企业进入最有利的销售渠道,可使企业获得有利的要素来源,可使企业获取高额的垄断利润。率先开发某种技术或产品可能给企业带来以下几个方面的不足:要求企业付出高额的市场开发费用,需求的不确定性,技术的不确定性。

许多企业宁愿采用跟随型创新战略,而不愿先人一步,目的就是回避上述几点不足带来的风险。当然,后发的目的也是为了先至,是为了制人,而非受制于人。实际上,由于上面列举的原因,后发者虽然在时间上、在用户心目中技术水平的形象上可能处于稍微不利的地位,但它可以:分享先期行动者投入大量费用而开发出的行业市场;根据已基本稳定的需求进行投资;在率先行动者技术创新的基础上进一步完善,使之更加符合市场的要求。

4. 创新方式的选择

企业在技术创新活动的组织中都可以有两种不同的选择:利用自己的力量独家进行开发,也就是封闭式创新,或者与外部的生产、科研机构联合起来共同开发,也就是开放式创新。封闭式创新与开放式创新要求企业具备不同的条件,需要企业投入不同程度的努力,当然也会使企业不同程度地受益。影响企业在开发方式上选择的,不仅是企业自身的资源可支配状况以及开发对象的特点要求,对市场经济条件下竞争与合作的必要性认识的不同可能是其深层次的原因。开放式创新不仅为经营范围限于国内的那些企业所重视,而且是许多国际企业的普遍选择。随着世界经济区域集团化的发展,国际市场竞争的加剧,国际企业为了增强建立全球性市场的能力、适应世界全球性公司发展的需要,在多个方面实行战略联盟。

5. 创新程度的选择

渐进性创新是指在企业原有的创新管理轨迹下,对产品、工艺(流程)、服务、商业模式等进行的程度较小的改进和提升;突破性创新是指企业某种新产品、新工艺(流程)、新服务或者新商业模式能够显著增加企业的收入或利润。突破性创新是相对于渐进性创新而言的,自从创新理论提出以来,由于认识到创新的重要性,每一个企业都在进行渐进性的创新,不断完善自己的产品与技术,只是各个企业的渐进性创新绩效有所不同而已。但是,在突破性创新领域做出突出贡献并大大提升公司价值的企业并不多。主要原因在于企业对已有技术路径的依赖性。

6. 创新成分的选择

模仿创新是指创新主体通过向率先创新者学习创新的思路、经验和行为,吸收其成功经验和失败教训,引进购买或破译率先创新者的核心技术和技术秘密,并对技术进行进一步改进和完善,根据市场特点和趋势加以深入开发的创新行为。自主创新就是指企业通过自身努力和探索产生技术突破,攻破技术难关,并在此基础上依靠自身的能力推动创新。

随着对创新战略的认识和深入,会有更多的角度可选择。用盖瑞皮萨诺的话总结:"选择创新将创造什么样的价值,然后坚持下去是至关重要的,因为每种创新所需的功能都大相径庭,而且需要时间来积累。"

5.6 创新战略的实施

1. 确定创新的目标和战略方法

策略选择的第一步就是确立愿景,换句话说,就是确立创新目标以及创新战略背后的逻辑。与其他任何策略一样,创新战略的计划过程始于确立目标:明确通过创新实现的结果,目前所处位置,未来的方向和目标。在明确了创新战略的方法并绘制了与之相关的所有最重要元素之后,就该将创新战略付诸实践了。为确保创新仍然是战略重点,要谨记始终专注于目标并以系统的方式执行创新战略。

例如,拼多多正是通过"赚快钱"的企业战略在电商平台打下了一片自己的天地。毫无疑问,中国已经是全世界最大的互联网市场,电商作为一种商业形态,在完成对主要城市中等收入以上人口的全覆盖后,仍然在向更广大的四五线城市、乡村和城市中低收入群体渗透。市场纵深是中国经济发展的显著优势,而纵深市场的消费群体有着与中心市场大众不同的收入水平和消费结构,并且不会因是否线下或线上而改变。而恰恰是拼多多的"便宜"和电商平台的"方便"帮助拼多多实现了对纵深市场的渗透,成就了拼多多独特的市场。在营销创新方面,拼多多采用了社交拼单模式营销、游戏化运营和信息流推荐,用产品本身的传播、裂变曝光,用"快乐""分享"的体验增加用户黏性,从而进一步刺激传播与裂变。这就是非常独特的营销创新,收到了非常好的市场推广效果。总之,拼多多打开了一个新的电商市场,其与企业战略相辅相成的创新战略起到了至关重要的作用。

通常,创新策略有两种不同的方法:业务模型创新和基于现有业务模型进行流程的创新。业务模型创新是指企业在把握市场需求、技术变化及市场竞争的基础上,通过建立与市场经济相适应的业务创新体系,不断开发客户需要的产品,以实现企业可持续发展的创新活动的总和。流程创新则是指技术活动或生产活动中的操作程序、方式方法和规则体系的创新。广义的流程创新,包括各种工作流程的创新,不仅局限于生产、工艺。不同产业流程创新的战略重要性各不相同。信息密集型产业,例如金融服务领域,工艺流程本身就是一种产品,那么流程创新就很重要;而在其他产业,例如商品制造业,就会给流程创新以很低的加权值。在这两者之间就是过渡性产业,例如食品杂货零售业,由于其盈利的空间有限,会非常重视顾客的忠诚度,就需要强调新型的、更有效的工艺。这样就需要企业在这一标尺上找到自己真正所处的地位,从而确定进行流程创新的程度。

2. 了解市场:客户和竞争对手

战略实施的第二步就是正确地分析和认识竞争环境,充分了解产品或服务面对的市场和为其提供价值的客户群体。为了使产品或服务创新真正满足客户的需求,首先就要分析和了解客户的真正需求,剔除伪需求。为了做到这一点,了解市场情况至关重要。由于竞争需求是个性化的,因此同行竞争对手的策略仅供参考,无法复制。尽管确认竞争环境很重要,但是独特的价值主张将决定创新策略成败的关键。

折扣零售业是一个竞争激励的行业。沃尔玛的两个最大的竞争者是凯马特和西尔斯,三家公司都有着相似的战略,并有相似的成长过程,但在整个 20 世纪 80 年代,沃尔玛的增长速度远比凯马特和西尔斯快。在战略实施方面,沃尔玛将其重点置于与供应商和员工结成稳固的工作关系,对商场陈列和市场营销的任何一个最细小的细节都给予关注,并充分利用每一个节约成本的机会,造就了一种追求高业绩的企业精神。

3. 确立价值主张

确立独特的价值主张是创新战略中最重要的步骤:什么样的创新可以使公司建立核心价值而获得竞争优势?创新的目的是创造竞争优势,因此创新战略的核心就是要专注如何创造价值,既可以给客户省钱,又可以使客户愿意为产品功能买单,并提供更大的社会效益,与市场上同类产品相比性能更好或更方便,使用起来更加耐用或经济实惠。

为了创建独特的价值主张,需要具有发现和开发新市场的能力,这可以通过价值创新来实现。价值创新的目的是通过对行业的超前认识,对价值主张的超凡脱俗的改革,以获得可持续的竞争优势。通过进入不相关竞争的蓝海市场来确保竞争优势。为了获得成功,现有产品或服务必须进行差异化和低成本的变革[2]。价值主张和利润优势都应得到重视,这样的商业模式就难以模仿,进入一个蓝海市场。为了实现价值创新,需要弄清竞争对手所聚焦的客户群,以及这些客户群与新产品目标如何重叠,是否需要对现有产品进行调整,以便在地区或细分市场的压力下突出个性竞争优势。

万宝路最初将目标市场定位于"迷惘的时代"中的女性顾客,但却没有实现预期的销售效果,这与女性顾客自身的消费行为是直接相关的,出于爱美之心,她们在抽烟时较男性烟民要节制得多,而且产品形象过于温柔,得不到男性顾客的喜欢,因此可以说公司对市场的细分不够合理,细分市场没有足够的规模。以此相应的市场定位也没有达到效益性的要求。重新定位之后,公司将目标顾客瞄准为对香烟消费能力更强的男性,使得市场规模扩大,而且将产品定位在西部牛仔这一刚毅、硬朗,具有男子汉气质的形象上,更是受到了广大男烟民的追捧,因而在市场上获得了极大的成功。

4. 评估和发展核心能力

创新策略的前三个步骤归根结底就是一件事:在竞争中获胜的基本能力。基本能力包括文化、研发、执行力、价值观、行业或市场认知、技术等。如果想在突破性技术方面取胜,那么就需要具有知识和技能去构建该技术,而融合和开发这些技术的能力是创新的关键。要使创新成功,需要将创新战略与企业总体业务目标保持一致,需要确保各个环节的协同配合。为了成功地进行战略部署,企业目标就要贯穿整个创新过程,以推动组织中所有部门的创新执行,确保创新完全嵌入到整体业务战略中,促使企业长期进行创新。

无论创新战略设计得多么出色,如果人们无法遵循创新管理流程,创新目标最终也很难实现。要将创新整合到工作方式中,需要与关键人员建立伙伴关系,并制定支持创新战略的个人目标,提供明确的方向可以促使创新成为日常工作的一部分。耐克正式命名是在1978年,到1999年全球销售额已达95亿美元,跨入《财富》500强行列,超过了原来同行业的领袖品牌阿迪达斯、锐步,并被誉为近20年来世界成功的消费品公司。耐克营销的创新之处,在于它采用中间商品牌路线,为了显示自己在市场方面的核心优势,它没有去建立自己的生产基地,并不自己生产耐克鞋,而是在全世界寻找最好条件的生产商为耐克生产,并且它与生产商的签约期限不长,这有利于耐克掌握主动权。选择生产商的标准是成本低,交货及时,品质有保证。这样,耐克规避了制造业公司的风险,专心于产品的研究与开发,大大缩短了产品的生命周期,快速推出新款式。耐克的成功在于,它集中于做自己最擅长的事,把不擅长的事交给别人去做。这已经成为一种新的竞争战略,但却主要为这些创新型的公司所最擅长。这就为老式的洛克菲勒式的创业者提出了挑战[3]。

5. 建立创新技术和系统

为了能够以可扩展和集成的方式执行创新策略,需要探讨应该拥有怎样的系统:需要建立将创新基础架构元素连接在一起的创新系统;需要支持和帮助衡量创新战略成果。经济学家克里斯托弗·弗里曼(Christopher Freeman)将创新系统定义为"公共和私营部门中的机构网络,其活动和交互作用引发、导入、修改和传播新技术"[4]。

创新系统包括以下四方面。

(1) 技术方面支持公司研发的研究开发。

(2) 与创新有关的教育培训。

(3) 完善产业链结构。

(4) 链接生产、销售和财务系统等。

系统能够验证创新战略在实践中的效果,是对实践效果进行衡量的有效方式。选择最佳指标并设定正确的期望值有助于监控工作进度。系统测量是将来能够适应变化以实现更好结果的有效方法,通过系统评估也可有效检验创新策略实践。

为了成功制定最佳的创新战略,需要设计可以获胜所需的最佳策略选择。但是,做出这些选择仅是成功的一半,因为测试和验证同样重要。为了使创新战略行之有效,关键是战略调整和与工作方式的无缝集成,通过有效的沟通以及公司和个人层面相应的支持性指标,使创新成为一种持续的实践。当制定了正确的创新战略之后,下一步就是建立一个系统的过程,以生成、开发、评估和实施新的想法。对于任何一家公司来说,鼓励员工创新都很重要。在当今世界迅速发展的大背景下,任何社会组织都必须不断创新才能获得生存和发展。为了打破惯性,有效驱动创新与变革,组织需要培育原创性思考能力,动员每个员工发动他们的创造力。科学研究证明,每个人其实都具有创造力,如果组织能借助一些工具和训练有效引导每位员工齐心协力贡献自己创造性的建议与灵感,将会对组织的发展产生很大的帮助。

参 考 文 献

［1］ 冯志强. 创新战略［M］. 北京：中国市场出版社，2009.

［2］ KIM W C，Mauborgne R. Blue Ocean Strategy［M］. Boston：Harvard Business Review，2004.

［3］ 华书刚. 市场营销实训［M］. 郑州：郑州大学出版社，2016.

［4］ ATKINSON D R. Understanding the U.S. National Innovation System［R］. Information Technology and Innovation Foundation，2014.

第 6 章

战略创新

学习目标：

- 了解战略创新以及与创新战略的区别。
- 了解偶然和战略创新的区别。
- 认识战略创新的价值及架构。
- 熟悉战略创新的模式。

6.1 战略创新概述

所谓战略就是要在众多可行方案之间做出选择，明确定位，发展目标以及实现目标的手段，以实现价值的最大化，而创新是实现战略目标最重要的一种手段。企业在实施优化和升级战略时，要确保发展方向与企业的主要产品、服务和附加值相匹配，促进企业战略健康发展[1]。

创新和战略对于每一个企业来说都是非常关键的两个方面，因此创新战略和战略创新都很重要，在各种场合广泛使用。然而，创新战略与战略创新被严重混淆。第 5 章重点讨论的"创新战略"是围绕政策和规则的创新，以便进行设计和选择，而本章讨论的"战略创新"是指对策划、规则、宏观目标等进行创新。

6.2 传统战略与战略创新

既然"创新"强调的是开拓和挑战，那么战略创新的方法就会与传统的战略方法有诸多不同，对传统战略方法和战略创新方法从多个视角进行分析可以形成"战略创新"的清晰画像。传统的战略方法与战略创新方法的差异如表 6-1 所示。

表 6-1　传统的战略方法与战略创新方法方法的差异

角　　度	传统战略方法	战略创新方法
路径	采用"现在到未来"路径：以今天为导向（初始点）	"始于远景目标"：分析长期的机会，然后确定与当前的强链接
定位	成为一个规则制定者/接受者（防守/跟随者）	成为一个规则的颠覆者（革命性的）
业务边界	接受已建立的业务边界/产品类别	寻求创造新的竞争空间
创新选择	专注于渐进性创新	寻求突破，破坏性创新，并不断建立核心价值
业务模式	遵循传统的线性业务规划模型	将严谨的流程与创意灵感相结合
信息来源	从显而易见的传统资源中获取信息	从非常规的灵感中获取信息
消费者需求	寻求明确的消费者需求	寻求不明确的消费者需求
项目触发	受技术驱动（寻求消费者满意度）	受消费者启发（寻求消费者爱好）
组织模式	可能是"一个适合所有人"的组织模式	可以尝试创立"新企业"或其他组织结构

通过比较可以清楚地看出战略创新的方法都是具有前瞻性和开放性的。

6.3　偶然与战略创新

战略创新是针对一种整体、一个系统的创新，是对系统的不断突破。当创新是一种有意义的、系统的、可重复的过程，从而对客户、合作伙伴和公司价值产生持续影响时，那么就是针对"战略"进行创新。战略创新计划通过有纪律而又富有创造力的过程产生了一系列业务突破性增长机会。而现实中偶然或者意外创新也是非常常见的。例如，微波炉的发明就是美国的雷达工程师斯彭塞在做雷达实验时偶然发现口袋里的巧克力块融化了，他怀疑是自己的体温引起的，后来在连续多次的实验中才发现了微波的热效应。利用这种热效应，1945年，美国发布了利用微波的第 1 个专利；1947 年，世界上第 1 台微波炉——雷达炉研制成功，后来经过人们的不断改进于 20 世纪 60 年代开始进入家庭，现在已经成为几乎每个厨房的必备设备。类似这样意外的颠覆式创新的例子还有很多。无论是意外的还是战略的颠覆创新都会带来颠覆性变化,都有可能带来可观的盈利机会。偶然和战略创新相互的关系小结如图 6-1 所示。

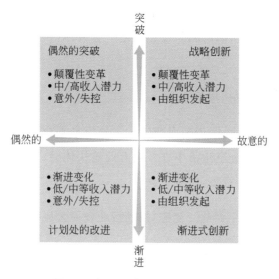

图 6-1　偶然和战略创新及其关系

6.4　战略创新的价值

企业的存在是为客户创造价值,也是为社会创造价值。战略创新是对未来的策划和开拓,可以围绕客户价值的四个维度——价值定义、价值交付、价值传播、价值共享来进行分析。

1. 价值定义——发现事物本质,重新定义客户价值

企业的产品和服务包含两种价值:有形价值和无形价值。例如,虽然餐馆的主要功能是解决人们饥饿的有形价值,同时又作为重要的聚会交流场所而带来无形价值。

2. 价值交付——从物质与精神、有形与无形两个维度来呈现价值

无论是线上的交付还是线下的交付，企业可以创新出许多的交付方式，从而把有形价值和无形价值都呈现给客户。在这个过程当中，企业和客户的关系，就不仅是产品和服务的交付，而是开始了人与人的连接，而产品和服务只是一个载体，只是一个契机，借助这个契机，实现了人和人的连接。

3. 价值传播——分享美好，成就企业

在信息和移动互联网时代，因创新而产生了多种信息平台、短视频平台，为人们丰富生活，自娱自乐带来方便，方便分享生活中方方面面的愉快体验，在分享美好的同时也分享很多产品和服务，做了免费广告宣传，成就了企业。

4. 价值共享——推动上下游建立生态，推动行业发展大战略

科技创新带来了工业互联网时代，企业之间相互连接形成上下游一起协同的产业生态，客户需求、产品设计、零配件配送、生产、销售等形成完整产业链。产业链上下游企业也形成了命运共同体，推动行业发展大战略。

当产业链生态逐渐成熟，战略创新就具备了良好的基础，可以不断地滚动制定出新的战略方案，不断地更新和升级，从价值定义、交付、传播和共享四个环节，实现和提升战略创新。

6.5　设计战略创新的架构

战略创新的架构大致可以从以下几个方面设计：战略创新过程管理、组织战略、行业前瞻战略、核心技术和能力战略等。

6.5.1　战略创新过程管理

战略创新过程管理将非传统方法与传统方法相结合，促进外部观点与组织内部能力/实践之间的相互作用，并通过超越显而易见的视角，激发企业的想象力，探索各种新的可能性。

过程结合了非常规和传统元素,包括客户、市场趋势和竞争分析,以及更多需要结合的元素。战略创新过程作为突破性增长的催化剂,组织的决策者需要火力全开具备特立独行和企业家精神、"万事皆有可能"的理念,彻底思考和挑战现状,激发新的思维并产生创造性的张力,从而将思想扩展到新的创新高度水平。然后,以传统未来规划的常见方法和分析来补充。创新过程分为两种思维方式:"分散"和"聚合"[2]。

"发散"模式是战略创新方法的核心。它是具有开放式、探索性和好奇心的,运用了非传统的、创造性的思维。如果一开始就花时间在"发散"思维上,承认自己的"盲点"并探索有潜力的领域,可以开发出很多具有更大潜力的扎实的"新创意"。因此,正是"发散"思维为突破提供了可能性。在这种"发散"模式下,探索其他创新领域非常重要,例如,与外部合作伙伴合作,与消费者沟通或加快上市时间的新方法。即使将精力放在新产品上也是如此,因为这些因素直接影响新产品概念的成功或失败。

随后,通过传统商业工具、技术和数据分析的"聚合"流程,对潜在机会进行评估,确定优先级,进行优化,然后通常基于决策的流程进行转移,实施最具前景的选项。在整个过程中,将重点抓住"唾手可得"的眼前机会,同时寻求中长期突破性增长战略。

尽管过程的各个要素通常按特定顺序发生,但没有一个单一的、严格的路线图,路径是非线性的、模块化的,并且能够响应当下的需求。但是过程灵活而富于创造力,提供了将战略创新的各个维度实时融合在一起的黏性、闪光点和魅力。

6.5.2　组织战略

"组织战略"是高层领导团队,组织的各个部门以及关键的外部利益相关方参与制定共同愿景的过程。创新过程在组织内部及其主要外部利益相关者之间建立"战略联盟"并打造创新氛围和环境,这样有利于激发组织的活力,创造主人翁感,加快资金决策,为成功奠定了坚实的基础。

1. 内部环境

创新氛围是组织战略创新的一个重要方面,会更有效地激发创新。氛围可以分为文化和价值观及运营架构两方面。

(1)文化和价值观:这是指允许个人和团队进行富有想象力的思考、承担审慎的风险、寻找创造的思维的规范氛围。此外,还有决策风格,摒弃官僚作风和内部权力斗争,拥抱变革的意愿并乐于采取行动。

（2）运营架构：这是指支持创新的组织结构和技术，以及将可用的、合格的人员分配给高优先级项目的灵活性。

2. 内部团队

组建内部团队时需要考虑多个因素，以推动创新。

（1）重要的是选择一个跨职能的核心团队，有有远见的、有朝气的变革推动者和未来的领导者——希望有所作为的受启发和鼓舞的个人。

（2）至关重要的是选择不同的资历级别，通常是从高管、中层管理人员到通常更接近消费者/客户的普通员工。

（3）一个成功的核心团队包括主题专家、决策者、实施者，尤其是具有"天真的"观点——特立独行的自由思想者四个不同的类别，其作用是挑战团队本来有的信念和假设。

（4）团队需要平衡的思维方式和解决问题的方式，包括模棱两可的、投机性的探索性的思维方式，以及在实施过程中所需的更具分析性的思维方式。

（5）团队负责人应考虑包括来自不同业务部门、地区或姊妹公司的团队成员。除核心团队外，还应任命一个由内部意见领袖、支持者和布道者组成的扩展团队，以充当"职能大使"，以在实施阶段之前代表各自领域的利益。为了确保持续的支持，理想的情况是必须从多个职能领域建立高级执行团队。

3. 外部组织

在某些情况下，重要的是与外部伙伴保持一致，并通过正式将他们纳入共同创建过程中来收集合作伙伴组织的见解和想法。这将需要建立一个核心团队或扩展团队，其中包括来自该组织的供应商、渠道、制造或包装合作伙伴、广告或品牌代理机构的代表。

4. 参与战略创新过程

为了实现行业前瞻性、客户洞察力和战略一致性，战略创新过程需要组织内部和外部的广泛参与者和观点参与。

6.5.3　行业前瞻战略——了解新兴趋势

令人惊讶的是，许多企业对其所处行业的发展方向并没有形成系统的观点，很少会突破自己的边界,忙于应对应急事件,以致无法花时间真正了解是什么在驱动其运营环境以及可能将如何发展。当高管们忙于管理,而主管们忙于执行的时候,有可能没人在积极"构想"。这就像坐在一艘小帆船上,没有意识到天气情况和前方的危险。

"行业前瞻性"是一种"自上而下"的过程,用于探索一个或多个行业中的驱动因素、趋势和行业交叉。密切关注新兴趋势使企业既可以避免对现有业务竞争对手的威胁,也可以辨别行业趋势融合时可能出现的潜在市场机会。具有前瞻性的企业是具有好奇心和渴望的,从外部以崭新的视角参与创新过程,超越自己固有的内在经验、信念和"盲点"。这对于战略创新过程至关重要。当企业超越自己的正统观念、技术能力、业务范围和过去运营惯例时,"行业前瞻性"会大大提高其识别突破性增长平台的能力。当高级管理人员确信他们将伴随角色和职责、项目计划、里程碑、指标和业务案例分析的详尽描述时,他们更愿意进行有远见的思考。在建立对未来的长远眼光的基础上,通过确定使组织能够从头开始的战略和行动,务实地"回到现在"。通过"行业前瞻性",企业可以开发出引人入胜的独特未来蓝图,从而使企业能够确定有基础且务实的参与战略。

举例说明:电动汽车。

早在 19 世纪后半叶,电动汽车的概念就被提出,但是受制于当时的电子工艺和电池技术而逐渐没落。而现在燃油汽车的增多所面临的环境和能源问题正日趋严重,纯电动汽车又逐渐走上世界舞台。

现代电动汽车行业中最著名的车企非特斯拉莫属,这家成立于 2003 年的汽车公司,具有创造性地选择突破传统汽车模式,致力于为每一个普通消费者提供其消费能力范围内的纯电动车辆,其愿景是"加速全球向可持续能源的转变",节能减排成为特斯拉品牌导入期和成长期的主题。在成立之初,特斯拉遇到过包含产品、财务等方面的许多困难,2004 年,埃隆·马斯克投资特斯拉并出任董事长,为公司发展带来了新的战略规划和机会。公司一方面通过内部研发和外部合作提高技术水平。第一辆车 Roadster 的研发与生产除了来自美国 AC Propulsion 电动汽车传动技术和公司自身创新研发外,车体采购的是英国的 Elise 跑车的底盘和车身结构,电池是日本松下 18650 锂电池,电机是与富田联合研发的,其中,松下电池和富田电机技术几乎伴随着特拉斯公司的成长。公司还与松下合作创办电池超级工厂,并收购德国自动化厂商 Grohmann Engineering 等,通过引进或消化全球先进技术,增强自身的核心技术优势。另一方面通过行业趋势预测提前在产业链上进行布局。特斯拉通过自主研发、内部供应或与其他企业战略合作而拥有产业链的主导权。一是电池方面,公司

2014 年与松下合作办厂后，又分别于 2019 年、2020 年与韩国 LG 化学、宁德时代确定合作关系。在太阳能方面，2016 年 11 月收购了 SolarCity 公司，提供太阳能电池板、Powerwall 等清洁能源产品，汽车用户可以通过 Powerwall 进行充电。二是在汽车马达方面，与富田公司进行长期合作，获得了电动汽车优质电机的支持。三是在充电桩方面，在上海投资 4200 万元，建设超级充电桩工厂，初期规划生产 1 万根 V3 超级充电桩。目前，特斯拉已经成为电动汽车行业最受瞩目的企业[3]。

6.5.4　核心技术和能力战略

对公司核心技术和能力的深入了解提供了切实可行的选择，这些优中选优的技术和能力才是可能支撑具有想象力的创意，并将创意打造成具有实际投资价值的机会。即使企业对消费者/客户的需求和未来趋势有深刻的了解，但除非对企业的内在优势和核心能力有准确的了解，否则将创意转化为产品和服务是非常艰巨的。

除了考虑企业的技术，还要考虑成功所不可或缺的其他功能，这一点至关重要。这样的能力可能包括知识产权或专利、与供应商和合作伙伴的独特关系、品牌资产、速度和运营敏捷性或独特的商业惯例等都是战略创新规划的范围。在具有多个业务部门的大型企业中，一组人员可能已经制定了自己的运营流程，并具有宝贵的能力和最佳实践，可以与企业的其他部门共享。这样就提供了核心技术和能力战略创新的空间。因此，为了使核心技术和能力战略切实可行，战略创新不仅要促使领先的核心技术和能力的形成，通过合作伙伴，外包获取新技术和能力也是战略创新的方向。许多企业仅通过自给自足或不愿扩大外部合作伙伴的规模而无意中限制了增长机会。

举例说明：说起核心技术及能力战略，人们容易想到那些知名企业：谷歌、微软、苹果、高通、华为、阿里巴巴等。其实核心技术及能力战略应该是被普遍重视的，而且也的确被一些不是很知名的公司成功运用而成为行业内的领头羊。例如，科大讯飞就是一个很好的例子。2011 年 11 月美国技术研究机构 NIST 举办全球性智能技术擂台赛，科大讯飞成功包揽了 22 个冠军。科大讯飞的成功得益于其核心技术战略，重视研发，对高端专利技术的独家把控，使科大讯飞在全球智能市场都有非常明显的竞争优势，这也让科大讯飞的营收得以保持高速增长，科大讯飞已经拥有超过 3234 项专利。随着人工智能市场规模越来越大，科大讯飞的核心技术战略必将使科大讯飞进一步受益。

6.6　战略创新的实施

产生有创造性的、有远见的战略创新并不容易,但是实施战略创新形成有意义的成果同样具有挑战性。在战略创新的框架中,术语"实施"包括广泛的活动,包括每个环节的战略创新的执行,需要整个组织的支持和参与。这些可能包括:过渡到特定项目或计划;技术产品开发和设计;通过基于消费者的快速原型制作和测试来制定独特的价值主张;品牌发展;建立业务案例;在内部进行有效的沟通以获得更广泛的组织支持;制定营销和渠道策略;定义适合新企业的评估标准和成功指标,开发新的业务流程或创建新的组织结构;雇用和培训;建立反馈循环,以不断改进创新过程。

1. 实施能力和心态

在战略创新过程的不同阶段,需要不同的个人技能和思维方式。尽管许多早期团队成员将在整个计划中发挥作用,但随着流程的进展,更多个人将加入团队。"执行力"要求脚踏实地的操作技能,具有活力、坚韧和顽强地完成工作的能力;善于与他人紧密合作,并具有说服和沟通技巧;妥善克服组织障碍的能力。

2. 持续性

在战略创新过程的不同阶段都存在很大停止努力的风险,原因有很多:组织惯性、更高的优先级、对人员或资金资源的竞争需求等。有几个增强持续性的策略,包括:在早期阶段建立战略联盟;利用与组织实施相关的最佳实践;展示早期的成果;通过良好的沟通策略保持内部可见性,成功关键因素和要求的公开透明,争取高层管理人员和关键利益相关者的支持。

为了长期取得成功,一个企业将需要有意地培养一种偏向创新的文化,并发展和制定适当的创新过程、方法论和支持技术,战略创新的旅程要求边做边学,形成可持续的战略创新。

参 考 文 献

[1]　PISANO P G. The Big Idea：You Need an Innovation Strategy[J]. Harvard Business Review，2015：44-54.

[2]　加里·哈默，C K 普拉哈拉德，等. 竞争大未来[M]. 李明，罗伟，等译. 北京：机械工业出版社，2020.

[3]　毛青松. 特斯拉汽车品牌崛起的因素、面临的挑战及其启示[J]. 全国流通经济，2021，(2)：3-7.

第 7 章

智慧时代

学习目标:

- 通过几个典型的应用场景认识智慧时代。
- 熟悉颠覆科技对各种智慧时代场景的赋能。
- 把握智慧时代典型场景的创新要点。
- 了解智慧时代典型场景的产业链。

7.1 智慧时代概述

人类的生活和工作已经步入了智慧时代。伴随着智能手机的触屏解锁,人们新的一天开启。通过感知人起身的动作,床边的台灯自动亮起,走到洗脸池边将手伸到水龙头前面时水龙头自动出水。梳洗完毕之后,可以在手机上提前订好早餐,几分钟后在出餐提醒下到早餐柜扫码取餐。早餐之后来到车前,驾驶位车门感应后自动打开。来到公司通过人脸识别进入办公室,指纹解锁计算机,打开流水线自动生成的质检报告,通过车间现场信息管理看板观察流水线生产状况,通过车间现场设备状态看板了解设备运营状况。中午用手机订外卖。下午视频会议与采购方讨论产品个性化设计,回到工作间查看和选择智能推送的供应方个性化设计的零部件。下班时间,约会的时间和地点已经发到手机,手机自动导航带往约会地点。以上描述是非常可能发生在一个人身上的一天的活动场景描述,这样的场景可以有许多变化和版本,但其涉及的绝大多数都与移动网络和万物互联息息相关。目前 4G 已经全面覆盖,5G 作为新一代的网络技术已经在部分地区部署和实施,而实现万物互联是靠传感器,传感器与网络结合形成了物联网,借助于万物互联,应用场景给人们带来非常丰富的想象空间,智能制造、智慧交通、智慧零售、智慧物流、智慧水务、智慧农业、智慧能源、智慧教育、智慧医疗、智慧环保、智慧旅游、智慧社区、智慧园林、智慧城市等,随着技术的不断成熟,应用场景还会继续增加,本章将结合几个真实案例来展示几个典型场景。

7.2　智能制造

大数据、人工智能、智能芯片、物联网、5G 等组成智能制造的核心技术支撑,在颠覆科技的背景下,智能制造是指具有信息自感知、自决策、自执行等功能的先进制造过程、系统与模式的总称[1]。颠覆科技背景下的智能制造具体体现为:在制造过程的各个环节与颠覆科技的深度融合,如物联网、大数据、云计算、人工智能、区块链、边缘计算、5G、数字孪生等,引发了对制造业研发设计、生产制造、产业形态和商业模式的深刻变革。可见,科技创新已经成为推动先进制造业发展的主要驱动力,即颠覆科技赋能智能制造。

7.2.1　颠覆科技赋能智能制造

随着颠覆科技在制造业的渗透和应用,当前的制造业正在经历一场前所未有的巨大变化。颠覆科技的组合形成了智能制造的智能赋能技术,如工业云、工业大数据、工业互联网、工业软件、人工智能应用等。在智能赋能技术的基础上,重塑着智能制造的关键技术:从智慧工厂的设计、生产、物流、管理,到大规模定制化服务等智能服务,结合智能设备(如智能机器人、人机交互系统、智能工艺设备等)一起成为智能制造的关键技术。服务于智能制造的行业应用,如机器制造、飞机、船舶、汽车、轨道交通等,如图 7-1 所示。

智能制造与颠覆技术的深度融合,有助于持续提升企业产品质量、效益、服务水平,实现制造的数字化、网络化、智能化,推动制造业创新绿色协调开放共享发展。智能制造过程是通过自动化装备及通信技术实现生产自动化,并在生产过程中采集各类数据技术和应用通信互联,将数据连接到智能控制系统,将数据应用于企业统一管理控制平台,从而提供最优化的生产方案、实现协同制造和设计、个性化定制,最终实现智能化生产。

智能制造发展需经历自动化——信息化——互联化——智能化四个阶段。每一阶段都对应着智能制造体系中核心环节的不断成熟。具体体现为:自动化——淘汰、改造低自动化水平的设备,采用自动化高水平的智能装备;信息化——产品、服务由物理到信息网络,使用智能

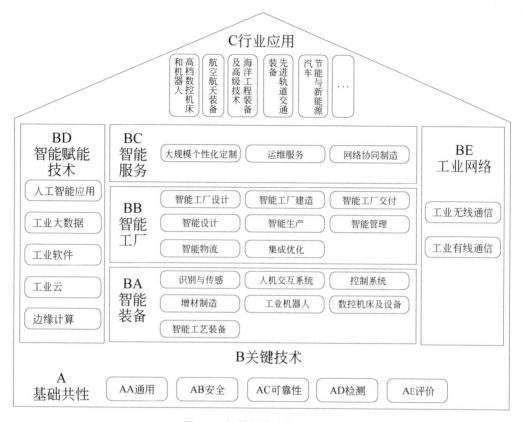

图 7-1　颠覆科技赋能智能制造

化元件,提高产品信息处理能力;互联化——建设工厂物联网、服务网、数据网、工厂间互联网,实现装备集成;智能化——通过传感器和机器视觉等技术实现实时监控、智能决策。5G作为新一代移动通信技术,将发挥其高带宽、低时延、高可靠、海量互联等特质满足工业化升级需求,实现工业发展从自动化向数字化,进而向智能化方向升级转型。

7.2.2　智能制造系统

智能制造系统由三大部分组成,分别是信息空间、物理空间、通信系统。信息空间负责信息的存储、处理、决策;物理空间负责具体执行生产;通信系统负责软件与软件、软件与硬件、硬件与硬件之间的信息传输。三大部分融合在一起形成信息物理融合系统。新技术的发展使得硬件和软件之间的界限逐渐弱化,人机交流成本大大降低。在智能制造系统中,一个非常重要的板块是产品全生命周期管理（PLM），是指从最初的生产设计和生产规划，到生产工程的建设和生产（包括物流），再到产品的使用和服务。智能制造系统示意如图 7-2 所示。

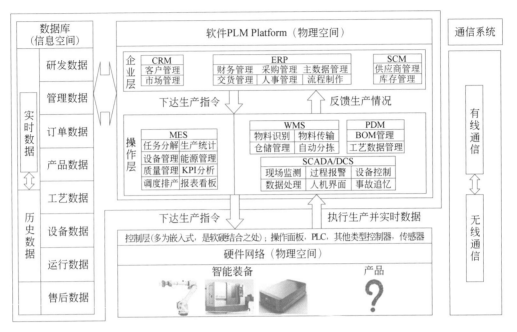

图 7-2　智能制造系统示意图（来源：艾瑞咨询）

从前面的智能制造产业生态和系统中可以看出，智能制造作为经济生活中最重要的组成部分，涵盖最为丰富的软硬件科技领域和行业，智能制造发展带来的巨大市场为科技和商业均带来了可观的创新空间。

7.2.3　智能制造的创新要点

在颠覆科技赋能的智能制造背景下所形成的巨大市场，不仅给一批商业巨头公司带来升级发展的机会，也成为创新产业企业的热土，新业态、新模式不断涌现。这里只简要小结部分要点。

1. 智能制造催生全产业链的做深做大

以 GE Predix、Siemens MindSphere、海尔 COSMO、树根互联等为代表的工业互联网平台迅速发展；以谷歌、海康威视、宇视科技为代表的自动生产线和智能工厂迅速壮大；以华为、百度、商汤为代表的数字化、智能装备解决方案层出不穷；以 Caterpillar、富士康、阿里巴巴、用友、美的为代表的信息处理及传输平台日益发展。全产业链在智能制造的背景下几乎渗透到各个领域。

2. 智能制造拥抱大数据

大数据技术用于车间生产数据的收集和智能分析，包括生产设备的健康评估和预测、产品质量和可靠性分析、生产任务调度和预测，以及生产过程的协作和优化等。

3. 智能制造发掘技术的全新应用场景

首先为一批成熟技术找到全新的应用场景，例如，将数字孪生技术用于制造领域，可以为物理空间和数字空间实现高收敛性和高保真度的互联和相互驱动，进一步可以用于产品设计、制造检修和维护。还有云计算和边缘计算、数据可视化等，使这些成熟技术焕发青春。

同时，为一批成长技术创造了成熟的契机，例如，将虚拟现实和增强现实技术应用于产品设计、制造、维护、生产设备维修等环节，可以大幅度提高生产效率，降低生产成本，提高产品质量。当前也有越来越多的企业增加了对 VR/AR 技术的研发投资。还有诸多系统管理软件、精密机械装备等，使一些崭露头角的技术变得成熟稳定。[2]

更进一步也为一批创新技术找到了应用场景，例如，人工智能与视觉技术结合用于质量检测及智能物流。还有 5G 技术应用、新型传感技术实施等。

4. 智能制造触发新科技的创新

大数据技术不仅推进了现有技术的发展，还触发了一大批新科技的创新，如人工智能算法、新人工智能芯片、新工艺、新材料的领域。随着大数据的发展，计算能力的提升，人工智能近两年迎来了新一轮的爆发。2020 年，我国人工智能芯片市场规模约为 184 亿元。未来 5G 商用的普及将继续催生人工智能芯片的应用需求，中国人工智能芯片行业将快速发展，预计 2023 年市场规模将突破千亿元。

5. 智能制造引发商业模式的创新

大数据技术等颠覆科技的不断发展一方面大大提升了生产的效率和产能，同时在此过程中也催生了对应商业模式的创新，如 C2M 模式、柔性生产等。从行业成长的历程来看，以用户直连制造商为核心的 C2M 模式，其诞生之初的目的是用来解决长期困扰制造业的最大痛点之一——消费者和工厂被中间环节隔离后,导致需求失真和成本增加。在 C2M 模式下,消费者通过相关平台直接向工厂下订单,工厂接到订单后,再根据需求来进行设计、采购,这既能够有效缓解工厂的库存压力和盲目生产问题,同时也可以降低流通渠道成本,让消费者可以以工厂价格享受大牌品质。

颠覆科技赋能智能制造所带来的难得历史机遇和优越的创新生态,也为创新企业提供了施展的空间。亿欧智库编制了 2020 全球智能制造科技创新 50 榜单,如图 7-3 所示。该榜单筛选了全球在过去一年中有融资活动或突出表现的,处于早期或中期(融资轮次以 B、C 轮为主)的初创企业,包括终端应用、工业网络安全、工业软件、工业互联网、工业大数据、工业人工智能应用、工业机器人、增材制造八个细分领域。

图 7-3　2020 全球智能制造科技创新 50 榜单(来源:亿欧智库)

7.2.4　西门子物联网操作系统

西门子从成立至今已经有超过 170 年的历史,按照现在流行的说法,它经历了工业 2.0 时代后的每一次工业革命。西门子从一家卖电报机的公司,逐步发展为横跨工业、轨道交通、能源、医疗甚至金融的多元化公司。在智能化方面,西门子继 GE Predix 推出

Sinalytics——一个跨业务新数字化服务平台之后推出了 MindSphere——一种基于云的开放式物联网操作系统,它可将产品、工厂、系统和机器设备连接在一起,能够通过高级分析功能来驾驭物联网(IoT)产生的海量数据。

　　MindSphere 提供了广泛的设备与企业系统连接的协议选项、工业应用、高级分析以及新的开发环境,该开发环境可以同时利用西门子的开放式平台服务(PaaS)功能以及阿里巴巴云服务。通过这些功能,MindSphere 将实际物体连接到数字化环境,并提供功能强大的工业应用和数字化服务以帮助推动业务实现。借助 MindSphere 的开放式平台服务(PaaS)功能,开放式合作伙伴生态系统能够不断开发并提供工业应用。合作伙伴可以借助西门子丰富的经验和洞察力,从而无须自己进行开发推进物联网战略的实施。

　　MindSphere 服务平台提供各种支持服务,可简化应用开发。通过使用西门子的 API,可以实现绝大多数过程的自动化、智能管理用户和资产、存储检索工业 IoT 数据、运行分析等。

　　利用 MindConnect Elements,西门子可将机器、工厂和全球车队与 MindSphere 连接,而与制造商无关。MindSphere 的技术架构如图 7-4 所示。

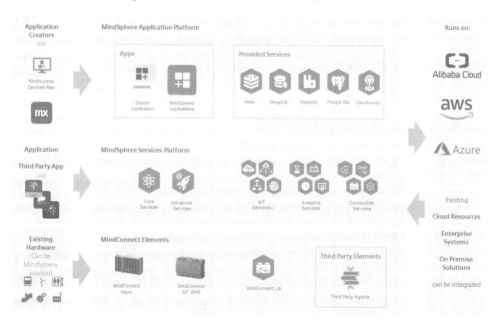

图 7-4　**MindSphere 的技术架构**(来源:西门子)

　　在工业云平台层面,西门子极为重视微服务模块的开发,根据自身在工业领域的理解,将具有普适性的工艺和算法进行封装,为广大 App 开发者提供调用服务。针对工业大数据,很多企业已经开始研发数据可视化解决方案,并且尝试利用数据为客户创造价值,提供基于数据分析的高附加值服务,这些企业希望通过数据分析,实现自身在价值链上的延伸,而在工业物联网的助力之下,这种价值链延伸的半径又被进一步拉长[3]。借助 MindSphere,西门子提供以业务为主的解决方案,通过围绕产品、生产和性能的数字化双胞胎来推动闭环式创新。

竞争优势

(1) 开放式物联网操作系统。MindSphere 为客户提供了广泛的设备与企业系统连接协议选项、工业应用、高级分析以及一个创新的开发环境,该开发环境利用西门子的开放式平台服务(PaaS)功能以及阿里巴巴云服务,开放式合作伙伴生态系统能够不断开发并提供工业应用。同时提供功能强大的工业应用和数字化服务以帮助推动业务实现成功。

(2) 提供优质解决方案。MindSphere 提供预组态的解决方案,易于进行开发、部署和测试,同时 MindSphere 平台提供广泛的 MindSphere API、原生云开发、数据可视化和探查以及 Product Intelligence 自动深入分析产品性能数据,使得客户能够轻松部署物联网解决方案。例如,Ham-Let 集团与西门子合作的高度集成的工业物联网(IIoT)阀门,该阀门可感测从其通过的物质以及各种环境条件,采用西门子基于云的开放式物联网操作系统 MindSphere 来实现设备管理、数据分析和可视化。

7.2.5 用友工业互联网平台服务

用友是中国和全球领先的企业和公共组织数智化平台与服务提供商。用友致力于用创想与技术推动商业和社会进步,通过构建和运行全球领先的商业创新平台——用友 BIP,服务企业数智化转型和商业创新,成就千万数智企业,让企业云服务随需而用,让数智价值无处不在,让商业创新如此便捷。

目前在企业云服务市场中用友位居第一,是中国企业数智化服务和软件国产化自主创新的领导厂商,在营销、采购、制造、供应链、金融、财务、人力、协同及平台服务等领域为客户提供数字化、智能化、高弹性、安全可信、平台化、生态化、全球化和社会化的企业云服务产品与解决方案。

用友工业互联网平台是用友云在工业企业的全面应用,是面向工业企业的社会化云平台。该平台由基础技术支撑平台、工业物联网云平台、应用开发平台、运维平台、运营平台、移动平台、系统集成云平台等构成,融合了大数据、云计算、移动互联网、物联网、人工智能、机器学习、视觉分析、生物识别等现代信息网络技术,核心是为工业企业提供设计云、制造云、服务云、分析云、营销云、采购云、财务云、人力云、协同云以及第三方 SaaS 服务,以开放的生态体系,帮助工业企业实现敏经营、轻管理,如图 7-5 所示。

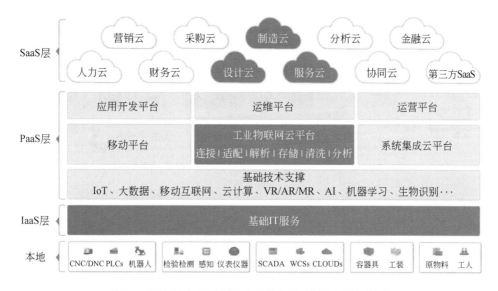

图 7-5　用友工业互联网平台总体架构(来源:用友官网)

用友工业云服务的核心包括设计云、制造云、服务云。基于用友工业物联云平台,构建了 IIoT 服务池、数据服务池、应用服务池,并向上构建了设计云、制造云、服务云,如图 7-6 所示。

基于对制造业面临的挑战和转型方向的思考,用友精智工业互联网平台是面向制造业数字化、网络化、智能化需求,借助现代信息网络技术,构建全面感知、泛在连接、动态分析、实时交换的工业互联网平台,助推工业企业实现精益生产、智能制造,帮助工业企业增加收入、降低成本、提升效率、控制风险。

竞争优势

(1)联合创新。作为一个覆盖完整的工业 App,目前用友精智的应用范围涵盖了经营管理、交易服务、运维服务、研发设计、云化软件 5 大类的 19 个小类共 838 个领域工业 App,同时支持企业业务流程和数据的跨领域协同。通过在丰富的应用场景中开展实践,用友精

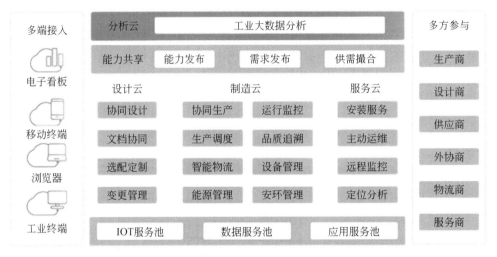

图 7-6　用友工业互联网平台企业云服务（来源：用友官网）

智不断联合创新,构造繁荣的聚合生态。

（2）平台赋能。用友精智是面向工业企业的社会化智能云平台,致力于服务工业企业数字化转型。未来,用友将继续加大工业互联网发展,赋能制造企业数字化、网络化、智能化转型。

7.2.6　深兰科技——工业智能化平台型 AI Maker

深兰科技是一家快速成长的人工智能领先企业,作为平台型世界级 AI Maker,在工业智能化、农业智能化、城市智能化与生物安全智能化等领域广泛布局。依托自主知识产权的深度学习架构、机器视觉、生物智能识别等人工智能算法,深兰科技已在智能驾驶及整车制造、智能机器人、AI CITY、生物智能、零售升级、智能语音、安防、芯片、教育等领域布局。

工业智能化方面致力于帮助企业实施数字化转型,通过机器替代、视觉检测、流程优化管理、三维建模、高精度分析、设备数据感知控制、大数据计算预防性维护、工业智联网等人工智能前沿技术赋能传统产业,采用流程建模,增加工厂透明度、可控性与生产工艺的正则化迭代。目前已应用行业方向包括芯片封装、汽车零配件、木地板等行业及工业大脑、工厂大脑等 AI 行为检测。

7.3　智慧零售

在颠覆科技的推动下,零售业将与物联网、大数据、人工智能融合,为消费者提供多样化、个性化的产品和服务。智慧零售将反映颠覆科技赋能的新型零售业,公司和消费者使用颠覆科技来重塑零售业,提升用户的购物体验[4]。

7.3.1　颠覆科技赋能智慧零售

在颠覆科技的赋能下使传统零售行业的效率和体验得到质的提升,传统零售行业重塑行业结构及生态圈,终端零售商、品牌商等都处在升级转型阶段。人工智能、大数据、物联网、5G、虚拟现实等作为颠覆技术,在零售业链条的多场景、多环节不断渗透,以行业降本增效、提升消费者体验为目的,助力精准营销、商品识别分析、消费者识别分析、智能化运营、无人零售、智能客服等应用场景,如图 7-7 所示。

图 7-7　颠覆科技赋能智慧零售

7.3.2　智慧零售系统

在 5G 开始推广的时代,智慧零售的许多场景成为可能,例如,通过利用 5G 增强移动宽带 eMBB 和超高可靠低延时通信 uRLLC,应用机器学习、自然语言处理、视频识别等先进人工智能技术,搭建用户个性化需求采集与分析系统,包括电商数据平台、个性化数据采集和需求智能分析。再如,VR 技术可以对多源信息进行融合,从而制造三维交互式的动态视觉景象和实体感觉,包括虚拟试衣、互动云货架等,获得优质的用户体验和智能互动。华为云作为业界领先者,在智慧零售领域发展迅速。华为云平台通过"端、边、云"三者的结合,构建形成完整的智慧零售系统平台,如图 7-8 所示。该系统平台高度融合了人工智能、大数据、物联网、边缘技术等技术,也涵盖了虚拟交互应用,满足了用户对设计产品和虚拟云货架等的深度体验,进一步实现了以用户为导向的、按需进行的个性化产品设计和生产。

7.3.3　智慧零售的创新要点

从行业的角度来看,传统零售业是典型的劳动力密集型行业,在销售、营销、客服、供应链、运营等环节需要大量的人力资源。在颠覆科技的背景下,零售业在收银、营销、客服、门店管理等环境应用智能化手段,辅助行业从业人员提高工作效率的需求愈加凸显。需求的产生为人工智能等新兴技术在零售领域的融合应用带来人才需求类型的变革,同时技术创新和模式创新也使零售行业进入智慧零售全新的增长空间,在颠覆技术的背景下,智慧零售行业具有一系列创新要点。

1. 移动支付

移动支付技术的普及推动了消费者信息的数字化,为大数据、AI 等技术应用提供了切入点。通过数字技术与业务运营的深度融合,从数字化营销向数字化运营升级。

2. 精准营销

通过分析用户行为数据等建立用户画像,提供消费者需求预测,达到"千人千面"的个性化推荐效果;利用 AI 技术优化广告投放效率、提供场景化营销引擎、个性化的信息服务和决策支持、促进转化等。

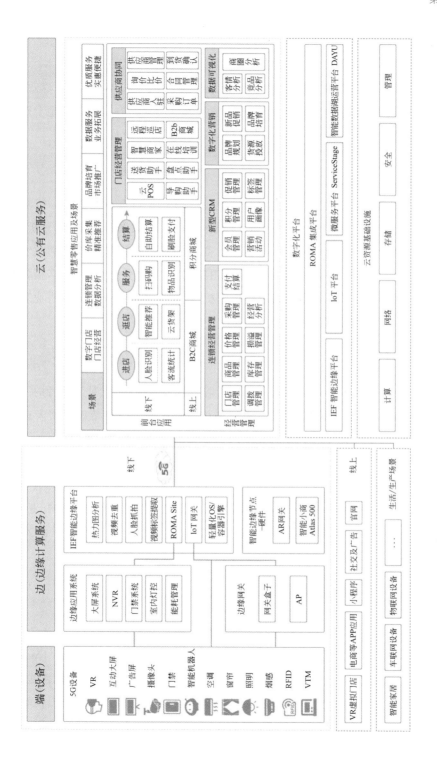

图 7-8 华为云智慧门店系统示意图（来源：华为官网）

3. 无人零售

以 AI 技术实现零售场景的边界拓展及无人化运营,减少人工成本、提高运营效率,通过技术手段完成数据收集、分析与应用,并最终实现消费流程的全面数据化以及整个产业链的智能化升级提效,提升消费者体验,并逐步改造供应链结构,使商业模式重塑。

4. 商品识别分析

零售业的一大特征是商品品类数量众多,因此准确分析商品具有重要意义。以商品为主要识别对象的机器视觉技术结合深度学习等 AI 技术已衍生出以图搜图、陈列分析、自助结算等商业化落地场景。在商品检测环节,包括针对商品的静态识别和动态识别技术。进一步结合去背景干扰技术、图片拼接识别去重、翻拍图识别、数据增强合成技术、多摄像头识别去重等能力,应用深度学习算法对商品特征进行分析,可在电商平台及线下零售业态中助力零售企业和品牌商有效提升经营效率。

5. 消费者识别分析

通过人脸识别、人体特征识别等技术获得消费者购买行为数据,实现对消费者的行为洞察;利用人体关键点监测、深度学习等 AI 技术与增强现实技术融合也可帮助消费者在线上或实体店完成虚拟试装/妆等过程。

随着零售新业态在颠覆科技背景下的快速发展,零售领域催生了巨大的新兴市场,不仅有许多大型公司的身影,同时也变成了一片创新创业的热土,许多创新型企业在智慧零售产业链中寻找发展机会,一些典型板块及部分知名企业见图 7-9。美国的谷歌、IBM、亚马逊、英特尔、戴尔,中国的阿里巴巴、腾讯、京东、百度、字节跳动等都在产业链中扮演着重要角色。

7.3.4 京东基于人工智能平台的智慧客服

为了有效融合颠覆科技和零售业,提升在产业中的竞争优势,提升产业中的竞争优势,京东作为中国零售业的巨头之一,在 2018 年推出了京东人工智能开发平台 NeuHub。NeuHub 主要围绕文字识别、人脸与人体识别、图像及视频理解、自然语言处理、智能创作、语音技术、内容审核、商品理解等方向,建设了京东智能客服解决方案。该平台不仅解决了京东在零售产业链中自己需要解决的问题,如智慧营销、智慧门店等,同时还可以作为平台

图 7-9　智慧零售产业图谱(来源：艾瑞咨询)

输出解决方案,为其他企业提供服务,在京东解决方案客户清单里甚至包括三星、华为、Vivo 等知名企业,标志着京东人工智能的研发从应用技术到核心技术的升级,具备解决方案输出的能力。京东人工智能开发平台示意如图 7-10 所示。

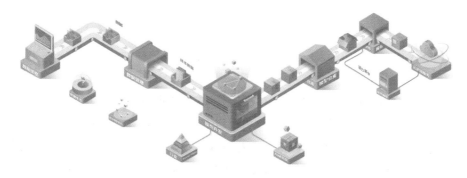

图 7-10　京东人工智能开发平台示意图(来源：京东官网)

这个平台分为人工智能在线服务和离线训练平台两部分。在线服务包括卡证识别、以图搜图、图片质量检测、词法分析等功能,涉及图像、自然语言理解等领域内容。而离线训练平台则针对不同技术水平用户及使用场景提供个性化综合解决方案,相当于提供了入门级和发烧级两个级别的服务。按照京东的规划,NeuHub平台将作为普惠性开放平台,不同角色均可找到适合自己的场景。例如,用简单代码即可实现对图像质量的分析评估,科研人员、算法工程师也可以不断设计新的人工智能能力以满足用户需求,聚焦于新技术和行业趋势研究,孵化行业最新落地项目,重构各行业的工作流程和业务模块。

竞争优势

(1)完整应用场景。京东作为全球零售业的知名大型企业,具有业务体量大、产品品类多、产业链完整的特点,因此在实施智慧升级、落地人工智能平台方面更方便应用于完整场景,包括智能供应链、智能运营、智能营销、智能零售,也包括智慧客服,还有海量数据。

(2)产学研。京东成立了京东人工智能研究院,并与多所高校和政府合作形成产学研一条龙,将平台扩展对智能市政、智能医疗等提供支持,用科技改变着人们的生活。

(3)输出解决方案。京东在人工智能和平台解决方案方面的积累可以输出到相关企业,去帮助更多的企业,和更多的生态伙伴一起去成长。因此,京东将平台打造成人工智能开放创新平台,从基础资源、能力支撑、应用生态三个层面进行平台架构设计,集三大核心能力形成总体框架,以完全开放的机制支持智能供应链的应用开发;联合生态,以价值共创机制赋能三大应用场景,促进智能供应链的生态繁荣。

7.4 智慧教育

与其他行业相比,教育行业有着一定的特殊性,主要体现在其个性化、碎片化、社会化等特征;加之目前很多国家的中小学教育主要由政府承担,因此教育行业的智慧化进程相较其他行业来说起步较晚。智慧教育从教育信息化开始,逐步向数字化、网联化、智能化及多媒体化延伸,从改善教育管理的效率和质量,逐步提升到开放、共建和共享。近几年,在校内课堂及校外培训都在做各种碎片化智慧化尝试,直到2019年年底突如其来的全球疫情,为智慧教育提供巨大外力,开始形成大范围的智慧教育服务体系。该体系由云计算、物联网、互联网、数字课件、公共服务平台和云端设备组成开放校园,实现跨时跨地共享教育资源,用颠覆技术改变传统模式。

7.4.1　颠覆科技赋能智慧教育

目前教育行业的信息化进程发展已步入相对成熟的阶段,其中,美国在此方面起步较早。随着教育行业的网联化、智能化发展,中国发展迅速,走到了世界前列。中国的智慧教育作为智慧城市布局的重要一环,也迎来了行业风口,教育行业与颠覆科技的融合,包括大数据、云计算、人工智能、虚拟现实等,使智慧教育真正解决传统教育行业一直存在的痛点,例如,教育资源总量不足、分配不均;课堂趣味性不足、教育效率低下;家校信息不对称、校园安防隐患等。

从政府层面提出的建设好"三通两平台"的教育工作方向可以有效借力颠覆科技,推进智慧教育。三通两平台的核心内容如下。

校校通:宽带网络通达每个学校,所有学生和教师都可以在学校使用教育云的服务。

班班通:优质资源通达每个班级,师生可以充分利用教育云提供的优质教学资源进行课堂教学和课外学习。

人人通:每个教师、学生和机构都享有自己的空间,所有与学习相关的活动都可以在教育云中完成。

教育管理公共服务平台:向社会各类合作伙伴提供数字教育资源汇聚平台,吸引各类合作伙伴加入,聚合多样的教育行业优质资源。

教育资源公共服务平台:提供教育管理基础数据和管理决策依据、公共教育信息和教育管理公共服务信息和数据、管理信息化的标准。

在颠覆科技基础上而形成的智慧教育智能赋能技术,成就了智慧教育的四大核心任务:"教"——学校、教师、培训机构的教育,"学"——学生学习,"管"——学校或机构的教学管理,"协"——家长及相关机构的协助。具体实施场景、环境及服务对象如图 7-11 所示。

7.4.2　智慧教育系统

教育行业是多角色(教育管理部门、教师、学生、家长等)在多渠道(线上和线下)、多环境(校内和校外)下进行互动的行业,在众多颠覆科技技术(互联网、物联网、大数据、云计算、人工智能等)的赋能下,教育观念、教育手段以及教育模式发生变迁,教育行业逐渐从传统教育向智慧教育变革,进一步开启了教育的信息化和智能化时代。

智慧教育系统从架构而言可以分为基础设备层、基础数据层、算法层以及应用层四部

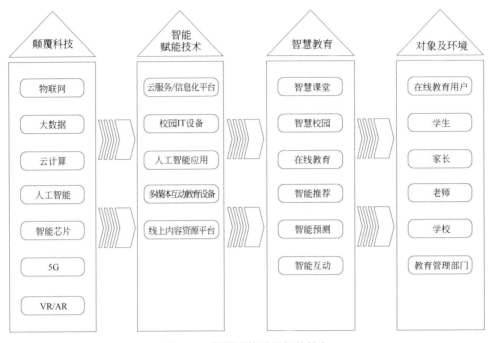

图 7-11　颠覆科技赋能智慧教育

分。基础设备层是其他层次的基础;基础数据层集聚了学生画像、各类教学数据、教育管理数据以及智慧校园信息等;算法层进行教育数据挖掘处理、人工智能算法、机器学习、虚拟现实等;应用层展现各种智慧教育场景:智能校园、智能教学、智能测评、智能作业,如图 7-12所示。

7.4.3　智慧教育的创新要点

根据前面介绍的教育行业的特点,在颠覆科技的加持下,智慧教育在校内、校外、线上、线下全面爆发,同时创造出丰富的应用场景。其主要创新要点有以下三点。

1. 多场景多角色通信融合

互联网、物联网作为智慧教育的基础设施,在实施"校校通、班班通、人人通"的政策的同时,不仅打通了学校、教师、家长和学生的通信互动,而且更深层次地实现了智慧校园,包括宽带校园、平安校园、智联校园和智慧教室。实现校园宽带网络全覆盖,为各类教学应用提

图 7-12 智慧教育系统示意图

供高速管道;实现校园的全方位安防监控,提供一个安全和谐的物理环境;构建校园全连接,实现对各类人和物的智能管理;教室硬件设施配置升级。

2. 互动智慧课堂

在万物互联逐步落地的助力下,智慧课堂可以实现跨时跨地共享教学资源。智慧课堂是智慧教育的重要应用场景,互动智慧课堂既面向线下实体课堂,也支持基于互联网的在线课堂,及线上和线下相结合的云课堂。云课堂是基于云计算技术的教学课堂形式,把多种课堂云化后形成一种不受空间限制的课堂,可同时承载实体课堂和在线课堂。为了进一步提升"沉浸式体验",VR/AR 课堂和全息课堂将逐步应用于智慧课堂。

3. 多元化模式及线上教育

2020 年全球新冠疫情的爆发,进一步催生了线上教育的爆发和多元化智慧教育的发展,同时也为针对不同个人、企业、不同年龄段、不同科目等更加细分的市场创新带来新的发展契机。中国在线教育企业就此发展,在各个细分市场占据有利地位,具体产品品类如图 7-13 所示。

TO C

少儿英语
- VIP kid
- 51Talk
- Vip Jr
- 粉笔kids
- 斑马英语

早幼教
- 宝宝巴士
- 悟空识字
- babycan（家长内容）
- 宝宝树（家长社区）

素质教育
- 编程猫
- youthMBA
- 宝贝计画
- 爱棋道

K12·课外辅导
- 猿辅导
- 学而思网校
- 掌门1对1
- 海风教育
- 三好网
- 网易100分
- 学霸君
- 松鼠AI

综合平台
- 新东方在线
- 沪江网校
- 有道精品课
- 腾讯课堂
- 网易云课堂
- CC Talk
- 百度优课
- 大众点评·学习培训

K12·作业题库
- 作业帮
- 小猿题库
- 猿题库
- 阿凡题

高等教育
- 尚德机构
- 弘成教育
- 奥鹏教育
- 学堂在线
- 中国大学MOOC
- 课程格子
- 教研帮
- 文都
- 海文教研

成人英语/小语种
- Hi talk
- 51Talk
- Tutar ABC
- 沪江网校
- 考虫
- 日本村
- 早道网校
- 欧那教育

职业培训
- 51CTO学院
- 麦子学院
- 厚大在线360
- 正保医学教育网
- 中华会计网校
- 东奥会计在线
- 蓝铅笔
- 华图在线
- 嗨学
- UNCAREER

留学
- 留学咨询
- 51offer
- 立思辰
- 明博
- 智课
- 小站教育
- 新航道
- 顶上英语

TO B

企业E-learning
- 邢帅企训
- 时代光华
- 魔学院
- 云学堂

作业题库
- 一起
- 作业盒子

运营管理
- 立思辰
- 贝聊
- 校宝在线

考试测评
- ATA
- 科大讯飞
- 七天网络
- 海云天科技

内容供应
- 爱乐奇
- 爱学习
- 清成教育

教学系统
- 希沃
- 威渡科技
- 拓课云
- 263

图 7-13 中国在线教育产品类产品图谱（来源：前瞻产业研究院）

7.4.4　松鼠 Ai 智适应教育平台

松鼠 Ai 智适应教育平台是以高级算法为核心的 AI 自适应学习引擎(智适应教学机器人),可将知识点拆分,精准侦测不同学生的知识漏洞,查漏补缺,模拟特级教师给孩子量身定做个性化教育方案。同时松鼠 Ai 打造了松鼠 Ai 智适应教育开放平台,公立学校及政府教育部门可将松鼠 Ai 的一体化智适应教学平台整合进入自己的业务解决方案中,直接使用松鼠 Ai 的一体化智适应教学平台解决教学中的部分或者全部问题,利用平台补充自身教学教研能力的需求,在测评、制定学习计划、教学、练习、教学资源等环节上,全方位提升公立学校及教育部门服务教学能力,提高老师的授课效率效果及学生的学习效率和学习效果。

松鼠 Ai 智适应教育开放平台的业务架构可分成基础依赖层、平台服务能力层、平台合作方三层。从平台合作方层面看,这一开放平台由解决方案、自定义产品、智适应引擎对象组成,平台服务能力层提供各种接口,而基础依赖层依赖平台。智适应引擎层面的开放需要用到松鼠 Ai 的人工智能引擎 API 服务,这是整个开放平台中最底层的服务,是提供给具备自产内容能力以及相当程度的技术和产品二次开发能力的合作伙伴来使用的。将智适应教育平台产品整合进自己的业务解决方案后,其业务中的教学环节可以全部或者部分交给智适应教育平台。松鼠 Ai 平台的商业模式上主要由市场、运营服务、教研教学三部分组成,用智适应教育平台产品解决教学环节,可以大大降低教学环节成本,减少老师和教学工作者的压力,同时让学习者实现个性化学习的效果、提高学习效率。在这个底层引擎的基础上,平台研发了智适应知识漏洞大体检测评、智适应学习练习、智适应教学监控/堂控等、校长端数据管理平台、局域端数据驾驶舱等产品,详见图 7-14[5]。

竞争优势

(1) 智适应教育是开放平台。具体开放方式上,松鼠 Ai 智适应教育开放平台面向教育机构提供三种开放层次。第一,合作者直接使用智适应教学产品,因此是智适应教学产品和教研产品层面的开放;第二,合作者可以根据自己的需求和能力对智适应产品进行改造,因此是自定义智适应产品层面的开放;第三,合作者可以基于智适应引擎,研发打造不同应用不同场景的智适应产品,因此是智适应引擎层面的开放。

(2) 高质和高效。研发最尖端的智能学习与大数据技术,设计高质量的名师教学内容,并且在实现人工智能系统一对一教学过程中,比传统教育效率大幅度提升,并有多次海内外的人机比拼实验证明智适应教学的提升效果及受老师、学习者喜欢的评价。

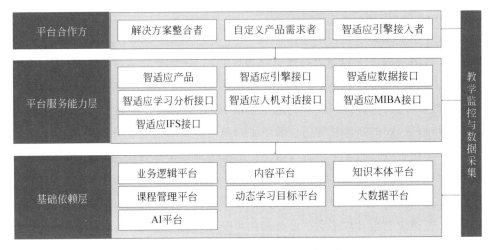

图 7-14　松鼠 Ai 智适应教育开放平台

（3）高覆盖及活跃社区。通过开放平台的大批机构接入，服务已经辐射到各级城市，并创造高度互动的学习环境，全方位服务学生、老师、家长，为学生提供高效的个性化辅导，一定程度上缓解了我国教育资源不公平的问题。

7.5　智慧医疗

医疗行业作为一个伴随人一生的特殊行业一直是高科技首先尝试的行业，与现代信息科技的结合催生了智慧医疗。智慧医疗（Wise Information Technology of 120，WIT120）是指基于人工智能、先进的物联网技术、生物医学，通过整合卫生信息资源和各级卫生系统，形成信息高度集成的医疗卫生指挥、应急、管理、监督信息网络系统，实现患者与医务人员、医疗机构、医疗设备之间的高度协同，因此智慧医疗涉及信息技术、人工智能、传感器技术等多个学科。智慧医疗建设不仅可实现医疗系统信息化，还可以改变和优化传统的医院管理流程。优化后的医院管理流程可从单纯的疾病治疗为主，逐步过渡到以预防疾病、保健为主，实现医院服务人性化、公平化、医疗智能化、管理精细化。

7.5.1　颠覆科技赋能智慧医疗

由于医疗行业的特殊性,医疗行业与颠覆科技结合一直是领先的。在颠覆科技物联网、5G、大数据、云计算以及人工智能技术环境下,智能赋能技术逐渐完整和成熟,医疗大数据、云计算、边缘计算、深度学习、图像/语音/文字识别、虚拟现实甚至区块链等形成智能赋能技术体系,成就了丰富的智慧医疗场景:虚拟助手、医学影像、辅助诊疗、新药研发、健康管理、医疗机器人、远程会诊、远程示教、远程监护、紧急救护、基因测序等,如图 7-15 所示。对于大数据、物联网、人工智能等技术与医疗行业结合的具体应用已十分多样,下面就区块链技术在医疗行业的应用做具体介绍。区块链的应用可以在药品监管溯源、电子处方审核等方面,解决数据质量不高、篡改失真、记录遗漏、泄漏隐私等问题。

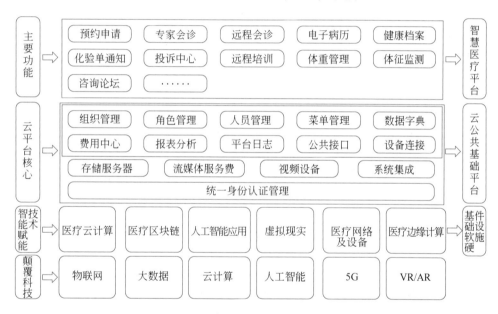

图 7-15　颠覆科技赋能智慧医疗

7.5.2　智慧医疗系统

医疗行业十分复杂,不仅有相当复杂的疾病种类,而且还受年龄段、健康或疾病的阶段等多重因素的影响,因此基于以上特点,智慧医疗系统也有许多分类。根据实施主体,可分为智慧医院系统、区域卫生系统,社区/家庭健康系统及第三方医疗服务平台等;根据对医生

125

的支持手段,可分为临床医生工具、计算机辅助诊疗和 AI 无人诊疗;根据通信手段,可分为远程医疗系统和本地医疗系统。智慧医疗基层信息系统是其中最典型、最重要的一个系统,如图 7-16 所示。可以看出,全面管理系统在集成平台上。集成平台提供了统一数据服务、统一接口服务、参数管理等。在集成平台外部还有一个外部服务层,包括数据采集共享服务、业务协同服务、远程医疗服务等。在全面管理层中处于核心地位的是全面业务板块,业务板块又涵盖了基本公共卫生服务、基本医疗服务以及家庭医生三大板块。每一个板块又包括很多功能区,如医疗服务板块包括医院信息系统(Hospital Information System,HIS),其中包含病人健康状况、医疗信息和行政管理信息的收集、存储、处理、提取及数据交换和利用。实验室信息管理系统(Laboratory Information Management System,LIS),是专为医院检验科设计的一套信息管理系统。医学影像存档与通信系统(Picture Archiving and Communication Systems,PACS),是近年来随着数字成像技术、计算机技术和网络技术的进步而迅速发展起来的,旨在全面解决医学图像的获取、显示、存储、传送和管理的综合系统。放射信息管理系统(Radiology Information System,RIS),是优化医院放射科工作流程管理的软件系统,一个典型的流程包括登记预约、就诊、产生影像、出片、报告、审核、发片等环节。

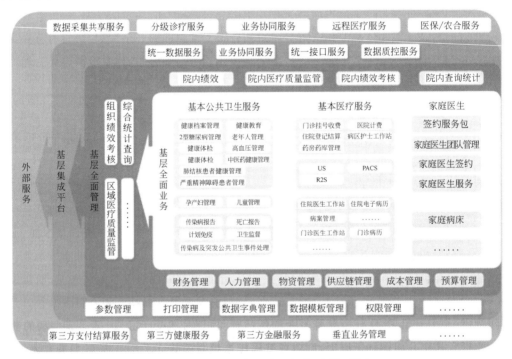

图 7-16 基层医疗信息系统示意图(来源:用友)

7.5.3　智慧医疗的创新要点

建设和发展智慧医疗系统已经成为很多国家战略级的发展重点,尤其自 2020 年以来,在全球范围内的医疗研究、协作和创新变得愈加重要。因此,围绕智慧医疗有许多创新要点。

1. 人工智能的应用

智慧医疗是人工智能非常典型的应用场景,包括:人工智能虚拟助手、医学辅助诊断、医疗机器人、模拟医学系统、多学科会诊、医学影像、新药研发等。例如,人工智能医学影像就是通过图像识别和深度学习等人工智能技术,达到对病灶的智能识别,帮助医生定位病症分析病情,提高诊断准确率和诊断效率。人工智能医学影像与传统人工识别影像相比有较明显优势:在肺结核、眼底病变、乳腺癌、宫颈癌、肺部、心脏的疾病或脏器上已有多项可行且高效的人工智能技术落地,提高了早期发现疾病病灶的可能性,更明确地界定疾病阶段,为医生确定治疗方案提供了准确度高的建议。

2. 数据化

医疗数据愈发成为重要的医疗资源,未来大数据分析可充分挖掘这些医疗数据,为患者、医院、医生等服务产生价值,并在疾病监控、辅助决策、健康管理、医保监管等领域发挥重要作用。未来智慧医疗行业将会更加数据化,医疗服务走向真正意义的智慧医疗,实现患者与医务人员、医疗机构、医疗设备之间的互动。数据化在疾病监控、辅助决策、健康管理、医保监管等领域发挥重要作用。

3. 数据标准化管理

医疗数据隐私性使数据相互隔离,缺乏标准,智慧医疗未来的发展趋势还体现在对医疗数据的标准化管理上,医疗机构可通过实时监测到的医疗数据,合理高效地调度相应的医疗资源,从而缓解因医疗资源短缺导致的医疗服务压力。例如,大数据化可帮助医疗人员为患者提供个性化和区域化治疗,预防流行性疾病,改善和监督医护工作者的医疗护理等。此外,还可通过对医院工作人员、病人、车辆、医疗器械、基础设施等资源进行数据化、标准化改造,改善医疗资源与需求的不对称,合理高效地调度医疗资源,提升医疗行业管理的精细化水平。

4. 数据互联互通

打破科室间以及院内外的信息壁垒,实现信息互联互通,为医护人员提供及时全面的病人完整信息链是提升医护人员效率的基础。同时在面对医疗资源不足,尤其是地区间不平衡的情况下,如何通过远程协作、远程决策支持和智慧医疗产品实现院内外、多院区间、上下级医院间的同质化医疗服务的配置与管理,更是最终实现在有限医疗资源下提升医疗服务水平。

5. 服务"一条龙"

医院建设过程中逐渐向面向医务人员的智慧医疗、面向患者的智慧服务及面向医院管理的智慧管理的体系靠拢,利用智能化技术和赋能场景化应用,在智慧医院应用场景方面形成服务"一条龙"。借力颠覆科技的赋能,智慧医疗势必将成为现代社会医疗健康卫生事业发展的大趋势,在智慧医疗产业链中形成多个增长点。因此,智慧医疗成为一个重要的创新领域,不仅是成熟企业可持续发展的舞台,也是创新企业创新发展的机会。

部分智慧医疗的企业如图 7-17 所示。

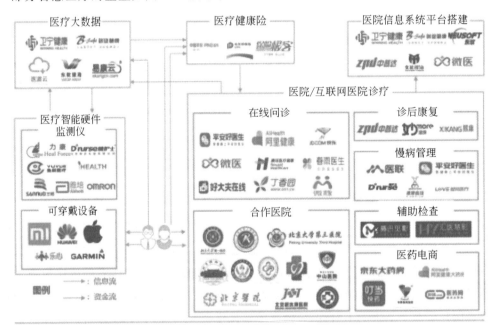

图 7-17　智慧医疗产业链部分企业图谱(来源:艾瑞咨询)

7.5.4　腾讯觅影 AI 辅诊开放平台

　　智慧医疗作为颠覆科技赋能医疗行业的热点方向,在影像识别、医药器械等方面实现了诸多落地探索。医学影像 AI 研发的显著特点之一是需要不同的学科和行业交叉协作,发挥各自的专业与优势,共同来完成创新。然而实际中,医疗机构、科研院校、科创企业普遍面临数据来源少、标注太耗时、缺乏适用算法、产学研结合难等痛点,医疗影像 AI 创新仍然屡屡遭遇瓶颈,全行业亟须更具系统性和综合性的研发和转化解决方案。依托腾讯聚集的合作伙伴资源优势及“腾讯觅影”在医疗人工智能领域取得的技术突破,腾讯公司构建了由医疗机构、科研团体、器械厂商、人工智能创业公司、信息化厂商、高等院校、公益组织等多方参与的医疗影像开放创新平台——腾讯觅影人工智能辅诊开放平台。腾讯觅影是腾讯首个 AI 医疗产品,同时也是腾讯与国内一百多家顶尖三甲医院的合作成果。目前,其储备了约 50 万医学术语库、超过 20 万医学标注数据库,超过 100 万术语关系规则库,超过 1000 万健康知识库,超过 8000 万高质量医疗知识库以及超过 1 亿的开放医疗百科数据,涵盖了绝大部分对外公开的权威医学知识库。

　　“AI 医学影像”和“AI 辅助诊断”是腾讯觅影 AI 辅诊开放平台的两项核心能力,其通过模拟医生的成长学习来积累医学诊断能力,可辅助医生诊断、预测 700 多种疾病,涵盖了医院门诊 90% 的高频诊断。其遵循与人类医生类似的学习过程,主要分为三个阶段:首先,其运用自然语言处理和深度学习等人工智能技术,学习、理解和归纳权威医学书籍文献、诊疗指南和病历等医疗信息,自动构建出一张“医学知识图谱”;然后,基于病历检索推理和知识图谱推理知识,建立诊断模型;最后,在人类医学专家的校验下,优化诊断模型。医院、医疗信息化厂商可以通过开放的接口使用“腾讯觅影”AI 辅诊引擎,与智能 HIS 工具箱、智能 PACS 工具箱等提供支持,定制化打造覆盖诊前、诊中、诊后的智能化医疗服务,如图 7-18 所示。

竞争优势

　　(1)腾讯觅影是开放平台。腾讯觅影作为一个开放平台,通过高效数据管理、简易算法设计、灵活算力配置、便捷项目触达以及快速合作互联等多个方面的提升优化,打通了从影像数据脱敏、接入、标注,到模型训练、测试、应用的全流程服务,构建起数据全生命周期管理闭环。

　　(2)借力腾讯公有云。借力腾讯公有云的强大威力,平台通过影像数据和业务流程的

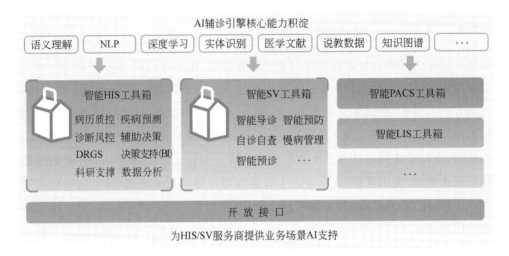

图 7-18　腾讯觅影 AI 辅诊开放平台

互联互通,从数字化"工具箱"升级为 SaaS 服务平台,与全行业形成长久连接关系,助力打破医疗影像 AI 产学研协同创新壁垒,有望提升科研成果在临床的转化落地效率。

（3）产学研一体化。腾讯觅影已与智业软件、金蝶医疗等医疗信息化厂商,以及中国科学院大学深圳医院等众多医疗科研机构分别签署了人工智能战略合作协议,共同构建智慧医疗开放生态圈。腾讯觅影平台旨在发挥"连接器"的作用,从创新创业、全产业链合作、学术科研、惠普公益四个维度连接核心参与方,共同推动人工智能战略在医疗领域的落地。

（4）"互联网＋智慧医疗"产业融合。腾讯借助自身互联网生态及微信支付的优势开展"互联网＋智慧医疗"产业融合,使腾讯的"互联网＋智慧医疗"涵盖的服务包括微信医保支付、商业保险、微信在线医事咨询、微信电子处方、微信随访服务、AI 辅助诊疗、病历结构化、医疗大数据等。

7.6　智慧时代如何改变世界

物联网技术步入应用阶段已将近十年,5G 技术虽然仅起步一年多,但却使万物互联成为可能,从而大大扩展了应用场景,5G 技术也变得家喻户晓,同时随着更多应用场景的落地,5G 技术会更加火热和风靡。当前有段非常流行的话:"4G 改变生活,5G 改变社会"很好地勾勒出 5G 的未来前景。5G 有三大技术特征:一是大带宽,5G 未来要面临的是 1000 倍容量增长,实现光纤接入的体验速率,同时还需要让用户感受不到时延,实现端到端的"零距离"的体验;二是超大规模网络接入数量,5G 不仅要提供人与人(H2H)的服务,还包括机器与机器(M2M)以及人与机器(H2M)之间的通信;三是 5G 的高可靠性超低时延,5G 的传输速率与响应速度均已经超过工业总线性能指标。

为了支撑未来 5G 通信业务持续增长及万物互联的需要,以及支撑 ICT 产业迎接云计算与大数据的挑战,5G 无线网络将会在十年间投入运营。其中最关键的驱动因素是未来十年内 1000 倍的无线数据流量的增长、每平方千米面积 100 万联接的物联网无线联网的新商机,以及全频谱无线接入所带来的超高速无线联接。这样的高速 5G 速率能给用户带来光纤般的体验——10Gb/s 的下载速率与带宽——比当今市面上最快的移动终端还要快 100倍! 并实现通信极致境界:超宽带,零等待,全智能,终端客户与网络的距离将完全消失。因此,用"5G 未来前途无量"来形容是毫不夸张的。

移动通信已经深刻地改变了人们的生活,同时社会的进步又对移动通信性能不断提出更高的要求。第五代移动通信(5G)通过集成多种无线技术来满足用户的不同的极限体验。万物互联为现代快节奏的生活提供了许多便利和舒适。人们无法想象在没有互联网和导航的情况下如何度假。这项奇妙的创新影响着人们的工作和生活。例如,智能家居系统允许业主通过连接到用户界面的智能手机或笔记本电脑远程控制家用电器、房屋温度、照明、家庭安全和报警系统等。灯会在不使用的时候关闭。智能冰箱可以分析缺少的食品,并通知智能手机购物。再如,万物互联将使无人驾驶成为可能,可以通过减少人为失误,极大地帮助管理顺畅的交通。这些车辆对老年人和残疾人来说是一个显著的优势,而且它还可以减少碳排放,因为它是电动的。

万物互联下的智慧时代前景方向在于:差异化服务、海量物联网、垂直行业应用、开放平台化。此外,智慧时代带来价值可观的重要垂直行业市场,包括汽车、传输、物流、能源/公共设施监测、安全、教育、金融、医疗保健、工业和农业以及文化娱乐。因此智慧时代不仅带来的是各类技术的变革,还会对未来各行业带来革命性的变革,同时还会对未来的商业模式以及社会经济带来变革,智慧时代改变世界!

参 考 文 献

［1］ MAGGI F，et al. Smart Factory Security：A Case Study on a Modular Smart Manufacturing System ［J］. Procedia Computer Science 180，2021：666-675.

［2］ 杨军，徐亭，等. 5G 赋能智能制造［M］. 北京：中国邮电出版社，2020.

［3］ 王永宗. 西门子工业互联网：让数据插上翅膀［J］. 中国工业和信息化，2018，(7).

［4］ PANTANO E，TIMMERMANS H. What is smart for retailing?［C］. 12th International Conference on Design and Decision Support Systems in Architecture and Urban Planning，2014.

［5］ 中国科学院大数据挖掘与知识管理重点实验室. 2019 年人工智能发展白皮书［R］. 2019.

第 8 章

共享时代

学习目标：

- 了解共享时代驱动因素和创意起因。
- 把握共享时代典型场景的创新要点。
- 熟悉颠覆科技对各种共享时代场景的赋能。
- 了解共享时代典型场景的产业链。

8.1　共享时代概述

共享本来就是由来已久的在家庭、社区乃至社会分配资源的一种方式，随着近些年来颠覆科技的兴起和传播，特别是互联网和移动终端用户设备的普及，进一步与商业创新的结合，出现了新的共享形式。与传统共享方式相比，新的共享最显著的区别在于共享实践现在已经摆脱了地理、时间等的限制。因为现在人们可以在全球范围内不同空间分布、多样化的群体之间分享，且几乎不受时间、地点和交流方式的限制，进一步成为可能协调流程的共享平台。共享的多样性和普遍性已经使共享无处不在，渗透到人们生活中的方方面面，在有意甚至无意之中都在享受着颠覆科技带来共享的便利，形成共享经济，人们已经进入了一个共享时代。

虽然颠覆科技引发的共享形式是以信息作为共享资源为主，但后来被扩展到包括其他非物质资源（例如时间和技能）甚至物质资源（例如车辆和工具）。经过结合物理世界，虚拟共享领域不仅增强了本地共享社区，而且使共享适用于广泛分布的社区。即使在陌生人之间共享也变得方便、高效和有效。这些新的特征，以及对共享"使用权"而非"所有权"消费模式的日益深入，使得共享发展成为一种广泛的现象，将共享发展为一种广泛的现象，形成了以获得一定报酬为主要目的,基于陌生人且存在使用权暂时转移的一种经济模式[1],因此称之为"共享经济"。下面先了解一下"共享经济"如何走进"共享时代"。

8.2 共享经济的前世今生

"共享经济"最早由美国学者于 1978 年提出:经济的高速发展,社会由短缺经济逐步转向过剩经济,人们对自己所拥有的物品并不能充分使用,于是共享经济现象在这几年频繁出现,人们通过移动通信等科技的介入,使得大部分闲置物品得到充分使用[2]。虽然共享以不同形式已经存在了很多年,但是变成主流形式之一是最近十几年形成的。

当前最大的经济热词非"共享经济"莫属,在新一轮的"互联网+"的推动下,共享经济成为当前经济的一个重大风口。共享经济以各种不同的形式出现在大众的视线中。

共享经济,一般是指以获得一定报酬为主要目的,基于陌生人且存在使用权暂时转移的一种经济模式。其本质是整合闲散物品、劳动力、教育、医疗等各种资源,或者说共享经济是人们公平享有社会资源,各自以不同的方式付出和受益,共同获得经济红利。

8.2.1 起步期

共享经济的新形态是从 Airbnb 和 Uber 开始的。Airbnb 于 2007 年 10 月开始创意,2008 年 2 月哈佛毕业生加入,2009 年 1 月获得 Y combinator 种子资金,3 月获得红杉资本等几家主流资本共 240 万美元的天使投资,从而使 Airbnb 进入发展的轨道。2020 年 12 月上市,虽然股价回落,但市值仍是近千亿美元。Uber 是成立于 2009 年的全球拼车应用,颠覆了人们所知的现代交通,Uber 的爆炸式增长和持续不断的争议使其成为过去十年中出现的最吸引人的公司之一,该公司成立 10 年后于 2019 年 5 月 9 日上市,市值在 500 亿～1000 亿美元。由于 Airbnb 和 Uber 在热议中成长,共享经济的新形态开始作为一种商业模式的典型在更广领域内推广。

8.2.2 扩展期

随着 Airbnb 和 Uber 的迅速发展,一些竞争对手开始出现。Airbnb 的竞争对手有

Homeaway,Vrbo 等,而 Uber 的竞争对手有 Lyft(于 2019 年 3 月率先上市,市值在 100 亿~200 亿美元),Grab 等。中国出现了途家短租平台、滴滴打车平台(2021 年 6 月底上市,市值曾达到 800 多亿美元)。不仅仅局限于租房和交通领域,人们还将目光投向更为广阔的领域,在中美两国发展尤为迅速。美国出现了 JustPark 共享停车,Stashbee 仓储空间的 Airbnb,WeWork 共享办公空间,Spotify 共享音乐,Kickstarter 众筹平台,TaskRabbit 共享服务,Coursera 共享教育。而中国的市场扩展更加迅速,停车宝帮助车主找到停车位,私家厨房网是一家私家厨师服务平台,猪八戒网提供众包服务,在行是一个 O2O 经验咨询平台,阿姨来了是家政阿姨一对一匹配等。共享经济扩展领域非常广泛,其中有标志性的是共享单车的兴起,促使共享经济进入了爆发期。

8.2.3　爆发期

这种新经济形态的商业模式开始在其他领域快速复制,共享单车顺应了市场需求,解决了大城市交通最后一千米的出行问题。由于共享单车利用互联网的优势给民众提供了一个全新的出行和游玩体验,所以共享单车迅速在各大城市推广,有星火燎原之势。

共享单车倍受关注的原因除了的确是市场刚需之外,还触发了全新的商业盈利模式。虽然每次骑行收取的费用似乎不足以获得丰厚的盈利,但是共享单车的押金却是相当可观的,在这个现金流为王的时代,这笔大资金可以带来很大想象空间,也有可能带来不菲的利润。经过颠覆科技与商业模式完美结合,共享经济的范围很快蔓延到共享充电宝、共享雨伞、共享物流、共享服务、共享医疗等领域,而且每一个细分领域都有很多公司在耕耘,典型企业汇总如图 8-1 所示。

共享经济新形态不断涌现,并成为新一轮资本蜂拥的"风口"。仅以共享充电宝为例,短短 40 天时间就获得 11 笔融资,近 35 家机构介入,融资金额约 12 亿元人民币。共享经济的风风火火让人不得不想起之前的"互联网＋",人们认为"互联网＋"的时代到来了,盲目模仿,出现了各种各样千奇百怪的"互联网＋"形式。他们没有认真研究"互联网＋"真正的内涵是什么,而是盲目模仿,流于形式。最后这些盲目追随者只能落得一个仓皇收场的结局。

尽管共享经济广受欢迎、意义重大且期待巨大增长,但还是处于早期阶段,因此还缺乏系统明确的理论体系和对"共享经济"一词含义的高度共识[3]。快速增长的共享经济的广泛性、多样性迫切需要引入一个定义明确的框架来覆盖包罗万象的共享经济[4]。特别是一些共享经济中出现的做法和服务引起了关于它们与基本价值观的关系的争议,这些价值观传统上与"共享"相关,为将规范方面纳入有关共享经济的讨论打开了大门。

图 8-1　共享经济行业产业链示意图（来源：艾瑞咨询）

8.3　共享经济的驱动因素

共享经济迅猛的发展得益于诸多驱动因素，如用户与消费习惯、消费水平与客单价、投融资、政策法规和技术等。分类总结一下，可以分为四类因素：政策因素（Policy，P）、经济因素（Economy，E）、科技因素（Technology，T）以及社会因素。

8.3.1　政策因素

1. 战略的引领

政府层面的因素无疑是共享经济政策因素的重要方面，各个国家对于共享经济明显有着不同的态度。美国很多大城市都提出了让城市更具有共享性，美国作为资源消耗的第一大国，把共享经济作为国家战略的一部分也是必要的。当然也有一些国家相对消极，如芬兰、瑞典、新加坡等。中国从政府层面也是高度重视,党的十九大报告上就明确提到:在中高端消费、创新引领、绿色低碳、共享经济、现代供应链、人力资本服务等领域培育新增长点、形成新动能。可见政府对共享经济的高度重视。

2. 政策的鼓励

许多相关规定和政策也为共享经济发展提供了便利。美国很多大城市为了减轻上下班高峰道路拥堵问题,普遍制定共享驾车的鼓励政策,尤其是旧金山市、纳什维尔市等又提供一些特别的共享经济支持政策。中国一些一二线城市的车牌限号、停车规定等无形之中都是政策对共享经济的鼓励。当然,在对共享经济鼓励的同时,还要加强对行业的监管,后面再做详细讨论[5]。

8.3.2　经济因素

1. 消费需求

从共享出行、共享单车、共享充电宝、共享雨伞甚至知识共享、音乐共享、服务共享等,各式各样的共享逐渐成为人们的刚需。同时,也有越来越多的人表现出对高度个人化消费的需求。例如,大众点评除了提供方便和物美价廉的商品,还可以带来互动和社区化的感受体验。

2. 资本追捧

由共享单车的兴起而掀起共享经济的投资大潮,以 OFO 和摩拜为例:分别继 2015 年天使投资之后,仅两年到 2017 年年初的 D 轮就分别获得 4.5 亿美金和 2.15 亿美元的投资。包括前面提到的 Airbnb,Uber,Lyft,滴滴等经过多轮融资之后都成功上市。

3. 收入补充

物权的所有者可以通过分享获得额外的收入,随着共享经济的快速发展,对很多人来说共享经济的收入不仅是收入的补充,甚至已成为主要收入来源。例如,仅美团就有超过百万的快递骑手。

8.3.3 科技因素

共享经济和颠覆科技的发展互相促进,便捷的物联网、移动互联网以及扫码支付使共享经济很方便地扩展到各种场景,尤其是大数据人工智能的广泛应用,大大提升了共享经济的品质和体验。一方面,人工智能技术的深度应用,是共享平台整合海量资源、实现供需精准匹配和资源高效利用的根本保证,是驱动新产品开发和服务创新的重要力量。另一方面,共享经济也为人工智能技术的创新应用提供了丰富的场景,驱动了深度学习、自动驾驶、无人机配送等前沿技术发展。目前,人工智能技术已经在共享经济领域得到了广泛应用,这些应用有效地改进了平台算法,更好地捕捉了用户需求和兴趣,通过移动互联将供应端和需求端连接到共享平台,将闲置的企业或个人资源优化利用起来,同时借助大数据的征信体系形成运营基础以及监管保障,极大地提升了用户体验,促进了用户点击量和订单量的提升。同时,人工智能技术的应用还有助于释放共享平台上海量数据的潜在价值,进一步促进新业态新模式与经济社会活动的融合发展,形成了颠覆科技及移动互联网的共享商业模式的平台架构,如图 8-2 所示。

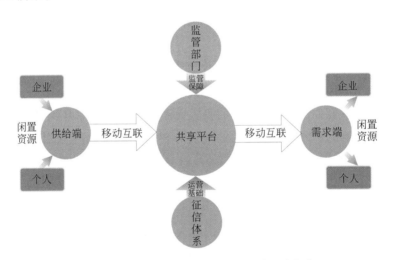

图 8-2　移动互联网的共享商业模式的平台架构

8.3.4　社会因素

1. 全球化和城市化

随着全球化的不断发展,产品和服务越来越广泛和多样化;随着网络的普及,人们可以从世界任何地方买到所需要的东西,这样的转变和趋势也给人们带来观念的改变,人们越来越不在意对物品的长期持有,从而加深了对共享经济社会观念的认知。还有进一步的城市化使人们生活的距离越来越近,为共享经济创造了有利条件。

2. 观念改变

随着社会进步,人们不再将所有权作为一种身份的象征,尤其是在年轻人中。在美国,将近一半的消费者认为所有权变成了一种负担,选择需要时间,获取需要成本,拥有需要维护。相比之下,共享的商业模式就越来越受欢迎,人们可以随时更换喜欢的产品,而不会负担购买和维护成本。而且,越来越多的人意识到环保和可持续消费的重要性,认同以共享为基础的商业模式更加绿色环保,这样也有力地支持了共享经济的发展。

8.4　没有"房间"的酒店——共享住宿

8.4.1　创意起因

共享住宿为共享经济领域中的一类,是指房源所有者或经营者(以下简称"房东")通过共享住宿平台发布户型、实景、设施、价格等房源相关信息,以转让房源的短期使用权,有住宿需求的房客可通过共享住宿平台进行搜索、浏览房源,与房东进行沟通并实现租住交易,共享住宿平台则从中获取中介费或佣金。

共享住宿全球最具影响力的公司是 Airbnb,共享住宿的兴起就是从 Airbnb 开始的。Airbnb 于 2020 年 12 月上市,2021 年 2 月 10 日市值曾经超过 1300 多亿美元的全球行业内的顶级公司,而这家全球顶级公司的创意居然不可思议地来自两位几乎付不起房租的年轻设计师。

　　2007 年,两位毕业于设计专业的学生 Chesky 和 Gebbia 离开了美国东海岸去了旧金山,然而他们两个都没有稳定的全职工作。没过多久,他俩就面临付不起房租的问题,突然陷入财务困境。恰恰设计大会即将召开,而 Gebbia 发现旧金山绝大多数酒店房间都被预订完了,这给了 Gebbia 一个赚钱的灵感。Gebbia 给 Chesky 发了一封电子邮件,分享自己的想法:如果他们把自己的阁楼变成设计师的床和早餐,配有睡垫和早餐会怎样? 是不是一种"赚几块钱"的方式? 开始只有 3 个充气床勉强凑合能出租,因此他们就把这个项目命名为"充气床＋早餐"(Air bed and breakfast),他们上线的第一个网站域名就是 airbedandbreakfast. com,后来更名为 Airbnb。这就是 Airbnb 创意的起因,也是共享经济的触发点,随着共享经济的升温,中国的市场也在逐步唤起,2011 年起,途家网、小猪短租、蚂蚁短租等相继成立,共享住宿行业在中国随之崛起。

8.4.2　商业模式

　　颠覆科技为共享经济奠定了平台商业模式的基础,具体到共享住宿的商业模式,主要分为 C2C 和 B2C。C2C 模式是真正意义上的共享经济,因为 C2C 模式是指房东通过共享住宿平台直接销售房源短期使用权给房客,共享住宿平台提供房东和房客的对接渠道,验证双方信息,制定准入和运营标准,为房东和房客打造良好的交易环境,并从中收取一定比例的平台服务费。Airbnb 就是典型的 C2C 模式。而 B2C 模式是指共享住宿平台企业通过从个人房东、房地产开发商、房屋中介等批量获取房源,为其提供托管服务。B2C 就分为两种情况,无论是个人房东和房产公司,只要是闲置资源的利用就属于共享经济,而专门用于共享的房产公司则只是采用了共享模式,而非真正意义上的共享经济。像 B2C 这样对房源进行统一配置,同时负责房源的日常维护和经营管理,并通过平台将房源对外租赁,从中收取一定比例佣金。途家则是从 B2C 开始的,获得市场认可之后,开始进一步扩大房源,向 B2C＋C2C 发展。

　　C2C 模式下的房源数量最多,类型多样且极具特色,更能够吸引想要体验当地人文风情的游客。其优势是:轻资产运营,成本较低,利于扩张。其缺点是:有些房源图文不符、房东不守约等问题,房源质量、服务品质或不能得到保障,体系不完善。

　　B2C 模式下的房源质量和服务品质能够得到保障,可靠程度高,在信用体系不完善的环境下受到房客的青睐。其缺点是:重资产运营、成本较高,还有就是由于 B2C 模式对房源进行统一配置,导致标准化程度高,欠缺当地特色,或无法满足房客对个性化体验的需求。

8.4.3　共享住宿的创新要点

1. 开启共享经济

共享住宿作为共享经济的引爆点,首先规模化地开启了闲置资源的共享并形成一种收入模式。共享住宿是将游客和家有闲置房源出租的房主通过网络平台直接联系在一起的住宿服务,打破了传统的物品所有权和消费模式。

2. 便捷及个性化

共享住宿使住宿更加便捷和具有个性化,旅游出行越来越成为人们生活的一种常态,商业不发达的偏远乡村也成为主要旅游目的地,共享住宿的普及使人们出行住宿变得便捷,无论到哪里都会有住宿选择。同时共享住宿还带来个性化的住宿体验,而且还提供了房客在住宿期间与当地社区进行直接互动的机会,个人化程度高和互动人际交往程度高成为共享经济商业模式的重要组成部分。

3. 颠覆科技赋能共享住宿

以移动互联网、云计算、大数据、人工智能等为核心的颠覆科技奠定了共享住宿的平台基础,使得共享住宿得以推广并正在改变着人们的生活方式和行为习惯。随着 5G、物联网、区块链等新技术的完善成熟,共享住宿的应用场景也在不断发展和完善。通过更多的传感器、人工智能等,实现整个服务链条的大闭环,让所有的房屋实现完全的无人值守。例如,节能设备根据房客的到达和离开自动开关。还有针对共享住宿存在的信用问题,结合区块链技术的数据公开透明、去中心化、不可篡改和集体维护等特点,重构共享住宿交易双方的信任机制,解决共享住宿的信用缺失痛点。随着颠覆科技的不断赋能,未来的共享住宿也将迎来模式创新、技术智能化、服务标准化等多方面的升级。除了基于颠覆科技的共享平台,越来越多与共享住宿相关的第三方支持系统如智能家居、征信系统等不断发展,逐步完善共享住宿的产业链,如智能家居、征信系统等,形成共享住宿的产业链,如图 8-3 所示。

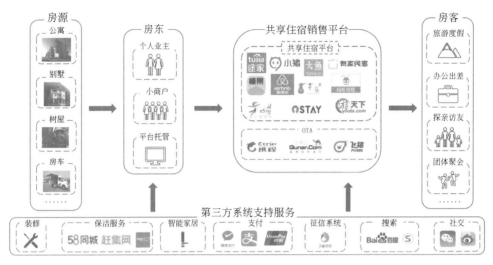

图 8-3　共享住宿的产业链图谱（来源：艾瑞咨询）

8.5　没有"车"的出租公司——共享出行

8.5.1　创意起因

共享出行作为共享经济的重要标志之一，已经成为网络流行词，是指人们无须拥有车辆所有权，以共享和合乘方式与其他人共享车辆，按照自己的出行要求付出相应的使用费的一种新兴交通方式。共享出行服务提供"交通出行资源的使用权（非所有权）从空间上或时间上非独占式享用"的服务，随着共享出行从优步（Uber）的发展和被普遍接受，不仅更多网约车出现，如 Lyft、滴滴、曹操出行等加入共享出行行列，而且还向共享巴士、共享电瓶车延伸，更加引起行业波澜的是中国的"共享单车"。

共享出行的模式一方面方便了消费者的出行，另一方面避免了车辆闲置资源无法被有效利用带来的浪费，可见共享出行将逐渐成为公众的出行选择。谈起创意起因，还是要从优步谈起。

优步的概念诞生于一个冬夜,当时两个人站在寒风中瑟瑟发抖,其中一位当时还是天使投资人名叫卡兰尼克(Travis Kalanick),他和他的同伴坎普(Garrett Camp)无法叫到出租车。"假如我可以在手机上按一个键,然后立刻出现一辆车就好了。"就是这么一句牢骚却意外地成为优步的创意起因。后来,大家各奔东西,然而,当坎普回到旧金山后,他仍然执着于这个想法,并购买了域名 UberCab.com。

2009 年,坎普仍然是 StumbleUpon 的首席执行官,但他开始为 UberCab 开发原型。那年夏天,坎普说服卡兰尼克加入优步,并于 2010 年年初在纽约仅使用三辆车进行了测试,在同年 5 月在旧金山正式推出。曾任优步总经理、公司早期重要人物的格雷夫斯(Ryan Graves)于 2010 年年初出任优步 CEO。2010 年 12 月,卡兰尼克接任 CEO,而格雷夫斯则接任总经理和高级副总裁职务。

手机一两下点击约车的简便性推动了共享出行的普及,通过 GPS 定位识别位置,乘车费用就会自动计入公司账户的卡中。这家总部位于旧金山的初创公司迅速成为最热门的公司之一,并迅速发展壮大。第一次优步叫车服务是在 2010 年提出的,不到两年,优步已经在巴黎开展了国际业务,并慢慢扩展到全球几十个国家。到了 2012 年的六七月份,另外两个具有影响力的共享出行公司分别在美国和中国成立,就是 Lyft 和滴滴,而且分别于 2019 年和 2021 年成功上市。尤其在中国,在此之后的五年间,一大批专注于新型移动出行的初创企业相继成立,并获得资本的争相追捧,人们较为熟悉的有易到、神州专车、顺风车等。同样,共享经济模式在共享出行行业也得到有效推广,最具影响力的莫过于共享单车。为了有效解决出行最后一千米的问题,2014 年 ofo 小黄车出现在北大校园,2015 年走出北大校园,2016 年摩拜成立,开始受到广泛关注和应用,随后又出现很多共享单车,共享模式再次造成巨大冲击。在解决"最后一千米"的痛点的同时,真正掀起了"共享模式"热潮,也形成一道有趣的风景线——在主要大城市的地铁口都摆放着五颜六色的共享单车。当然,作为一个新兴经济模式和现象,也会碰到各种问题。2015 年共享汽车开始规模化扩张。2016—2017 年,第一个交通服务供应商 Whim 出现了,将各种交通工具放在一个平台上:出行即服务出现了。2017 年 3 月,共享电动车在合肥合规上线。2019 年,共享汽车开始自动驾驶。2021 年 9 月 25 日,在 2021 年世界互联网大会乌镇峰会"未来出行"展区展示了无人驾驶巴士。

8.5.2 商业模式

共享出行属于 O2O 商业模式。O2O 商业模式,又称离线商务模式(Online To Offline),指通过线上营销线上购买带动线下经营和线下消费,即将线下的商务机会与互联网结合,让互联网成为线下交易的前台。在 O2O 平台商业模式中,整个消费过程由线上和线下两部分构成,共享出行在线上为消费者提供顺风车、网约车、分时租赁、单车骑行的平台,线下为消费者提供实际服务。通过把实体的服务产品商业流引导到平台上完成交易,用户可以享受到线下的乘车服务、顺风车、代驾服务、单车服务等,该流程刻画出 O2O 闭环,呈现 O2O 商业模式在共享出行行业的运作效果。例如,滴滴出行作为中国网约车市场的商业龙头,通过线上整合消费者乘车需求与供给方司机闲置车辆供给,实现资源利用效率最大化。滴滴出行作为典型的 C2C 商业模式,交易主体为"多对多"的关系,多个需求方对应多个汽车供应方,平台成为整合和配置资源的媒介。通过把实体的服务产品商业流引导到平台上完成交易,用户可以享受到线下的乘车服务、代驾服务和线路查询服务等。供给方除了在线注册的普通车主外,还包括第三方出行服务商。滴滴出行的收入包括向注册司机收取服务费、向广告投放企业收取广告费和与车主"周结"结算方式的短期资金沉淀收益。从平台层面,滴滴出行作为互联网出行公司,利用大数据、机器学习和云计算,做出最优的车辆供需配置,需求方和供给方借助这一开放平台,降低交易成本,满足自身需求与增加收入来源。共享出行商业模式如图 8-4 所示。

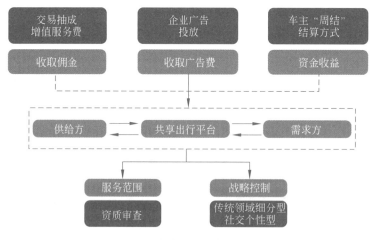

图 8-4　共享出行商业模式示意图

8.5.3 共享出行的创新要点

1. 开启共享经济的多元化

随着优步的成功和普及,共享出行很快在中国得到发展,中国大城市的数量和规模为共享出行的市场细分及产品服务多元化提供了有利条件,人们可以在不同场景选择不同的交通工具,包括自行车、电动车、汽车、公共交通等;其共享模式包括合乘、分时租赁、互联网租赁自行车、私人汽车共享、网约车等,如图 8-5 所示。正是共享出行的多元化形成了共享模式,而共享模式被成功地推广到其他更多的应用场景中,如共享充电宝、共享雨伞等。

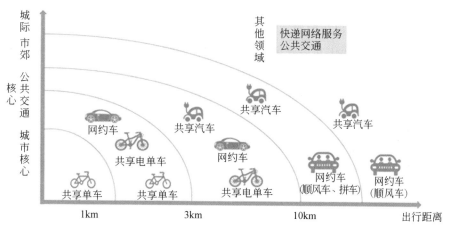

图 8-5　中国共享出行应用场景多元化发展(资料来源:艾媒咨询)

2. 共享出行对传统出行商业模式的升级

共享出行商业模式通过共享出行交易平台降低了供给方的运营成本,为供给方和需求方提供了直接沟通的渠道,满足了需求方的多样化需求,提高了闲置资源的利用率,与传统的商业模式相比,突破了盈利点单一的问题,在基本交易抽成的盈利点的基础上还增加了广告收入和资金收益。

3. 出行即服务

颠覆科技正在颠覆出行,新产品和服务正在从根本上改变人们的期望和机遇。出行曾经是私家车和公共交通并列的领域,而今天出行领域表现出更加复杂和多层次的特点,这为出行领域带来新挑战的同时也带来了巨大的机遇。

出行即服务(Mobility as a Service)是将各种形式的出行服务整合为一个可按需访问的单一出行服务。为了提供高效、灵活、安全及绿色的人员及货物交通系统,将各种交通方式的出行服务进行整合,使用数字界面去汇总和管理能够满足用户出行需求的交通相关服务的供应。

出行即服务往往侧重于服务而不是模式,强调了几个重要元素,例如客户需求、个性化或量身定制的综合解决方案、界面、移动平台、集成支付、合同、服务提供、商业模式、服务提供者等。就其核心而言,出行即服务使移动服务提供商能够更有效地应对日益苛刻和拥有各种愿望的通勤者不断变化和多样化的需求。这些趋势将有助于为通勤者开发更灵敏、更高效和更具弹性的交通系统。

出行即服务不仅涉及各种移动服务模式的集成。在许多情况下,它需要引入新的交通方式,例如共享单车、汽车共享和其他响应需求的创新交通方式,并补充现有的公共交通系统。通勤者在使用公共交通工具时面临的最后一千米问题通过共享单车获得解决。共享单车使用用户可以在任何地点取回自行车。汽车共享的工作方式与自行车共享概念类似。汽车共享服务的订户可能会在几小时到几天的时间内借用汽车。和一些共享单车服务类似,大部分汽车共享服务都需要用户将借来的汽车归还到一个标准位置。

自动驾驶的车辆成为出行即服务发展的关键技术之一,自动驾驶技术的出现能够颠覆目前汽车使用的基本模式:目前是一辆汽车一天 24 小时内除了 1～2 小时用于出行外,其他时间都是在停驶状态。而当自动驾驶成熟后,则个人几乎不再需要一辆自有的车辆,当可以有随用随有的车辆的时候,自己再拥有一辆车似乎也不是那么经济。

支付技术的发展和数据传输技术的进步也使得集成多种交通方式于一体成为可能,目前基于动静态信息,已经可以为城市出行者规划包括步行、公共自行车、地铁、公交在内的一次多方式联运出行的路径和估计的行程时间。未来随着动态信息的可获得性,例如共享自行车(如摩拜单车)、共享自动驾驶汽车等,可以为用户规划包括多种交通方式实时信息在内的无缝出行路径,这将颠覆人们的出行。

8.6　没有"厂房和工人"的工厂——共享工厂

8.6.1　创意起因

制造业是工业的根本,也是一个国家是否强大的重要基础。随着颠覆科技在各个领域的不断渗透和应用,制造业也成为重要的应用场景,与人工智能、大数据、云计算、物联网等结合使制造业从自动化向智能化升级,使设备或机器根据过去的经验和学习能力,根据不同的情况进行智能判断。5G 作为新一代移动通信技术,将利用其高带宽、低延迟、高可靠、海量互联等特质,在满足了设备或机器之间海量数据传输的要求下,为工业互联网的形成以及基于"互联网+"的协同制造及柔性化生产奠定基础。协同制造就是利用信息技术和网络技术将制造管理、产品设计、产品服务生命周期和供应链管理、客户关系管理有机地融合起来,柔性化生产就是根据订单的变化灵活调整产品生产任务,实现多样化、个性化、定制化生产。与共享经济模式相结合,顺理成章地形成"共享工厂"。"共享工厂"就是解决生产线闲置的问题,这种柔性化生产的能力恰恰可以接受不同订货商的多样化、个性化的订单而实现"共享工厂"。可以看出,"共享工厂"的生产是由需求决定的,因此共享模式下势必会兴起个性化定制生产,比如出现一个小批量的特色产品定制需求,然而手头没有生产设备等生产资源,这时候就可以通过共享工厂来获得生产设备,满足自我生产需求。通过"共享工厂"的协同制造管理平台,对制造资源进行共享,接收订单,产能调剂,合理分配到有产能的工厂。共享工厂的架构如图 8-6 所示。相对于"共享住宿""共享出行","共享工厂"还处在萌芽期,还有很大成长空间。

8.6.2　商业模式

共享经济模式的形成和逐渐成熟,也为制造业开辟出"共享工厂"的商业模式。与其他行业共享经济商业模式类似,"共享工厂"首先就是工厂产能的共享。然而制造业所涉及的环节众多,从研发到设计,从原材料到设备,从产能到物流,从检测到维保,几乎每个环节都有资源共享的可能,从而获得的资源更高效利用。而共享工厂的本质,就是充分提高资源的利用效率,同时提升面对市场的响应能力。因此,除了工厂产能的共享,还会有很多共享工

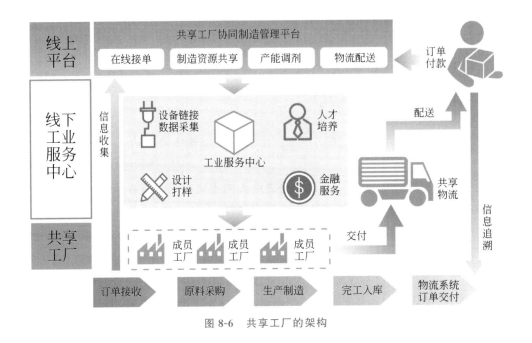

图 8-6　共享工厂的架构

厂模式产生,如生产场地、生产设备、加工能力、供应链、物流以及各类人员的共享,如图 8-7 所示。随着制造业数字化、网联化及智慧化的发展成熟,共享工厂的模式还将继续推陈出新。

1. 共享产能模式

共享产能是最为常见的一种共享模式,主要有两种形式,一种是将同样的产品分配到几个工厂生产,根据产量的实际需要对产能做出有机调配,让产能过于饱和的工厂合理减少,而让产能不足的工厂实现产能增加,很多大产能的电子产品已经广泛使用了这种模式;另一种是一个工厂承担来自多个品牌商的同类产品的产能,很多已经标准化产品的品牌代工就是这样的模式。2020 年全球突发的新冠疫情而引起的防护口罩需求的大增充分发挥了共享产能模式,对大品牌 3M 的防护口罩的需求需要将 3M 口罩产能合理分配到全球很多工厂生产,而众多的小品牌口罩又可以靠几个品牌共享一个工厂的模式降低成本,并对市场快速反应。由于共享产能,实现共享工厂的各个企业的生产经营会趋于良性运转,而不至于忽高忽低,忽多忽少。这对人员的调配、设备的运用、工厂的管理都带来更多的便利,而且有利于提高产品品质的稳定性。共享产能模式与科技与商业模式结合又产生出共享协同模式、

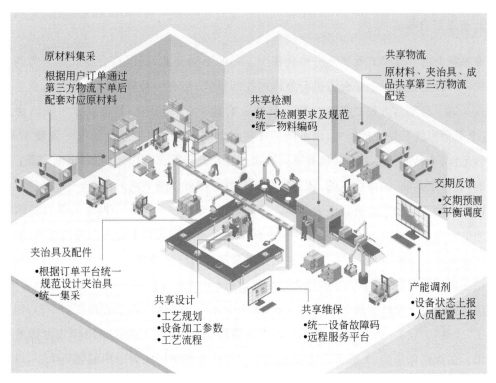

图 8-7 共享工厂的资源共享示意图（来源：中工云网）

共享平台模式及多种升级模式。

2. 共享协同模式

"互联网＋"协同制造推动了互联网与制造业的融合，形成共享协同的共享工厂模式。这种模式分为两种情况，第一种是个性化设计下的集中生产，第二种则是集中设计下的分散生产。个性化设计使产品多样化和个性化，而集中生产带来了智能化、自动化和高标准化，分散的设计导出的则是品质优异的产品，目前逐渐兴起的柔性生产实际上就是这种模式。而且，集中生产还能避免零星生产可能带来的环保压力。集中设计而分散生产则适用于那些定制化特征突出，产品生产相对简单的行业企业。由于设计的个性化将越来越成为主流，设计具有更高的技术含量，而生产加工则是标准化的。

3. 资源整合模式

资源整合的共享模式就是充分整合各个工厂的不同资源,资源整合模式也分为两种主要形式。一种是通过一个平台方进行整体把控的模式,还有一种就是产业链龙头企业的带动模式。第一种平台方模式是通过提升制造业的数字化、网联化、智能化水平而搭建的平台,这个平台可能是品牌运作方,也可能是互联网电商平台。通过平台的统一管理和调配、品牌的运作、产品的销售可以和拥有不同资源的工厂开展有机合作。例如,定制家具:生产板材的,制作家具的,油漆作业的,还有五金配套的等都可以是不同的工厂,一个品牌运营方就可以把几家工厂的资源进行整合共享。另外,资源整合模式与互联网电商平台的结合也成为一个很有潜力的商业模式,随着管理平台功能的不断强大和工业互联网的成熟,资源整合的产业链将会不断延伸。第二种产业链龙头带动模式已经发展了几十年了。这种模式的出现是在美国的硅谷,由于半导体行业的崛起,在以英特尔为首的一批龙头企业引领下,在旧金山湾区集聚了全球顶级的半导体企业,成为全球的半导体产业中心和创新中心,因此而形成了"硅谷"。在近二十年期间处于飞速发展阶段的中国,龙头企业带动模式发挥着巨大的作用。在深圳以华为、大疆等为首形成的电子产业链使深圳成为中国的创新中心,以阿里巴巴为首形成的电子商务产业链使杭州成为数字经济之都,合肥引进京东方带动了合肥新家电产业链的快速发展和集聚,使其成为中国近几十年发展最快的城市。类似的例子还有很多,可见龙头企业的带动作用有多么重要,因为行业龙头企业具备强大的金融能力、研发能力、设计能力、市场能力和制造能力,这些强大的能力形成集聚产业生态,集聚的产业生态通过共享为行业企业赋能,为行业企业带来自身能力的系统提升。随着 5G 的推广和工业互联网的成熟,龙头带动模式还将发挥更大的作用。

8.6.3 共享工厂的创新要点

1. 工业互联网是"共享工厂"的基石

工业互联网建立起制造企业的连续的、相互连接的计算机网络、数控设备网络和生产物联/物流网络,使所有信息可实现基于网络的互联互通,通过对技术、装备、空间、人员、服务等的分享,奠定了共享工厂的基础,针对市场需求日益个性化、多元化、碎片化的趋势,共享工厂的研发、生产、管理等资源,推动协同的共享工厂模式和按需组织生产方式形成。

2. 数据是"共享工厂"的脉络

数字化为产品全生命周期活动建立共享的数据库和知识库,对各个环节进行数据记录。实现共享工厂需要数据互相关联,在共享工厂运转的过程中,会产生来自各应用系统的业务数据,包括设计信息、制造信息、仓储信息、质量信息、人员信息等。数据的连通,促进了"端、管、边、云、用",即端——智能设备或者智能传感器、管——通信网络、边——边缘技术、云——物联网数据处理分析应用云平台,用——应用产业链整合[6]。在共享工厂的建设过程中,需要一套统一的标准体系来规范数据管理的全过程,因此,数据是共享工厂各项任务流转的脉络基础。

3. 智能是"共享工厂"的效率

智能化通过对实际生产过程的智能优化,利用相关数据和信息,模拟仿真实际生产过程,选取最优化的生产路径,形成最佳决策,促进生产标准化、工艺标准化、产品标准化、品质一致化,使共享工厂的生产效率得到有效的提高。

4. 平台是"共享工厂"的优化

共享工厂以大规模一体化生产能力分享平台为依托,实现对产业链上下游产能、生产装备等资源的实时监控、统一管理和需求匹配,从而使资源的统筹整合能力最大化,使生产活动突破市场半径和企业边界的约束,方便按照消费者的方式进行柔性化和个性化生产。平台为共享工厂赋能,不仅促使制造业的制造能力转化为面向全社会的制造基础设施,而且将消费者、设计师、制造商、品牌方、硬件供应商、供应链,以及社会参与者连接在一起,形成了全新的分工协作、价值共享、利益分成的产业生态系统和新型生产关系,因此,平台使共享工厂进一步提升优化。

8.7　共享时代如何改变世界

由共享出行和共享住宿开启的功效模式已经发展了十几年,共享模式不仅已经扩展到很多的资源分享领域,如共享单车、共享雨伞、共享充电宝、共享办公等,而且开始在产业领域扩展,前面介绍了极为重要的制造业的共享工厂,已经有了一些成功的尝试,但是目前还处在非常早期阶段,还有非常大的发展空间,更多产业领域也将慢慢步入共享时代,如共享医疗、共享教育等。所以共享时代才刚刚开始,会慢慢影响着人们的生活和世界。

1. 颠覆科技的应用及发展

共享时代为颠覆科技:5G、互联网、物联网、大数据、云计算、区块链、人工智能等技术的应用提供了巨大的场景,如出行、住宿、制造、教育、医疗、生活等共享经济主要领域有着巨大的应用潜力和发展前景,不仅是应用场景本身有巨大的用武之地,而且还将对相关的软件、硬件、平台、算力、算法、网络与信息安全等广大的产业链上下游带来巨大的推动作用,激发进一步科技创新的机会,产生一个数十万亿的巨大市场。

2. 数据的产生及价值

共享时代将会产生海量数据,据互联网数据中心(IDC)预测,2025年,全球数据量将达到175ZB,5年年均复合增长率31.8%,其中相当大比例来自共享经济,而这些数据能带来巨大价值。共享模式除了可以实现海量、分散、闲置资源的优化配置以外,还带来了很多用户、市场等数据,随着数字化水平的不断提高,除了企业抗风险能力提高,产生的数据都有极大应用价值,将会成为新型生产资料。

3. 全面转型升级

共享时代将会引发全面转型升级。首先,制造业作为经济发展的核心动力,通过网联化、数字化、智能化实现产能共享,提升了资源利用效率,重构了供需结构和产业组织,实现了制造业的转型升级,形成了叠加效应、聚合效应和倍增效应。其次,共享时代带来内容更加丰富、体验更加个性化和便捷化的服务,使得传统服务模式下难以满足的需求得到进一步满足,并且不断激发出新的需求。随着人们消费理念的转变和对更美好生活的追求,共享型服务将持续向主要生活领域加速渗透,成为促进消费的重要力量,实现消费的升级。更重要的是共享时代引发产业链上下游的拓展,甚至横向拓展至更多领域包括创业、择业、就业。例如,由共享时代催生的网络直播呈现出"万物皆可播、人人皆可播、处处皆可播"的特征。除了专业主播外,网络直播营销还吸引了各行各业的从业者,甚至也吸引了部分企业家的参与,包括董明珠、雷军等知名企业家。商务部数据显示,2020年上半年全国电商直播超过1000万场,活跃主播人数超过40万,观看人次超过500亿,上架商品数超过2000万[7]。因此,共享时代的到来和共享模式的发展会促进新型生产关系的构建,触发产业生态的新升级。

4. 激发模式创新

共享时代还激发了商业模式井喷式的发展,本章只对三种典型分享场景做了商业模式小结,第 3 章也包括一部分共享商业模式。共享经济已经涉及很多行业,而且还将会扩展到越来越多的行业,进而引发进一步商业模式的创新,由于共享商业模式的复杂性,围绕商业模式的研究也在深入展开。按照商业模式共享经济的概念框架,可以将共享经济的商业模式分为四种类型:单一交易模型,基于订阅模型,基于佣金的平台和无限平台[8]。这种分类成为共享商业模式建模的重要指南,每一种类型还有六个维度需要考虑:技术、交易、业务方法、共享资源、治理模型和平台类型[9],四种类型下的六个维度构成了共享商业模式的基础框架,为进一步模式的研究与创新奠定了基础。

5. 合规化和标准化建设

共享经济是借助科技和平台而发展壮大起来的,平台规模越大,边际成本越低,由于网络效应和规模效应,大型平台企业容易形成市场主导地位而形成"赢家通吃"非公平竞争的局面。例如,出行等大型平台可以先补后涨的方式来封杀中小竞争对手形成垄断扩张[10]。随着共享经济的快速发展而形成的海量用户和丰富的场景,还会出现个人信息保护问题和与金融业务挂钩的金融风险问题。因此,合规化和标准化建设将是共享经济健康良性发展的重要前提,不仅要推进平台的合规化,还有将传统线下业态的完善标准应用到线上平台,进一步还需要进行行业的合规化和标准化建设。随着实践的积累,会有越来越多的行业性服务标准和规范出台。

共享经济更充分地解决了人们的需求,接着移动互联网的东风,共享时代将走进人们的生活,将在生产效率、生活便利、商业模式、生产关系等多个维度改变世界!

参 考 文 献

[1]　OLSON M J, KEMP S J. Sharing economy: An in-depth look at its evolution and trajectory across industries[R]. Piper Jaffray Investment Research, 2015, (3).

[2]　FELSON M, SPAETH J. Community Structure and Collaborative Consumption: A Routine Activity

Approach[J]. American Behavioral Scientist,1978.

[3] SANASI S, et al. Making sense of the sharing economy: a business model innovation perspective[J]. Technology Analysis & Strategic Management,2020: 1-15.

[4] RANJBARI M,MORALES-ALONSO G,Carrasco-Gallego R. Conceptualizing the sharing economy through presenting a comprehensive framework[J]. Sustainability,2018,10:(7): 2336.

[5] HONG S,LEE S. Sharing Economy and Government[J]. Journal of Open Innovation: Technology, Market,and Complexity,2020,(6): 177.

[6] 快手大数据研究院. 2020 快手电商生态报告[R]. 2020.

[7] RITTER M,SCHANZ H. The sharing economy: a comprehensive business model framework[J]. Journal of Cleaner Production,2019: 320-331.

[8] MUNOZ P,COHEN B. A compass for navigating sharing economy business models[J]. California Management Review,2018(35).

[9] PLEWNIA F, GUENTHER E. Mapping the sharing economy for sustainability research [J]. Management Decision,2018,56(3): 570-583.

[10] 中华人民共和国国家发展和改革委员会. 中国共享经济发展报告(2021)[R]. 2021.

第 9 章

数字时代

学习目标：

- 认识数字时代及其体系架构。
- 熟悉数字时代典型场景的技术架构及产业生态。
- 把握数字时代典型场景的商业模式和创新要点。

9.1 数字时代概述

随着各种数据的爆炸式增长以及计算机及通信技术的快速发展，人们进入一个信息共享的社会，改变了人们组织和生活的方式。数字时代可以说是扑面而来：数字工厂、数字零售、数字医疗、数字教育、数字管理、数字金融、数字货币、数字资产、数字传媒、数字娱乐、数字社会、数字经济等，使数字时代给人的感觉是那么清晰，因为人们从早到晚，从工作到生活，无处不感受到它的存在。再认真一想又感觉非常模糊：到底什么是数字时代？是大数据的产生吗？是数字货币的出现吗？是资产的数字化吗？回答肯定是相关的，但是不完全。首先，认识一个事物一定存在一个角度。福布斯资深编辑 Steve Denning 认为：数字时代的标志是 2007 年 iPhone 智能手机的问世。这里从科技与创新的角度来认识数字时代，这样数字时代的科技就包括广泛的数据采集、传输、存储、处理等所有环节的软硬件技术，因此成为几乎无所不包的技术生态，通过创新不仅使数字时代科技不断推陈出新，而且还可以通过数字技术促进创新。

颠覆科技又常常引用为数字科技，传感器物联网成为当今数据采集最主要的方式和工具，5G 物联网是数据传输的基础设施，云计算、边缘计算等成为主要的存储形式，人工智能、数字孪生等成为数据处理的主要手段，整个过程又是大数据的核心内容。数字时代数据已经成为数字经济时代的生产资料,如同农业时代的土地和牲畜、工业时代的技术和设备,而且是最核心的生产资料。数据驱动型创新正在向经济社会、科技研发等各个领域扩展。数据有效应用正在推动经济社会发展,各行各业加速数字化进程,对数据的有效应用成为关键,无论是智能时代还是共享时代,数据成为重要基础。随着基础设施及技术的不断迭代成熟,使事物具有更多数字化属性,而带有各种数字化属性的又成为一个全新事物,带给人们全新的认知甚至价值而形成数字经济。而这种不断提升的经济社会的数字化、网络化、智能化水平,加速重构了经济发展与治理模式的新型经济形态。从具体产业来讲,事物赋予更多数字化属性就是产业数字化,即传统产业应用数字技术所带来的产出增加和效率提升部分,包括但不限于工业互联网、智能制造、车联网、平台经济等融合型新产业、新模式、新业态。而将数字赋予了新的属性就是数字产业化,包括电子信息制造业、电信业、软件和信息技术服务业、互联网行业等。由于产业的数字化和数字的产业化又推动了数据价值化,包括但不限于数据采集、数据标准、数据确权、数据标注、数据定价、数据交易、数据流转、数据保护等。数据还将促进经济社会的各个方面可持续发展,如金融、医疗、环保、交通、零售、文化、娱乐等。尤其是物联网、5G 等新技术将推动数据爆炸式增长。据预测,到 2025 年,全球将产生 180ZB 数据。从技术演进来看,视频已经从标清、高清进入 4K、8K,即将进入 AR/VR 时代。5G 时代下越来越多的 IoT 设备将通过边缘计算进行存储、处理和分析,云、边协同能力变得尤为重要,海量数据存储与处理等的科技与创新开启了数字时代。下面来认识一下"数字时代"以及代表性的应用场景。

9.2　数字时代的体系架构

数字技术造就了数字时代,而物联网、5G、云计算、区块链、边缘计算、数字孪生、人工智能,以及日新月异的硬件技术为数据的采集、传输、处理形成数字技术的核心。云计算、边缘计算、数字孪生等极大拓展了高性能计算的发展模式;大数据深刻改变了高端存储的发展方向,也成为芯片技术快速发展的主要动力之一,奠定了人工智能发展的重要基础;网络及通信基础设施的快速发展与大数据及人工智能的创新融合,推动了计算网络化、网络智能化、传感智能化的深入发展,极大激发了先进计算、高速互联、高端存储、智能感知的技术创新活力和应用潜力,带动技术能力和效率的指数级增长,形成丰富的数字时代的应用场景和产业形态,如图 9-1 所示,数字经济成为重要经济增长点。2020 年,47 个国家数字经济增加值规模达到 32.6 万亿美元,同比增长 3.0%,占 GDP 比重为 43.7%,产业数字化仍然是数字经济发展的主引擎[1]。

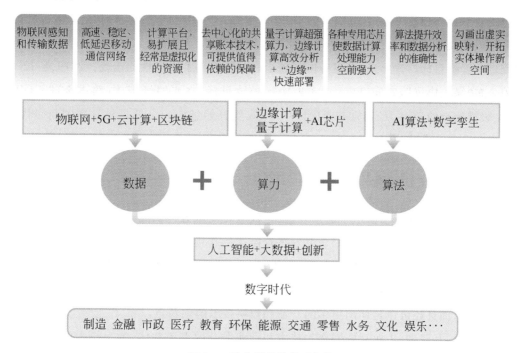

图 9-1 数字时代的体系架构

数字技术几乎可以与人们可以想象的任何产业相融合而产生出新业态、新模式。数字经济将是接下来全球最大的增长点。

9.3 碳中和

9.3.1 碳中和的起因

人类活动所导致的温室气体排放与日俱增,全球气候变暖正以史无前例的速度加剧,对地球构成了巨大威胁,走向碳中和已成为全球共识。20 世纪 80 年代以来,科学界对气候变化问题的认识不断深化。随着对全球环境认知的提升,从 1990 年开始,国际社会在联合国框架下开始关于应对气候变化国际制度的谈判,1992 年达成了《联合国气候变化框架公约》,1997 年达成了《京都议定书》,2015 年达成《巴黎协定》。《巴黎协定》提出了控制全球温升与工业革命前相比不超过 2℃,力争 1.5℃ 的目标。为实现该目标,各缔约方应尽快实现温室气体排放达峰,并在 21 世纪下半叶实现温室气体"净零"排放,各国根据自身国情提出国家自主贡献目标。近年来,世界各国就碳中和问题迈出了决定性的步伐。2019 年 12 月,欧盟公布"绿色协议",宣布 2050 年实现净零排放目标;主要的经济体(约占全球 GDP 的 75%、碳排放量的 65%)已经宣布走向碳中和,人类开始进入一个低排放发展的新时代,走向碳中和已成为全球共识。

9.3.2　数字技术赋能碳中和架构

随着现代化发展和生活水平的提升,温室效应逐渐成为人类越来越关注的问题。为了有效实现碳中和,数字技术从多个角度发挥着巨大的作用。数字技术赋能产业转型升级和结构优化,为实现碳中和提供网络化、数字化、智能化的技术手段,形成战略性的新一代信息技术基础,对传统产业实施技术改进,引领工艺和服务创新,因此不仅数字技术可以全方位赋能碳中和,而且还可以延伸出更多的产业和数字技术的创新点。

通过能源互联网、工业互联网作为技术和产业融合的重要载体,数字技术的组合:5G、大数据与云计算、人工智能、物联网、数字孪生、区块链等在支撑碳达峰、碳中和目标实现过程中将发挥重要的作用。5G 建立了通信基础,大大提升了数据传输的效率;物联网建立了碳排放感知系统并对数据进行采集,对碳排放数据进行监测、统计、核算;大数据及云计算进行聚类分析、关联分析、效果评估,以及进程预测,实现能源碳排放驱动因子体系协同,对碳排放和碳吸收进行全面精准计量,对碳达峰、碳中和时间进行精准预测;数字孪生实现数字建模、效果分析、实时修正,对碳达峰、碳中和进程进行模拟分析;人工智能通过深度学习进行智能分析、决策优化、趋势分析,明确碳达峰、碳中和路径和行动计划,实现能源精准调度和高效利用;区块链把握数据可信和交易激励,与大数据、人工智能、数字孪生结合,实现全面绿色转型,如图 9-2 所示[2]。

9.3.3　商业模式

从前面数字技术赋能碳中和架构可以看出,构建绿色低碳循环经济数字技术起着重要

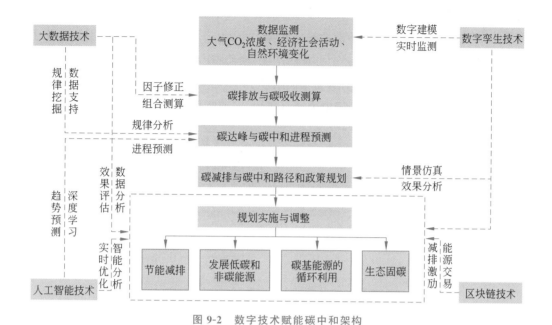

图 9-2　数字技术赋能碳中和架构

作用,数字技术与碳中和的结合触发了社会经济的可持续发展及商业模式。

1. 碳中和全面触发数字技术赋能升级

碳中和包括碳排放、碳移除和碳管理,而碳排放包括能源的供给和消费,能源供给又包括传统能源和清洁能源。对传统能源来讲,数字技术赋能提升了供能效率,降低了环境破坏程度;而对于清洁能源,数字技术赋能又解决了清洁能源消纳与稳定两大问题,结合在一起构建了清洁低碳、安全高效的能源体系,形成一个有效的商业模式。从能源消费来讲无疑包括非常丰富的内容,最重要的有工业、建筑、交通和生活等。工业作为经济生活中的最重要部分,同样是数字技术和碳中和的最重要的结合部分,数字技术赋能工业、智能化绿色制造和能源管理,形成传统产业转型升级的智能制造和工业互联网新业态和新模式;建筑也是无处不在,涵盖比人们想象中更广泛的范畴,除了人们理解的建筑,还包括各种公共设施、公路、桥梁、机场、轨道等,数字技术赋能建筑,实现全生命周期降低能耗而成为模式;随着经济和科技发展,交通从工具到管理系统也变得非常丰富,数字技术构建全新的智能交通生态,提升运输组织效率;在生活方面,数字技术赋能智慧医疗、教育、文旅、环保、金融等;在碳移除方面,利用数字技术推动提升生态固碳效率,提升封存转化效率,优化封存基础设施[3];碳管理方面,在碳核算监测、碳交易、碳金融等方面数字技术也发挥着巨大的作用,碳中和在数字技术助力下,形成了完整丰富的商业模式场景,如图 9-3 所示[4]。例如,仅用数字化手段降低能耗的智慧能源管理形成了一个可观的产业,据前瞻产业研究院统计,截至 2020 年,中国的节能服务企业多达 7000 多家,市场规模超过 1200 亿人民币。公开数据显示,著名的西门子和通用电气位居全球前三,中国电力建设集团、宁德时代等都是行业内的翘楚。

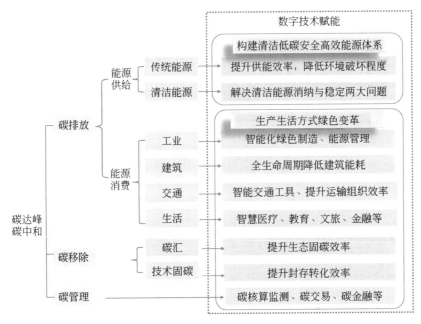

图 9-3　碳达峰数字技术赋能商业模式图谱

2. 数字平台

脱碳是一项艰苦卓绝的长期任务,为了帮助企业从脱碳战略化转向运营化,助力企业做出科学的决策,数字化平台管理的建设成为一个重要模式。

脱碳管理数字化平台是一套助力企业加速脱碳进程、管理气候风险和减排项目实施的组合工具。根据用户需求定制化设计,以智慧碳管理为核心,洞悉政策走向,统一基础设施建设,集中管理数据资源,完善制度标准和数据质量体系,合理分析与预测考核指标。数字平台无疑是非常有效的商业模式,因此,国内外很多巨头纷纷布局管理数字化平台,包括微软、浪潮等知名企业,数字平台推动生态文明进入新境界。

3. 数字化转型

碳中和的目标促进了数字化转型。数字化转型的本质就是提升效率,成为一个重要的商业模式,因此数字化转型带来了高耗能企业的生产方式变革,通过引入数字化技术,改进生产工艺流程,提高设备运转效率,提升生产过程管理的精准性,进而在提升高耗能企业生产力和工作效率的同时有效促进节能减排。例如,云计算替代传统 IT,大幅提升了效率并降低了碳排放。数字化转型过程中有效连接了多方参与,推动了数字和绿色技术与市场机制深度融合,让绿色转型真正成为经济转型发展的一个核心驱动力。

4. 需求拉动

数字技术赋能碳中和,而碳中和又拉动了各个领域的数字化、再生能源的发展、新能源汽车的开发,甚至拉动零碳数字化的投资而带动了社会需求。数字时代,数字创新将是推动低碳发展的决定性力量,其中,发展绿色商品、推广云计算技术、共享出行、无人驾驶、移动支付、研发更先进的芯片等,都将带来全行业减碳,形成巨大的新产业,构建清洁低碳安全高效能源体系,加快实现生产生活方式绿色变革。提升数字化管理水平和效率、量化消费行为及其对环境产生的影响、数字技术赋能行业绿色低碳发展、数字经济驱动低碳转型新跨越、数字生活引领绿色低碳新风尚。

9.3.4　碳中和的数字化创新要点

1. 丰富的集成创新

碳中和为数字化集成创新带来非常可观的场景,数字技术不仅促进传统产业能源优化、成本优化,而且赋能制造业价值链全流程的绿色转型:5G 网络技术赋能每个生产单元可感知、可通信、可连接、可计算,人工智能赋能决策模式而突破人类能力边界,区块链互信技术赋能可信业务协作,大数据赋能海量数据价值,数字孪生赋能数字建模,边缘计算赋能数据及时处理,云计算赋能存储空间及算力优化等实现低碳环保。

储能系统管理是碳中和的重要部分,因此储能系统技术与云计算和大数据等数字技术紧密融合,实现储能系统的数字化,实现平抑波动、匹配供需、削峰填谷、提高供电质量的功能,构建起能源互联网的核心技术,充分发挥储能系统在能源互联网中的多元化作用。例如,针对用户侧存在大量分散闲置电池储能资源,通过电池能量管控云平台等数字化手段,将海量的碎片化闲置电池储能资源成为电网可以调度利用的大规模分布式储能系统。

2. 数字技术创新能源新模式

平台模式成为一种重要的数字能源模式,运用大数据、人工智能、区块链技术,集可视化、精细化为一体,以互联网、物联网为依托,为用户提供能量管理和数字化运营服务,保障能源资产安全,提升资产利用效率,降低资产运维成本,推动能源绿色消费。例如,百度智能云天工平台依托物联网和机器学习技术,通过天工平台和设备画像技术,根据峰谷电价、区域人员分布、天气温度及其他环境数据,实现对建筑设备的整体模式控制,从而提前进行模式切换以降低建筑能耗,帮助建设节能建筑并推动在线智能控制。

3. 战略创新

碳中和与数字技术的高度关联性形成了庞大的产业链,在推进实施碳中和过程中需要具有系统性思维,完整产业链布局。首先,打好数字产业基础设施:突破芯片、操作系统、工业软件等基础性技术瓶颈,减轻对国际供应链的依赖,摆脱受制于人的局面,保障数字技术产业供应链的战略安全,为实现深度减排提供技术支撑。其次,着眼前沿领域及超前布局未来数字技术发展:加快发展云计算、物联网、大数据、人工智能、量子计算、下一代通信网络技术等的研发和实验力度,壮大产业规模,全面推动数字技术与实体经济的深度融合,加快传统产业数字化、智能化、网络化和低碳化发展,打造未来技术竞争优势。还要利用金融手段开发一套完整的绿色金融解决方案,探索包括绿色债券、绿色贷款、绿色担保、绿色项目融资、绿色融资租赁、绿色资产抵押证券、绿色商业票据及绿色股权投资基金等一揽子碳减排解决方案,依靠战略创新实现创新发展。

9.4 数字城市

9.4.1 数字城市概述

随着 5G、人工智能、大数据、云计算、区块链技术的日益成熟和普及,人类迎来了数字化发展新时代,包括人类活动的最重要空间——城市也在借助数字技术转型数字城市,实现

"产业升级、数字驱动、机制创新、跨界融合"。作为城市发展的必然趋势,如何打造数字城市将成为城市竞争力的重要标志。

数字城市是数字地球的重要组成部分,是传统城市的数字化形态。数字城市是应用数字技术将城市地理信息和城市其他信息相结合构筑虚拟平台,将包括城市自然资源、社会资源、基础设施、人文、经济等有关的城市信息,以数字形式获取并加载上去,从而为政府和社会各方面提供广泛的服务。数字城市能实现对城市信息的综合分析和有效利用,通过先进的信息化手段支撑城市的规划、建设、运营、管理及应急,能有效提升政府管理和服务水平,提高城市管理效率,节约资源,促进城市可持续发展。

介绍数字城市就绕不开智慧城市,智慧城市指利用各种信息技术或创新概念,将城市的系统和服务打通、集成,以提升资源运用的效率,优化城市管理和服务,以及改善市民生活质量。所以可以看出,数字城市承载的是信息资源,智慧城市是数字城市与物联网的结合。这样智慧城市就拥有了自主意识。智慧城市以人为中心,人走到哪里,数据就带到哪里,而物联网将数据进行连接形成判断,数字城市就是资源找人的时代,大数据会将多样化的资源与人的需求自动匹配并做出决策,如商店选品、路灯控制、园林管理等。

9.4.2　数字城市愿景

数字城市的建设是一个涉及多环节、多领域、跨部门的复杂系统工程,涉及人工智能、信息建模、地理信息、模拟仿真、可视化等软件服务商,还有设备供应商、电信运营商等,用数字技术的架构基础,构建开放 PaaS 平台,横向拓展应用领域,纵向往产业链上下游延伸,打造完整生态圈和场景应用。与智慧建筑、智慧社区、数字乡村等连接,发展城市新空间、新技术,向数字经济延伸,完善新型城镇化、新基建、双循环,实现数字城市规设建管一体化的新城建,全景化统管细胞级治理的新治理,线上线下一体化的新服务。数字化升级与转型的新运营如图 9-4 所示。

9.4.3　商业模式

数字城市作为数字新基建的重要组成部分,意在打造一个安全的城市、健康的城市、高效的城市、绿色的城市,也是政府的重要工程之一。因此,围绕数字城市建设和运营产生出数字城市的商业模式。

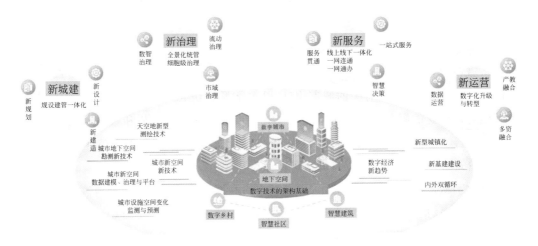

图 9-4　数字城市愿景图（来源：华盛智数）

1. 企业建设及运营模式

数字城市建设包含内容广泛，投资范围广泛，数目大，因此，数字城市的建设需要突破传统的政府投资、企业建设、政府运营的模式，而更多地采取企业建设和一段时间的运营，然后移交政府的模式。由于数字城市的技术发展规模庞大，所以很难在建设之前精准预算，因此企业出资建设然后靠运营收回成本获利，政府再接手一个成熟的、运营盈利的项目可谓两全其美。

2. 大数据应用模式

数字城市的建成会产生大量大数据，如何让这些大数据产生更大的价值就是数据应用的商业模式。大数据应用的商业模式很丰富。

（1）数据自我利用的模式：在不断积累数据的同时，再进一步规划的时候，积累的数据就会对规划优化提供参考。

（2）数据租售模式：数据就是生产资料，通过需求获得的数据还有可能附带对其他商业带来价值的数据，所以可以通过销售或者租赁给客户的方式来获取报酬。

（3）数据分享平台模式：数据分享平台模式是指平台服务商凭借其拥有的数据资产，为用户提供云数据库、数据推送、数据集成等服务，同时开放数据接口、提供开发环境，供开发者进行基于数据的应用开发。通过建立分享平台，实现数据的分析、分享和交易，为用户提供方便快捷的个性化平台服务来获取利润。如果技术不断创新,盈利空间还将会继续扩张。

3. 跨界赋能模式

围绕数字城市而形成了立体的产业链进而拓展出丰富的跨界赋能模式。纵向从云计算、边缘计算、数据存储等设备,数据分析、数据显示、数字孪生等工具到平台和应用开发;横向可以在数字城市的基础设施基础上为交通、医疗、教育、餐饮、零售等应用赋能。

9.4.4　数字城市的创新要点

1. 战略驱动

数字城市是出自政府甚至国家战略层面布局的,因此规划必须自上而下设计,基于市民对城市功能、场景和空间的需求,结合城市特色与趋势,明确城市战略愿景,转化为顶层设计,实现全方位战略愿景,如图 9-4 所示。数字城市的战略愿景包括基础设施建设、政府治理、经济、文化、娱乐、教育、医疗、制造、交通、环保、安全、公共服务等。杭州是中国最早实施数字城市战略的城市之一,由于数字城市实施“城市大脑”,杭州的城市交通得到很大缓减,跌出交通拥挤排名榜单。

2. 应用引领

数字城市虽然由技术驱动、政府主导,但是数字城市覆盖的丰富应用场景使数字城市转向应用引领。智慧城市全过程,从规划、建设到运营、服务等各阶段都要从应用实施角度切入,结合多个主体、多个环节、多个领域进行全方位的数字化。在应用引领的情况下,采取系统性、整体性、协同性的推进路径,形成融合共享的数字应用生态系统。数字城市的应用场景极其广泛,几乎涵盖所有可以想象的领域,围绕数字城市应用场景为中心,从治理数字化、生活数字化和经济数字化三个维度逐级梳理数字化场景,如图 9-5 所示[5]。

3. 数据为王

数字城市发展的核心驱动引擎是数据,用数据要素配置连接城市资源,乃至全球资源。城市数据包括城市全部管理对象,如资源、人、移动出行工具的静态信息,以及各类管理对象活动而产生的动态数据,形成资源画像、人画像、移动出行工具画像。基于管理对象画像,结

图 9-5　数字城市应用场景

合大数据分析和人工智能技术,将大大激发社会创造力和市场潜力,全面提升城市治理能力和治理水平现代化,创造人们城市数字化美好生活体验,打造城市高质量发展的强劲引擎。具备上述数字能力的未来城市,将在不远的未来出现最高效的出行体验。

4. 模式创新

鉴于数字城市丰富的应用场景,自然也创造了丰富的模式创新舞台:数据租售模式、平台模式、共享模式等。对于数字城市,伴随产城融合、以城促产等可持续发展趋势,未来数字城市用户将从政府侧向企业侧延伸,城市信息模型在社会范围内共建共享将成为主流模式。政府可通过云服务方式向企业开放数字城市数字基础信息并提供平台化、低价化、低代码化的应用开发环境,鼓励企业应用公共平台开展业务,实现 ToG 到 ToB 甚至到 ToC 转型的模式创新[6]。

9.5 资产数字化

9.5.1 资产数字化概况

数字时代一个具有标志性的事件就是数字资产的出现、接受和发展。而虚拟资产的一个标志性事件就是 2021 年 3 月 11 日,艺术家 Beeple 的作品 *Everydays：The First 5000 Days* 在佳士得官网上以 69 346 250 美元成交(折合人民币约为 4.5 亿元),成为最贵的 NFT 艺术品,同时该作品成为在世艺术家拍卖作品历史上的第三高价! NFT 从此走进了人们的视线。

NFT 全称为 Non-Fungible Token,即非同质化通证,是与 Fungible Token(FT)相反的概念,两者之间最大的区别在于非同质化通证(即独一无二)和同质化通证。例如,比特币和以太坊等都是同质化通证,是数字资产,是可分割的,而 NFT 是不可复制、不可篡改、不可分割的加密数字权益证明,其非同质化特性使得 NFT 更加适合于对标现实世界中的资产,可以理解为一种去中心化的虚拟资产或实物资产的数字权证。

“加密朋克(CryptoPunks)”是全球最早的 NFT 之一,发行于 2017 年 6 月,是以太坊上的初代应用,该作品也是标准协议 ERC 721 的灵感来源,所以被公认为现代“加密艺术”运动的起点。该系列由 10 000 个 24×24px 的艺术图像通过算法组成。在项目官网上,每个朋克都有自己的个人资料页面,显示它们的属性以及它们的所有权/出售状态。加密朋克累计销售额已经高达 20 亿美元。

因为以太坊代码 ERC721(相比于 ERC20)赋予了它不可替代性,很多可以资产数字化的虚拟资产比如艺术品或者游戏工具都可以成为链上的 NFT。建立一个“数据即权益”的虚拟资产的权益世界,真实世界的一切资产权益(如实物资产、虚拟资产等),都可数据化确权,在真实世界与数权世界中自由流转,实现价值转移。目前仍然是起步阶段,将会出现越来越多的衍生形式,有很多应用场景,如产业、教育、社交活动、旅行、爱好、零售、娱乐等。

数字时代产业依托区块链孕育出一批具有程序智能、开源透明、溯源可信、价值生态等特征的商业"新业态"。区块链不仅可以应用于数字货币和金融,还可以应用到产品溯源、版权、资产数字化、音乐、艺术、游戏等数字内容的资产化广泛领域。与此同时,随之而来的还有与之原生的去中心化商业组织形态,即 DAO 的兴起和发展,进入价值互联网。而价值互联网的核心基础就是 DAO,而 DAO 的核心就是 DAO 金库。例如,Treasureswap 就是基于价值互联网的 DAO 生态流量聚合平台,并通过提供盈利捐赠协议服务价值互联网络环境里的所有 DAO 用户,通过 DAO 金库机制的核心保障从而构建一个全球 DAO。而价值互联网的资产数字化就是将现实社会中有价值的资产移至链上,还有虚拟资产的数字化,从而实现资产在链上的确权、支付、流通等实际使用场景。

9.5.2　资产数字化架构及产业生态

1. 区块链 1.0 到 3.0

比特币的出现无疑是人们最早建立的数字资产认知。比特币是基于区块链技术的数字货币,也被称为区块链的 1.0 时代——虚拟货币应用,主要功能是实现去中心化的数字货币发行和支付。

2013 年,以太坊(Ethereum)引入了智能合约等相关概念,使得区块链从最初的货币体系,可以拓展到股权、债权和产权的登记、转让及证券和金融合约的交易、执行,甚至博彩和防伪等金融领域,打开了区块链世界应用的新领域,也被称为区块链 2.0 时代——智能合约应用,使区块链成为可编程的分布式信用基础设施。

进入区块链 3.0 时代,区块链技术作为一种通用技术,将从数字货币加速渗透至其他领域,和各行各业创新融合形成产业区块链,构建一个可编程的信用社会。Dapp(Decentralized Application,去中心化应用)也称为分布式应用,开启了区块链 3.0 的应用场景,包括医疗、教育、艺术,甚至版权专利等。例如,去中心化交易所 eXchangily 就是典型的 Dapp,如图 9-6 所示,它既具有通证,又具有信用社会利益分配机制。DeFi 和 NFT 是其中比较受关注的两个。

DeFi 是 Decentralized Finance 的简称,它指的是在传统金融系统之外重建传统金融产品的协议、平台、应用程序和工具的生态系统,其中一个核心价值就体现在交易流通和锁定流动性的环节。DeFi 解决方案不是由银行提供的,而是使用开源软件和不可审查的网络构建的。因此,DeFi 产品本质上是透明的,并且对任何能够连接到互联网的人开放。DeFi Dapp 允许用户将它们提供的服务组合起来,从而开启更多的可能性。为了使用 DeFi

图 9-6　去中心化交易所 eXchangily 的核心功能

Dapp，用户通常需要将抵押品锁定在智能合约中。DeFi Dapp 中锁定抵押品的累计价值通常被称为锁定总价值（TVL）。根据 2020 年 8 月 DeFi Pulse 的数据，在不到两个月的时间里，去中心化金融（DeFi）协议中锁定的资本总价值增长了 271％，首次超过 70 亿美元。锁定总价值的快速增长标志着 DeFi 生态系统的快速发展。这些都为 NFT 打下了基础。

2. NFT 技术架构

NFT 的技术架构包括：平台应用的可重构区块链底层基础设施，中间层智能合约以及协议等，以及搭建在协议和底层之上各类 NFT 应用的 Dapp 用户前端。目前已应用于艺术品、虚拟道具、游戏和保险等领域。NFT 技术架构如图 9-7 所示。

NFT 的底层基础设施也是公链平台，负责计算和处理与 FT 类似的业务，所以也称为结算层。NFT 应用搭建了包括数据结算层的各大底层公链、侧链等以太坊扩容方案、存储、域名等。基础设施的评判标准：基础设施的技术优势（吞吐量、安全性能）、生态建设程度（生态中 Dapp 的质量和数量、钱包数量）、开发者体验、资产的流动性、链上的 IP 资源。

NFT 协议层是处于 NFT 结算层和应用层之间的关键模块。结算层负责架设代币记录、存储等基础规则，应用层指用户可直接使用的应用，协议层统一的链上协议标准，可有效降低 NFT 资产发行门槛和难度，解决 NFT 市场中的资产安全问题、真伪性、流动性和去中

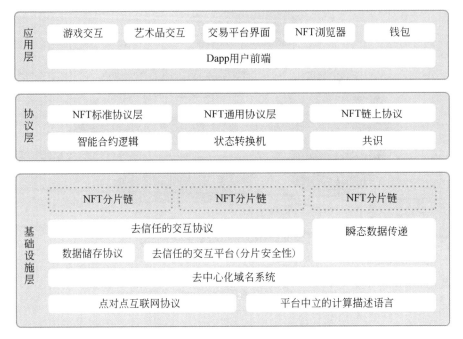

图 9-7　**NFT** 的技术架构(来源:《边界》**NFT** 行业报告)

心化问题。目前应用最为广泛的是 ERC721 协议和 ERC1155 协议。

NFT 应用层服务于开发用户可直接使用的 NFT 应用解决方案,如 NFT 类 Dapp,或与智能合约、NFT 协议交互的 Web 应用程序。应用层可分为游戏、艺术品、交易平台界面、NFT+DeFi、交易平台、音乐等。

艺术类 NFT 应用中主要以加密艺术交易平台为主,位列第一的 SuperRare 2020 年交易量为位列第二的 Maker-Place 的 3.25 倍。NFT 的加入为去中心化游戏提供了更多想象空间,让玩家在拥有游戏道具最终所有权的同时,也可享受跨游戏使用体验。围绕 NFT 的技术架构,NFT 产业链已经形成。

3. NFT 产业生态

NFT 产业生态同样主要包括三个层次:上游基础设施层(结算层)、中游项目创作层(协议层)以及下游衍生应用层。上游基础设施层为 NFT 提供基础设施及技术支持,中游项目创作层根据构筑协议创造 NFT 资产并在一级市场发行,下游衍生应用层则围绕一级市场创造的 NFT 资产衍生出 NFT 二级市场、数据平台和社交平台等,如图 9-8 所示。

图 9-8　NFT 产业生态（参考：天风证券研究所）

基础设施层：为 NFT 提供基础设施及技术支持。NFT 架构在区块链技术的基础上，需要成熟的区块链及其生态作为基础设施支撑，主要涵盖底层公链（Ethereum、Flow、Fab：构建应用程序的公链）、侧链/Layer2（Polygon、ImmutableX：允许 NFT 在一个开放的、去中心化的生态系统中开发）、开发工具（Pixura：用于创建、跟踪和交换加密数字藏品）、通证标准、存储以及钱包（MetaMask、eXchangily）。这一层获取基于 NFT 创造的价值，NFT 数量越多，这一层获取的价值就越大。

项目创作层（协议层）：通过构筑协议来创造 NFT 资产，内容创作者（IP 方、版权方）根据区块链 NFT 协议（如以太坊的 ERC721、ERC1155 标准协议等）创造 NFT，并在自有平台（企业或项目官网）或第三方平台上发行，如艺术品、游戏等。

衍生应用层：主要是基于项目创作层创造出的 NFT 衍生出来的应用，包括 NFT 二级市场、NFT 交易数据平台、NFT 社交平台等。以二级市场代表项目 OpenSea 为例，OpenSea 中交易的 NFT 主要来源于项目创作层创造的 NFT。这一层级的价值获取主要基于流量和需求变现，如社交和策展、金融和垂直领域如社区、数据服务等，如何聚集流量以及变现是核心的价值点。

9.5.3 商业模式

1. 万物皆可 NFT

理论上说,NFT 可以应用于任何需要进行唯一认证的领域,包括艺术品、游戏、产权认证等诸多方面。

艺术:NFT 对艺术作品所有权的保护成为开源和创造的艺术原动力。NFT 对于很多艺术家,尤其是数字艺术领域的艺术家而言,最大的利好之处是它提供了对艺术作品所有权的保护,并在一定程度上为数字艺术创作者通过作品获得应有的经济回报提供了新的路径。

游戏:NFT 最流行的应用之一。NFT 为游戏资产的数字所有权提供了一种优秀的解决方案,使玩家能够安全地交易资产,甚至可以自行决定游戏的未来发展方向。在目前一些颇受欢迎的 NFT 游戏中,玩家可以购买数字土地块,这些数字块随后可以转售或用作游戏中的广告空间。

认证:NFT 拥有特定资产的独特信息,这使其能够更好地用于在任何区块链网络上注册的标识、许可证、资格和认证等;在管控诸如病史、个人资料、教育程度、地址等其他数字信息时也将非常有用。

知识产权:对于任何知识产权,如歌曲版权、影视版权、发明专利、图片版权、绘画版权等,都可以用 NFT 进行认证。简单地说,相当于在每一个东西后面贴上一个无法更改且独一无二的条形码,用于确认以及识别该项资产的版权。

房地产:现实世界中的房地产资产在区块链上被令牌化,这样可以使交易更为顺畅,消除了第三方中介机构,还能防止所有权冲突。随着技术及认知的不断发展与进步,NFT 的应用远不止于此,相信更多潜力及应用场景将被挖掘出来,未来可期。

2. 变现模式

售卖:通过交易平台完成 NFT 艺术品的出售,常用交易平台包括 OpenSea、Cang.art。在交易平台上出售 NFT 作品,除上传作品、创建 NFT 项目外,还需要缴纳"矿工费"(Gas Fee),交易完成后还需要缴纳手续费。出售方式包括三种:固定价格、拍卖和打包出售。OpenSea 平台的固定价格多采用递减模式,可以逐步降低作品的价格,直到售出或销售到期终止。此外,还包括定价销售、英式拍卖、荷兰式拍卖、私下交易等。

借贷：NFT 所有者通过贷款获得所需资金,借贷人通过少量通证获得 NFT 资产的使用权,这种方式尤其适用于 NFT 所有者短期需要资金的情况。如果 NFT 所有者逾期,那么借贷人就会以极低的价格获得被抵押的 NFT。根据用途,NFT 借贷包括三种模式：为获利而借出、为收购 NFT 而借出、为提供帮助而借出。用户通过质押高价值 NFT 获得通证,可以发挥闲置资产的潜力、促进 NFT 资产流通、明确 NFT 的最佳估值。

NFT 基金：通过 NFT 二级市场,个人无须购买单件 NFT 作品即可在 NFT 市场投资。采用 NFT 指数,用户可以将高价值 NFT 所有权分割为大量的低价值通证(它们是可替代和可组合的投资基金),从而方便资产的流转,降低 NFT 的投资门槛。"NFTX"(NFT Index)是首个 NFT 指数基金项目,它是用于生成由 NFT 收藏品支持的 ERC20 通证平台,实现 NFT 艺术品和 ERC20 通证的交换,提供单一基金通证(投资单个特定种类的 NFT)和组合基金通证(投资多种 NFT 构成的组合)两种形式。

NFT 衍生品开发：在普通商品上添加 NFT 艺术品元素,可以生成与原作相关的衍生品,包括经艺术家亲笔签名且限量发行的版画,印有艺术作品的文具、生活用品、服装服饰以及与艺术元素相结合的其他收藏品等。

3. NFT 艺术品收藏

NFT 从多个角度激发和繁荣了数字艺术品收藏。

(1) NFT 的独特性使普通人以低门槛方式进入艺术品"收藏",由于数字藏品需求驱动因素,基于艺术属性的认同,人们购买艺术类的数字藏品就像购买传统艺术品一样,是基于对这个数字资产的艺术价值的认可。

(2) 基于算法生成的数字藏品,具有唯一的产权。产权是构成稀缺性的基础,而不可复制的稀缺性是用户购买或储藏数字藏品的主要驱动因素。

(3) 大部分收藏需求是基于某一 IP 或个人的身份认同,因此是基于社交属性而产生身份认同的需求。

(4) 在游戏生态中,用户需要购买数字藏品才可以参与到游戏生态中,因此这类数字藏品更多的价值在于功能属性的生产要素配置。

(5) NFT 数字艺术的世界,表现出一种极其强劲的交易交流的活力,为艺术市场创造了一条新的收藏路径,也让艺术家有了一个新的创作理念被看到和被大众收藏的机遇。

9.5.4 资产数字化的创新要点

1. NFT 的技术创新

NFT 的概念和技术架构在前面已经详细介绍,NFT 的关键创新在于提供了唯一映射某个特定物品(实体或虚拟)且不可分割的特性,使得它可以锚定现实世界中商品的概念。简单理解,就是发行在区块链上的数字资产,这个资产可以是游戏道具、数字艺术品、门票等,并且具有唯一性和不可复制性,使人能够分清所有者、使用者之间的关系。由于 NFT 具备天然的收藏属性和便于交易,加密艺术家们可以利用 NFT 创造出独一无二的数字艺术品、游戏道具、音乐作品、收藏品等。随着 NFT 应用场景的普及,围绕 NFT 的技术架构各个部分都会有技术创新突破。

2. 突破公链处理效率瓶颈

NFT 为数字内容提供产权证明,凭借区块链技术不可篡改、可追溯和去中心化等特点,NFT 可保证数字资产的唯一性、真实性和永久性,增强数字内容资产的流动性。主流公链以太坊等面临一个无法调和的矛盾:去中心化、可扩展性、可靠性三者不可兼得。去中心化而又可扩展,则系统不可靠;可扩展而又可靠则无法去中心化;去中心化而又可靠则不可扩展。随着 NFT 的应用范围延伸和普及,这个不可调和的矛盾就会带来交易效率问题。敏捷区块链(Fast Access Blockchain,FAB,又称发链)开创性地提出了三项关键:KANBAN、SCAR、SHARDING,分别与基础链、辅助链、存储架构相配合的技术方案如图 9-9 所示,使交易效率成千上万倍地提高,同时,交易费用降低到几乎可以忽略不计。

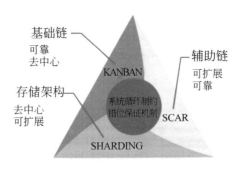

图 9-9 敏捷区块链解决方案

3. 知识产权保护

NFT 在区块链分布式账本上注册并存储,这些分布式账本被大量计算机维护,因此 NFT 的产生及交易难以被篡改,这样 NFT 为知识产权保护提供了解决方案。

4. 激发艺术创造

NFT 的极速可交易性带来流动性的提升。传统的收藏品市场流动性较低、价格波动小,其投资属性不及新兴的 NFT 艺术品。NFT 极大地激发了创作者的艺术创造,创作者通过作品 NFT 化上链即可出售任何一个数字作品,准入门槛相对较低,且购买者如果再次进行交易,成功后原作者会有一定的抽成,这让很多创作者愿意去接受这一事物而引发一波 NFT 的文艺复兴。

5. NFT 与元宇宙

NFT 能够映射到特定资产(包括数字资产如游戏皮肤、装备或者有形资产如土地产权等),并记录在其智能合约中的标示信息中,使得 NFT 成为数字或实体资产的可交易性实体,通过 NFT 的交易流转实现价值流转。NFT 实现了一个去中心化的、通用的数字所有权的证明体系,有望实现元宇宙体系内的服务、劳动、创作、道具等资产的数字化,并实现元宇宙内部的数字资产流通交易。

内容创作者所生产的数字作品、虚拟地块、游戏皮肤、装备等都将成为数字资产并进行流通交易,同时,NFT 的通用性允许该数字资产在元宇宙中的其他平台同样生效。基于 NFT,目前虚拟地块、数字艺术已经实现数字资产化,我们认为随着 NFT 的发展,元宇宙下的数字资产将形成完整的流通交易系统。因此,2021 年出现了“元宇宙”现象,下面就一起了解一下“元宇宙”。

9.6　元宇宙

9.6.1　缘起元宇宙

2021 年 3 月,Roblox 的上市让元宇宙(Metaverse)概念引爆市场,近 400 亿美元市值彻底打开了"元宇宙"行业的想象空间。元宇宙中,用户不再刻意区分是物理性的真实存在还是数字化的虚拟存在,更重要的是,元宇宙创造了一个用户与他们的家人、朋友、宠物、喜爱的物品和体验都被虚拟连接的全新环境,是下一代社交世界的载体。

元宇宙的概念最初来源于 1992 年美国科幻小说家尼奥·斯蒂文森的《雪崩》,这部作品描述了一个平行于现实世界的虚拟世界——"元界"(Metaverse),它拥有现实世界的一切形态。用户在《雪崩》的"元界"中都是以第一人称视角,每个接入的用户都可以拥有一个自己的虚拟替身(Avatar),用户可以自由定义虚拟替身的形象,现实世界中的所有人和事都被数字化投射在了这个云端世界里,人们可以在这个世界里做任何在真实世界中可以做的事情。其他的文艺作品也对元宇宙概念展开了类似的表达,如沃卓斯基兄弟的《黑客帝国》中,讲述了人类文明与机器文明共存、现实与虚拟交织的世界;克里斯托弗·诺兰的《盗梦空间》中,把对人的梦境改造与现实影响做了大胆想象。

元宇宙包含 5G、AI、区块链、内容制作等多种元素,其核心是通过虚拟体验扩展现实(Extended Reality,XR),拓展现实技术及设备的持续迭代不断优化用户的数字化生活体验;基于扩展现实的数字化服务将围绕各类场景不断渗透,将为颠覆性沉浸式的元宇宙数字生活体验带来突破,成为开启元宇宙时代的重要载体。

游戏这一 C 端场景被业界普遍认为是最有可能实现元宇宙的领域,因为它天然就具有虚拟场域以及玩家的虚拟化身。如今,游戏的功能已经超出了游戏本身,并在不断"打破次元"。除了在 C 端元宇宙的终极体验,在企业级也有诸多应用。工业制造、医疗、零售业等涉及远程培训、实施指导、工艺管理以及知识沉淀等场景,扩展现实都是重要的生产力工具,且不断在更多的场景加速渗透,深入影响人们生活的方方面面。

2021 年 8 月,字节跳动巨资收购国内领先的 VR(虚拟现实)硬件设备企业 Pico,再次引发市场热议。此前,字节跳动已在 VR/AR 领域进行了长期的研发投入,在交互系统、环境理解等方面已经有了一些技术成果,本次收购体现了字节跳动进入元宇宙领域的决心,也让科技公司纷纷在 XR 领域的布局进入大众视野。苹果、脸书(Meta)、微软、谷歌、华为、腾讯、字节跳动等都在纷纷构建生态,战略布局"下一代计算平台"。

2022 年北京冬季奥运会开幕式全程都使用了数字表演与仿真技术,通过综合运用人工智能、5G、AR、裸眼 3D 和云等多种科技成果,使虚拟现实(VR)技术犹如一粒火种,贯穿着北京冬奥会的各个环节,全方位呈现了一场身临其境的冰雪视觉盛宴,向世界完美呈现了梦幻逼真的科技之美。

元宇宙的产业链条长而复杂,涉及硬件、软件、内容及应用各个领域,而这些领域都孕育着丰富的投资机会，加上 Roblox 的上市，为产业退出提供了明确的路径，因此，越来越多的产业资本涌入元宇宙赛道。

9.6.2　元宇宙技术架构

数字技术是实现产业结构升级、推动数字经济发展的驱动力。数字技术的核心要义是产业数字化和数字产业化，即实现虚实融合、数字孪生，以拓展现实、渲染引擎、物联网、区块链、人工智能等技术集成的元宇宙创造了数字世界和现实世界融合的可能。

元宇宙是一系列高精尖数字技术的集合，涉及基础设施、软件工具、应用服务等层次。芯片、数据库、云计算、边缘计算、5G 等技术为元宇宙的基础设施层，提供存储、计算、网络传输等服务；交互层由传感器、物联网、AR/VR 等技术构成，提供元宇宙的数据交互、行为交互服务；软件工具层由区块链、3D 引擎、人工智能等技术构成，提供元宇宙经济体系建设、场景构建等服务；平台层提供用户入口、内容分发、跨生态协作等服务；应用层直接为终端用户提供内容、产品以及服务。具体可分为以下五个层级结构，如图 9-10 所示。

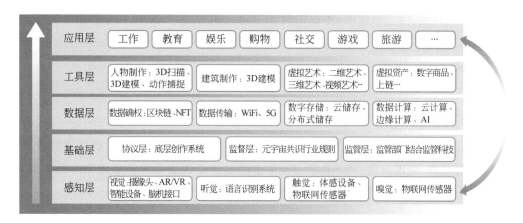

图 9-10　元宇宙技术架构

应用层：直接对终端用户提供具体的服务场景，如游戏、金融、教育等。

工具层：为开发者提供本地服务、远程接口、技术解决方案等，帮助其构建元宇宙服务及产品。

数据层：数据确权、区块链、NFT、数据传输、云存储、边缘计算等，还包括帮助生态系统构建分布式架构。

基础层：达成现实世界与虚拟世界交互，实现虚实两界数据的流通，为构建数字孪生助力以及监督和监管。

感知层：包括视觉、听觉、触觉和嗅觉及其感知设备和系统。

9.6.3 元宇宙产业生态

元宇宙并非是某一个技术，而是一系列高新数字技术环环相扣所集成的综合表现形式。元宇宙以基础技术为底座，通过交互层实现虚实结合、数字孪生，依靠软件工具层构建元宇宙场景、应用及服务，并通过平台层分发给用户。

元宇宙的感知层包括交互层，涉及拓展现实、物联网、定位、动捕等技术，国外的 Meta、微软，国内的 Pico、HTC 在拓展现实领域具备领先地位，日海股份、紫光股份为物联网领域的代表；基础层由芯片、云计算、5G 等技术组成，提供存储、算例、传输等基础能力，芯片领域由英特尔、英伟达、IBM 等厂商主导，5G 通信以华为公司为代表，云计算服务以腾讯、阿里巴巴、亚马逊等公司领衔；数据层包括区块链、数据库、数字孪生、人工智能等技术，以太坊是目前共识度最大的公有链社区，数据孪生有 Autodesk、SuperMap，人工智能领域的头部企业有 OpenAI、百度、商汤科技等；平台层为元宇宙应用的分发商，以元宇宙第一股 Roblox 领衔；应用层为具体落地的产品及服务，代表企业有 Axie、完美世界、Dencentraland 等，如图 9-11 所示。

9.6.4 商业模式

元宇宙是多技术的集合，具备高沉浸感、自主创造、数字孪生等特点，提供体验价值、创意价值、传播价值、变现价值、资本价值。元宇宙的商业模式主要有依靠元宇宙服务赋能其他产业、元宇宙平台运营以及元宇宙科技输出等模式。

1. 元宇宙＋产业赋能模式

元宇宙＋产业就是利用元宇宙的技术特点，去对具体的场景进行赋能，使传统行业可以获得数字孪生、智能预测、数据可视化、混合现实、同步协作等能力。

1）工业

通过物联网、渲染引擎、人工智能所构建的数字孪生工厂，可以将现实世界中所发生的一切映射到虚拟空间当中，帮助企业更高效地进行厂房空间规划、生产流程优化、人工智能训练、生产设备运维等。

图 9-11 元宇宙产业生态图谱

英伟达的 Omniverse Enterprise 工业数字孪生通过多个与真实数据流完美同步的自主系统,实现对资产、流程和环境等物理属性的大规模仿真。Omniverse 数字孪生具备四大特点,分别为物理空间精准仿真复制、完美同步、由 AI 支持亦可支持 AI、平台开放性强。具体应用方面,Omniverse 帮助全球汽车巨头宝马集团打造宝马未来工厂,该工厂为线上虚拟工厂,拥有遵守物理定律的数字人和自主机器人,是实现工厂数字孪生的出色代表。通过该数字孪生工厂,宝马集团可以进行场地空间规划、生产流程优化、机器人 AI 训练、机器故障预测等工作,大幅提升工作效率。

2)教育

元宇宙所带来的体验感升级,可以十分切合地应用到教育场景。混合现实(MR)技术融合了人工智能、渲染引擎、内容编辑器等技术,为用户带来前所未有的体验感冲击,可以将在现实场景下难以展现的画面模拟给用户。

以微软的 HoloLens 2 在医学教育领域的应用为例。百年间,传统的医学教育让学生们通过标本与医学插图对照来进行学习,这带来了体验上的局限,例如,书本上的插图是二维的,但人体是三维的。通过微软的 HoloLens 2 MR 设备,学生可以看到标本的三维展示,并且通过改变透明度,可以透过外部观察内部结构,同时,HoloLens 2 MR 设备还可以对三维展示标本中的器官进行切割,让学生看到该解剖结构与其他器官的关联关系。利用 MR 设备所创建出的三维模型,让学生可以更加直观地体验和感受,带来更加有效的教育方式。

3）零售

虚拟现实（VR）和增强现实（AR）技术对当前的线上购物形成升级。线上购物解决了物理空间隔离的问题,让用户可以随时随地进行购物,但是线上购物是牺牲掉体验感所带来的便利,即用户只能通过二维平面来获得对某件商品的认知,而无法像现实生活中那样,从各个角度去立体地对某件商品加以了解和比对。拓展现实的出现使得元宇宙商城成为可能,用户可以在一个虚拟的三维空间去全方位地了解自己所选购的商品,实现身临其境。

酷家乐公司通过拓展现实技术成功创造了家装元宇宙商城。传统的家具建材行业中,用户只能通过图纸、现场样板来了解产品,但需要用户想象该产品具体在家中的布局场景,效果较差。酷家乐的出现,可以解决这一难题,其可以在短时间内根据用户的室内结构搭建一套全景虚拟空间,并在这个虚拟空间中,来模拟用户需要购买的家具、建材的实际装修效果,增加采购体验。

4）社交

从书信到电报,从电话通信到QQ微信,人们从家书难盼到现在随时随地可以进行视频通话,信息传递的耗时极大缩短,信息传递的形式极大丰富。从社交方式、媒介的演变,我们看出人们对更便捷、更亲密、更直接的社交关系的追求从未停止。元宇宙的高沉浸感、虚实映射等特点势必会对社交领域产生颠覆性的变革。

微软的 Mesh for Teams 致力于构建这样一个元宇宙沉浸式空间,在这里,人们可以通过任何设备登录自己的个人虚拟身份,进行交流、协作和分享,用户的动作、表情,以及声音将通过数字分身进行展示和表达,给予强烈的临场感。

2. 平台运营

元宇宙时代,得益于内容编辑器的封装和整合,可视化创作变得简便和普及,用户内容创作（UGC）将成为重要力量,因此,可以提供高可视化、自由度、操作性的内容编辑器的平台将有机会成为元宇宙时代的"iOS"和"Android",为应用开发者提供工具,并对应用进行分发,对各类应用的所得收入进行分润。

Roblox 便是这一商业模式的典型代表。Roblox 的分润模式中分为平台方、创作者、玩家三种角色,创作者利用 Roblox Studio 创造游戏,以及玩家体验免费游戏是无须缴费的。但是创作者一旦在自建游戏中进行收费就需按照一定比例与平台方进行分成。如果用户向创作者购买游戏或游戏内付费,平台分成 30%,开发者获得 70%;如果用户购买的是创作者放在社区平台(Avatar Marketplace)上的虚拟商品,例如衣服、装饰物,则平台分成 70%,开发者获得 30%。

3. 科技输出

元宇宙是多技术的融合,单靠一家企业难以完成一个完整的元宇宙的搭建,具备流量的互联网巨头所承担的角色多是产品策划及核心系统的开发,一些非核心或者非主营业务的功能将以模块化的形式外包给第三方科技服务公司进行开发,例如,科大讯飞可以完成对数字人的开发,英伟达可以完成数字孪生场景的搭建,Unreal Engine 提供了游戏引擎服务等。

9.6.5　元宇宙的创新要点

1. 研发元宇宙专用人工智能芯片

研发体积小、功耗低、性能高的元宇宙专用人工智能芯片,适用于多类可穿戴设备、视觉分析设备等,为人工智能应用提供基础物理载体,如目标识别、场景分割、手势识别、姿态识别等。利用目前各种 RFID 标签、各类传感器(温度传感器、湿度传感器、震动传感器等)技术,并在多场景中投入应用。

2. 构造能源领域元宇宙创新联合体

通过元宇宙构建能源生态上下游的生态圈,聚焦能源产业、能源互联网、数字经济、电子商务等领域元宇宙的产业研究,加快区块链、人工智能、数字孪生等元宇宙产业技术创新与融合,推动元宇宙赋能实体产业发展。

3. 数字孪生赋能产业

加快物联网、渲染引擎、人工智能之间的技术联动,构建元宇宙数字孪生工厂,让现实世界与虚拟世界产生联系,通过现实世界的事物来映射虚拟世界,通过虚拟世界再反哺现实世界,企业可以利用孪生的虚拟工厂达成机器人训练、大数据可视化、智能运维、智慧生产等目的。

4. 混合现实变革交互模式

随着拓展现实、感知交互、人工智能等技术的发展,人与人之间、人与物之间的交互方式正发生变革。通过可穿戴设备,人与机器、人与人之间可以通过语言、眼神、姿态进行实时交互,打破了点击屏幕、打字等二维的交互方式,快速推动职业培训、远程协作、工业设计等领域的发展。

5. 数据权限的创新

元宇宙使得 Web 3 理念深入人心,即用户对自己所拥有的数据具备所有权,第三方机构不可擅自删除、篡改、滥用用户的数据。区块链技术的出现可以保证用户对自己数据的控制权,为数据的存储、转移、使用的方式提供新的范式。

9.7 数字时代如何改变世界

数字时代才刚刚开始,对人们的影响将是全方位革命性的,它会彻底改变人们的工作、消费以及沟通方式,会越来越深刻地影响着人们的生活、经济社会和整个世界。

1. 颠覆科技的应用及发展

数字时代为颠覆科技:5G、互联网、物联网、大数据、云计算、区块链、人工智能等技术的应用提供了巨大的场景,例如,出行、住宿、制造、教育、医疗、生活等共享经济主要领域有着巨大的应用潜力和发展前景,不仅是应用场景本身有巨大的用武之地,而且还将对相关的软件、硬件、平台、算力、算法、网络与信息安全等广大的产业链上下游带来巨大的带动作用,激发进一步科技创新的机会,产生一个数十万亿人民币的巨大市场。

2. 数据的产生及价值

数字时代产生了越来越多的数据,而数据的要素是可以创造价值的,基于商业实践的算法、模型聚合在一起的数据就能够创造价值。数据价值体现主要有三种方式:第一是提高效率体现价值,数据要素通过融入其他要素,如劳动、资本、技术等来提高这些要素的生产效率来体现数据的价值;第二是资源优化体现价值;数据要素通过对劳动、资本、技术等要素之间的资源配置优化,以降低成本、提高效率、改进质量等体现数据价值;第三是激发创新体现价值,数据可以通过激活其他要素,提高产品、商业模式、组织的创新能力来体现数据的价值。

3. 产业数字化转型升级

产业数字化转型升级是指：以数字科技的支持，借助数据的关键要素，通过数据赋能产业链而实现全产业链数字化转型的过程。在数字时代，数据不仅成为新型的关键生产要素，同时也是推动产业高质量发展的动力。利用数字技术完成对海量数据的采集、治理和分析，全方位提供产业和相关资源的数据，并通过智能算法和分析模型，实现数据信息到价值决策的转化，完成产业数字化转型升级，触发产业生态的发展。

4. 激发模式创新

数字时代激发了模式创新，使商业模式发生了革命性变化，过去简单的、线性的产业链被击破，取而代之的是更加高效的、以消费者为核心的各类生态系统。数字化时代，消费者的注意力逐渐成为稀缺资源，商业竞争聚焦在消费者注意力上，这就是数字化时代的流量竞争，所有能吸引消费者注意力的事物都被称为流量入口。网络的传播、聚合效应越来越强，企业的竞争越来越残酷，创造出多样商业模式[7]。

5. 规范化和标准化建设

数字时代，企业的非结构化和半结构化数据远远超出结构化数据比重，因此，规范化和标准化建设就变得尤为重要。通过数据技术，将各系统中不同类型的数据通过标准化形成统一读入读出并进行标准数据存储，有效地将企业中的多样数据源合并在一起，实现了多系统中多样数据源的汇聚整合，为企业合规数字化转型奠定了基础。随着实践的积累，会有越来越多的行业性标准和规范出台，以便更有效地服务企业。

数字时代更充分地解决了人们的需求，借着移动互联网的东风，数字时代将走进人们的生活，将在生产效率、生活便利、商业模式、生产关系等多个维度改变世界！

参 考 文 献

[1] 中国信息通信研究院. 全球数字经济白皮书——疫情冲击下的复苏新曙光[R]. 2021.
[2] 陈晓红,等. 数字技术助推我国能源行业碳中和目标实现的路径探析[J]. 中国科学院院刊,2021,36(9):1019-1029.

［3］ 宋欣珂,张九天,王灿碳.捕集、利用与封存技术商业模式分析［J］.中国环境管理,2022,14(1)：38-47.

［4］ 中国信息通信研究院.数字碳中和白皮书［R］.2021.

［5］ 陈继东,陈珊.未来数字城市——当城市遇上数字技术(理念篇)［R］.Accenture 埃森哲,2021.

［6］ 中国信息通信研究院,中国互联网协会,中国通信标准化协会.数字孪生城市白皮书［R］.2021.

［7］ 鲍舟波.未来已来：数字化时代的商业模式创新［M］.北京：中信出版社,2018.

第 10 章

科技与创新管理

学习目标：

- 了解创新的风险。
- 熟悉创新与知识产权。
- 把握创新人才管理。
- 了解创新的资金管理。

10.1　创新的风险

　　虽然创新给人们的生活和工作带来了更好的体验，也给成功者带来丰厚的回报，许多人为之前赴后继并对它充满期待，但是创新也充满了不确定性和风险。虽然创新造就了一批批成功的企业，甚至在很短的时间内就将这些企业打造成世界重量级企业，然而却有更多的创新企业以失败告终。《追求卓越》是《福布斯》认为的 20 世纪最伟大的管理类图书[1]，书中精挑细选了 43 家优秀企业进行讨论，于 1982 年出版。有意思的是，这本书出版的 10 年后，43 家企业中居然有 14 家已经发生了财务危机。同时，《福布斯》发现这 43 家企业中的 70%，也就是 30 家企业，在刚刚过去的 20 年里的发展业绩已经低于同行业市场的平均水平。而不那么优秀的创新企业在 20 年的时间段，倒闭的概率超过 90%，因此，创新充满了风险。如果没有对不确定性保持足够的警惕，即使已经成为优秀企业，仍然有可能会走向倒闭，会走向新的危机。创新永远都会面对不确定性的挑战，所以创新的管理是至关重要的。

10.2 创新的风险类型

创新的过程中充满了不确定性,涉及许多相关因素:宏观因素、技术因素、市场因素、财务因素险、生产因素、管理因素、社会因素等和其他因素,如图 10-1 所示。因此,只有在整个创新过程中进行周密的管理,才有获得成功的可能性。

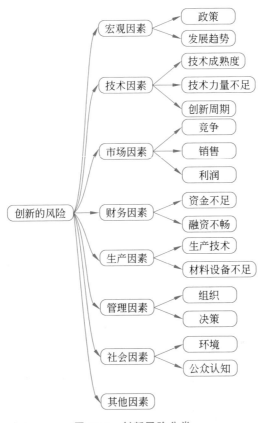

图 10-1 创新风险分类

1. 宏观因素

（1）政策风险：不符合国家或地方政府的环保政策、能源政策、科技政策和外贸政策等；无法获得医疗卫生、产品、原辅材料、设备、技术等的进出口许可证。

（2）发展趋势风险：这种风险主要存在于一些容易被新型科技和市场代替的行业。

2. 技术因素

（1）技术成熟度风险：技术开发难度大，关键技术预料不足。

（2）技术力量不足风险：技术知识无法获得，关键技术难于突破，技术人才难于获得或维护，存在技术障碍和技术壁垒。

（3）创新周期的风险：创新周期不可控而带来的投入及市场变化的风险。

3. 市场因素

（1）竞争风险：来自竞争对手的竞争。

（2）销售风险：新产品由于不稳定性或消费者习惯性等因素难于被市场接受；市场开拓的难度；市场定位不准，营销策略、营销组合失误。

（3）利润风险：因价格等原因，市场需求不旺或增长不快而影响利润；新产品寿命短或开拓的市场被更新的产品代替而影响利润。

4. 财务因素

（1）资金不足风险：主要包括技术创新资金不足和市场开发资金不足。

（2）融资不畅风险：融资渠道不畅。

5. 生产因素

（1）生产技术风险：工艺不合理或现有工艺不适应而难于实现大批量生产；产品质量难于保证、可靠性差。

（2）材料设备不足风险：原材料供应无法解决以及设备和工具缺乏。

6. 管理因素

（1）组织风险：组织协调不力、其他部门配合不好；调研不充分、市场信息失真。

（2）决策风险：创新主体的领导人做出错误的决策；风险决策机构机制不健全、研发过程不协调。

7. 社会因素

（1）环境风险：企业把产生的污染物释放到空气中，或在陆地或水道处理工业废料而造成的自然环境风险；企业遇到的来自其经营环境的法律、经济等各方面的风险。

（2）公众认知风险：来自社会和政治认知风险。

创新主体希望通过成功的创新获取期望的利益。但是创新系统在外部因素和内部因素的作用下，创新活动最终有以下三种可能的结果。

（1）创新成功，实现了预期的目标。

（2）创新失败，未能实现预期目标，甚至无法回收前期投入的资金。

（3）技术创新没有达到理想的效果。

10.3 创新的知识管理

10.3.1 创新与知识产权

创新是企业发展的基石，科技知识是创新的成果，而很多创新需要靠知识产权获得保护，因此创新及知识产权管理是企业赢取竞争优势的重要手段与工具，能够建立更有效的创新激励机制。

知识产权是一种人类就其智力创造的成果所依法享有的专有权利，包括发明专利、实用新型、外观设计、版权、软件著作权、商标权等。近年来，中国正在从知识产权引进大国向知识产权创造大国转变，因此，知识产权工作的重点也就从追求数量向提升质量转变。各企业要立足于现有国际地位，顺应趋势、摸清形势，在知识产权强国战略背景下探索科学、完善、成熟的高质量知识产权培育路径[2]。

10.3.2 知识产权的主要类型

知识产权通常分为两部分，即"工业产权"和"版权"。根据 1967 年斯德哥尔摩签订的

《建立世界知识产权公约》的规定,知识产权保护的对象包括各类知识财产：文学、艺术、科学作品；影视作品、音乐歌曲等,技术发明、科学发现、工业外观设计、商标等；制止不正当竞争以及工业、科学、艺术等领域由于智力活动而产生的一切其他权利。各个国家的《专利法》也有很多差异,在今天这样一个高度全球化的时代,重要的发明和发现,都应该按照《专利合作条约》(PCT)申请国际专利。

1. 专利权

专利法的保护对象为发明、外观设计的专利,中国专利法还保护实用新型专利。发明是指对产品、方法或者其改进所提出的新的技术方案。产品是指工业上能够制造的各种新制品,包括有一定形状和结构的固体、液体、气体之类的物品。方法是指对原料进行加工,制成各种产品的方法。外观设计专利是指对产品的形状、图案或其结合以及色彩与形状、图案的结合所做出的富有美感并适于工业应用的新设计。实用新型是指对产品的形状、构造或者其结合所提出的适于实用的新的技术方案。

2. 商标权

商标是企业在其生产、制造、加工、炼造、经销的商品或提供的服务项目上使用的,由文字、图形或其组合形成的具有显著特征、便于识别的标记。商标权包含使用权、禁用权、续展权、转让权和许可使用权等。

3. 软件著作权

软件著作权是指软件的开发者或者其他权利人依据有关著作权法律的规定,对于软件作品所享有的各项专有权利。在中国,软件著作权保护主要依据的是《著作权法》和《计算机软件保护条例》,在美国则是"Copyright law"。著作、音乐、艺术等作品都属于这个范畴。

4. 商业机密

商业机密可以成为一个企业的重要知识产权。只要商业机密保持其机密状态,就可以通过其保密性获得价值,具有成本效益并且具有可持续性。商业机密允许权利人对任何违反协议或保密条例,或窃取或使用其他不正当手段获取秘密信息的人采取法律手段。商业机密的范围包括计算机程序、客户名单、产品配方等。

5. 保密协议

保密协议的目的是允许机密信息(例如产品或商业创意)的持有者与第三方共享。但第三方有义务对信息保密,除非信息所有者允许,不得使用任何信息,有共识的例外(例如,如果信息已经在公共领域)。

10.3.3　制定知识产权战略

俗话说:一流企业定标准,二流企业做品牌,三流企业做产品。因此,要想成为一流企业,就要在创新上下功夫,就要有一个完整的知识产权规划,以确保市场竞争优势。

知识产权资产不仅是对有价值技术的保护,具有前瞻性知识产权战略的企业也在利用知识产权来获得竞争优势并推动新的盈利增长。全面的知识产权战略不仅可以保护企业免受侵权诉讼,还可以利用知识产权资产实现更大发展空间,成长为一流企业。

而知识产权战略可帮助企业以符合其整体业务战略和目标的方式管理其无形资产,包括专利、商业机密、商标和版权。制定正确的知识产权战略取决于组织的行业和成熟度。不管这些决定性因素如何,战略计划都应该是灵活的。

知识产权的有效战略管理包括三个关键要素:保护、优化和资产化。

1. 保护知识产权

在最基本的层面上,专利通过提供排他性权利来保护知识产权投资。当前,保护知识产权的方法变得越来越复杂,有时会要求公司重新考虑他们用于竞争情报和发布的工具和流程。发布时,重要的是要考虑哪种类型的保护(专利、商业秘密或防御性发布)最有价值,以及需要在哪些地理区域保护知识产权。排他性权利也必须在产品的整个生命周期中保持强大。专利竞争也是国际企业竞争的战略制高点,它既是企业的进攻手段,也能使企业从长远的利益出发,阻止竞争对手的攻击。"产品未动、专利先行"已是跨国公司谙熟的竞争战略。截至 2019 年的全球专利总数公司排名见表 10-1(IFI CLAIMS),都是来自美日韩德的知名公司。2020 年被授予专利数量排名前十的公司见图 10-2(Statista 统计数字),德国公司在2020 年的榜单中消失了,取而代之的是美国公司和中国的华为。这些顶级公司采取了各种举措来鼓励员工投身发明专利。随着科技的快速全球化,重要行业的重要专利需要在全球范围内进行保护,由美国 Statista 统计的 2020 年主要十国的国际专利(PCT)数如图 10-3 所示。可以看出,主要十国的国际专利数占总数的 89%。

表 10-1　全球专利总数前十的公司

排　名	公 司 名 称	专 利 数 量
1	Samsung Electronics Co Ltd	76 638
2	International Business Machines Corp	37 304
3	Canon Inc	35 724
4	General Electric Co	30 010
5	Microsoft Corp	29 824
6	Robert Bosch GmbH	28 285
7	Panasonic Corp	27 298
8	Siemens AG	25 320
9	Intel Corp	24 628
10	LG Electronics Inc	23 043

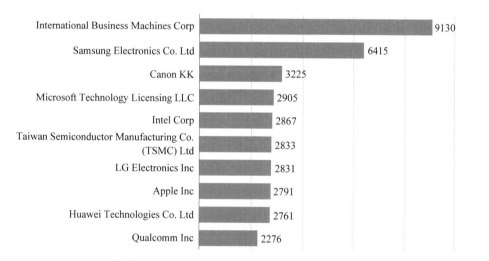

图 10-2　全球 2020 年被授予专利数量排名前十的公司

　　近年来,防御性出版成为综合知识产权保护战略的重要组成部分,它是通过向公众披露具有可证明的出版日期和真实性发明的描述来防止对专利的侵害。

2. 优化流程

　　知识产权管理战略应该足够灵活和具有前瞻性,以指导企业完成创新周期的每个阶段。

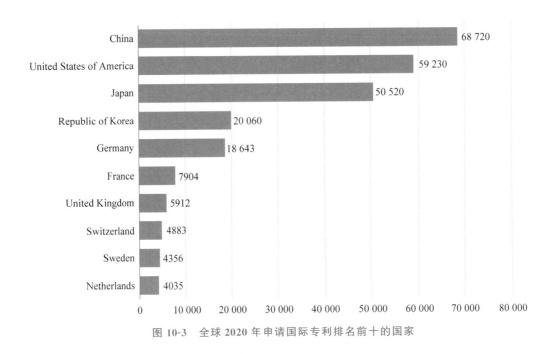

图 10-3　全球 2020 年申请国际专利排名前十的国家

企业可以使用知识产权战略来优化处理无形资产,对创新过程从研发到专利组合战略进行管理,而正确的投资工具和流程可以让企业的知识产权预算利益最大化。尤其是在当前全球贸易一体化的背景下,企业应当对知识产权战略予以高度重视,在知识产权战略上做前瞻性布局,以应对新冠肺炎疫情的影响以及国际规则的重构[3]。

3. 知识产权资产化

知识产权战略最终取决于能为企业创造什么样的价值。资产化不仅可以通过排他性权利更快地将产品推向市场,同时也可以将知识产权变成投资回报的一部分,而不是业务运营的一项成本。例如,高通 2019 年的专利使用收入高达近 100 亿美元,占总收入的 40%,三星、微软、IBM 等知名公司都有非常可观的专利使用收入。

知识产权的资产化不仅为企业带来经济价值,更重要的是增加了企业的行业影响力,形成从卖产品到树品牌,进一步建标准的转型升级,使企业发展更可持续。

举例说明:华为的知识产权管理战略。

华为的知识产权战略部创立于 1995 年。从 2000 年起,华为国内专利申请量以每年翻倍的速度增长,华为的创新文化有如下几个特点:围绕客户需求持续创新,站在巨人的肩膀上自主创新,积累核心知识产权,开放式创新广泛吸纳国际范围内的创新成果。

据华为 2020 年年报显示,截至 2020 年年底,华为累计获得的授权专利已经超过十万项之多,90%以上为发明专利,国际专利占比大约在一半左右,其中超过一万多项为核心专利,华为的专利合作协定申请数量也连续多年居世界前列。

华为知识产权战略的特点包括以下几个方面。

(1)知识产权是企业的核心能力,华为高度重视技术创新与研究,每年将不低于销售收入的 10%用于产品研发和技术创新,以保持参与市场竞争所必需的知识和产权能力。华为坚持长期投入研究与开发,不断丰富自身知识产权的积累,近 10 年华为累计投入的研发费用超过 4800 亿元,目前华为是全球最大的专利持有企业之一,其专利全价值超过 50 亿元。

(2)华为通过实施标准专利战略,积极参与国际标准的制定,推动自有技术方案纳入标准,积累基本专利,来为占领电子通信市场及应对专利诉讼提供坚实的后盾。华为还加入了300 多个标准组织产业联盟开元社区,在 IEEE-SA、ETSI、WFA、TMF 等组织担任董事会成员,并提交了越来越多的标准提案,近几年每年多达数千篇,同时还继续加大在 AI 数据安全与保护消费终端等领域标准开放的投入。

(3)华为遵守和运用国际知识产权规则,积极与其他企业合作,依照国际惯例处理知识产权事务与交叉许可商业合作等。同时,通过多种途径解决知识产权问题,消除由于知识产权垄断而形成的企业竞争壁垒。目前,华为已与行业内主要厂商和专利权人签署了数十份知识产权交叉许可协议,如苹果、IBM、美国高通、爱立信、诺基亚等。仅 2021 年第一季度的特许权使用费用就高达近 40 亿元,随着 5G 商用的大力展开,华为的知识产权战略布局优势将会更加明显,特许权使用费收入也将大幅提升。

10.4　创新的人才管理

科技与创新的时代,人才已经成为创新的核心资源和企业的核心竞争力,人才管理就是创新管理的重要方面。企业要想在市场竞争中立于不败之地,就必须从企业发展的战略高度,充分认识到人才在企业核心竞争力中的地位和作用,采取一些有效的措施来吸引和选拔、培养和提升以及使用和留住人才,形成一套有效吸引人才的机制。

10.4.1 创新的人才吸引机制

1. 全面的人才观

人才具是多样性和多层次性的特征,他们既可以是高层的管理者,也可以是市场一线人员;既可以是高级的研究开发专家,也可以是技能娴熟的技术人员。企业只有树立了全面的人才观,才会吸引到企业适用的各类人才。例如,埃森哲中国区对于优秀人才的界定包含三个方面的内涵:良好的沟通能力、积极的进取心以及强烈的责任感。

2. 完善的待遇激励

企业要根据自身能力制定"对内公平性,对外竞争性"的薪酬管理制度并采取适合的评价标准和方式来评价人才的绩效,以保证公平和效率;建立完善的福利保障制度,如五险一金等,尽可能地为人才解除后顾之忧。对于创新企业,股权激励方法作为一种成本低廉又行之有效的薪酬激励方法,在企业人才管理方面不失为一种有效的办法。用员工持股和股票期权制度将核心员工及优秀人才的未来收益与公司股值联系在一起,使之重视企业的利益和资产的保值增值,将个人利益和企业利益联系在一起,从而在公司内构建"利益共同体",增强人才的责任心,激发积极性和创造性,达到增强企业凝聚力的作用。

3. 优秀的企业文化

企业文化是企业员工共同的特征、精神风貌及其管理方式方法所构成的一种微观文化,是保证企业可持续发展的恒久的必备的支持力量,良好的人际关系和亲和的文化氛围是企业文化内涵的表现。这种氛围使员工得到了尊重和发展的机会,了解了组织的规划和成就,他们才能建立对企业的认同感、归属感,才能毫无怨言地努力与奉献,企业才能从根本上稳定人心,留住人才。

10.4.2 创新的人才培养机制

1. 制定企业人才培养规划

企业根据自身的发展和需要,分别制定人才培养的中、短期规划,建立和完善企业内部人才培训机制,有系统地制定人才培训计划,建立后备人才储备。依据人才自身的优势,详细规划他们的职业生涯,量身打造,增强他们对企业的归属感。

2. 满足人才对知识追求的渴望

随着科技的快速发展,知识和技能的更新速度越来越快,这促使企业随时掌握本行业最新的专业知识,定期对人员进行专业知识培训。同时企业也要尽可能地创造条件,满足人才对非专业知识的渴求,要让他们不断地充实自己,以适应社会和经济发展的要求,以走出去、请进来的方式、方法,不断培养他们的管理能力、创新能力、领导能力,使他们成为企业需要的复合型人才。

3. 以人为本的情感培养

除了对技能的培养,情感培养也是不容忽视的。感情因素往往影响到人才对公司的印象,影响到人才的忠诚度。企业要尊重人才的学识与能力,信任他们、支持他们,加强与他们之间的沟通和交流,增强他们与企业的凝聚力;帮助他们实现自己的人生价值,以待遇留住他们,激发他们的工作热情,时刻保持他们的工作积极性,真正让他们安心于企业,关心企业。

10.4.3　创新的人才使用机制

1. 认同的价值观

在一个企业里,用好人才的核心在于人才的价值观和认同感。每一家公司都会有自己的魂,这里的魂指的就是价值观。微软的价值观就是:激发个人潜能、实现企业潜力。认同感就是每一个员工不管是哪里来,无论年龄和岗位,都应该认同这样的一种价值观。因此,微软晚上以及周末加班非常普遍,而且是员工自觉自愿的行为。所以价值观认同感是基础,也是不可或缺的起点和重心。

2. 明确的责任心

最大限度地发挥人才的潜能,明确的责任心不可或缺,要让每一个人不同程度地共担公司的发展责任。发展的责任可以落实在岗位,可以落实在每一个人,可以落实在公司的管理流程当中,每个人都知道肩上的责任是什么,团队的责任是什么,公司的目标责任是什么。有了明确的责任和责任心才有可能人尽其才。

3. 透明的共享

共享分为两个方面:首先是共享事业平台,人才机制要能给这些员工创造一些新的事业平台,成为成就他们的人生需求;其次是从薪酬激励的角度,每个人的劳动成果要能跟劳动价值分配结合在一起,使员工可以共享企业的成长。例如,光大证券通过推出"招贤馆"的四大特色项目,推动干部选用公开化、透明化、正规化,为光大证券内部员工开拓了职业发展通道,也使优秀人才的引进更加制度化和规范化。

10.5　创新的资金管理

创新企业的资金管理也有很多方面,而且各个阶段和各种类型的公司也各有特色,这里仅对创新企业普遍碰到和关心的融资,即风险投资,进行小结,因为风险投资主要瞄准的是创新类企业。2020年,全球风险投资总和超过了三千亿美元,还有相当一批投资由于各种原因无法统计在内。由此可见,风险投资是创新企业资金的重要来源。很多前景很好的产品创意或商业模式都是因为缺乏足够的资金支持而最终失败。

风险投资简称风投,主要是指向初创企业提供资金支持并取得该公司股份的一种融资方式。风险投资公司是一种专业的投资公司,由一群具有科技及财务相关知识与经验的人组合而成,分析各种投资计划,找出可行的、长期利润的、高风险但是高回报的投资对象(被投资公司)来进行投资。风投公司的资金大多用于投资新创事业或是未上市企业。风险投资会仔细评价创业计划书、创业机会、创业团队、产品技术与市场,并做出估值,然后决定是否投入金额,它们并不以经营被投资公司为目的,仅是提供资金及专业上的知识与经验,以协助被投资公司获取更大的利润为目的。风险投资按照企业发展的不同阶段进行分类,而且对不同阶段的关注会有不同侧重,一句俗话总结得好:"天使轮投入,A轮投产品,B轮投数据,C轮投收入,D轮投利润"。一般项目进入C轮,不仅项目本身应该具备可观的收入,同时已经有A轮及B轮投资机构的基础,所以只要项目基本达到预期,成功融资还是顺理成章的。越是早期,投资的挑战性越大。实际操作中,一般早期风投叫作天使投资,A、B、C轮叫作风险投资,上市前叫作私募股权投资。

10.5.1　天使投资

天使投资是权益资本投资的一种形式,是对创业的最初阶段项目所提供的资金支持,往往创业者还处在怀揣"梦想"和几页计划书的阶段,也是所谓"看人"投资的阶段。天使投资的意义就是除了资金以外,天使投资还会向创业者提供资源、经验、市场等方面的支持。

天使投资开始主要是天使投资人的形式,是一些有一定净财富的个人,对具有巨大发展潜力的初创企业进行早期的直接投资,随着天使投资的市场化和不断成熟,机构投资和孵化器等形式慢慢崛起。天使投资规模公认数据已经超过每年 500 亿美元,而且有很多天使投资由于各种原因是无法统计的,因此实际投资额更大,占风险总投资额的很大比例。

1. 天使投资人

天使投资人是为初创公司提供资金支持的高净值人群,通常以换取公司的所有权股权为目的。美国《证券交易委员会 501 号条例》有明确的"合格投资者"的标准。通常天使投资人主要有三大类,一类是以成功企业家、成功创业者、VC 等为主的个人天使投资人,他们了解企业的难处,并能给予创业企业帮助,往往积极为公司提供一些增值服务,如战略规划、人才引进、公关、人脉资源、后续融资等,在带来资金的同时也带来联系网络,是早期创业和创新的重要支柱。第二类是专业人士,如律师、会计师、企业的高管以及一些行业专家,他们虽然没有太多创业经验和投资经验,但拥有闲置可投资金,以及相关行业资源。第三类是"3F"投资人,就是朋友(Friend)、家庭成员(Family)和傻瓜(Fool),有相当大比例的早期项目是很难吸引到前两类投资人的,那么第三类就成为一种自然的选择。

在中国,雷军就是一个拥有着传奇故事的天使投资人。拉卡拉、凡客诚品、UC 浏览器等成功案例,无不展现了雷军的投资眼光。仅 2008 年一年内,雷军投资的公司就完成了超过一亿美元的融资,他本人也被评为 2008 年度最佳天使投资人。

2. 天使投资团队

对于个体天使投资人来说,由于很多人除投资人的身份外还有自己的本职工作,他们会遇到以下几个问题:①项目来源渠道少,项目数量有限;②个人资金实力有限,难以分散投资;③时间有限,难以承担尽职调查等烦琐的工作;④投资经验和知识缺乏,投资失败率高。于是,一些天使投资人组织起来,组成天使俱乐部、天使团队、天使联盟或天使投资协会,每家有几十位天使投资人,可以汇集项目来源,定期交流和评估,会员之间可以分享行业经验和投资经验。对于合适的项目,有兴趣的会员可以按照各自的时间和经验,分配尽职调查工作,并可以多人联合投资,以提高投资额度和承担风险。

美国的天使团队(Angel Group)非常发达,有成千上万家天使团队遍布各州,其中有半数以上的天使团体联合起来,成立了天使投资协会,来促进相互之间的信息交换,也促进天使投资相关政策的发展。其他国家也在慢慢复制美国的模式。

3. 天使投资基金

随着天使投资的更进一步发展,机构化的天使投资开始逐渐出现。以天使投资人为主的天使投资模式,无论是对初创企业的帮助还是自身的投资能力都逐渐暴露它的局限性,但天使投资人都各具自己的优势,如专业知识、人际关系、商业经验等,如果联合起来以团队形式,或者更进一步地以机构化的基金形式,能够更好地优势互补,发挥更大的作用。

天使投资基金是一个独立的合法实体,是正规的、有组织的、有专职基金管理人的非公开权益资本基金,基金管理人将负责管理整个投资的资金募集、项目搜索、项目评估、尽职调查、投资决策及投后管理的全过程。

天使投资基金的出现使得天使投资从根本上改变了它原有的分散、零星、个体、非正规的性质,是天使投资趋于正规化的关键一步。投资基金形式的天使投资能够让更多没有时间和经验选择公司或管理投资的被动投资者参与到天使投资中来,这种形式将会是天使投资发展的趋势。

在美国和欧洲,天使投资基金已得到比较充分的发展,他们为初创团队带来更多的发展机会。天使投资基金拥有更充足的资金,具有更专业化的团队,带来更广泛的社会资源,因此,有组织的机构化天使基金将会成为发展潮流。发展最好的还是美国硅谷,知名的天使基金很多,包括 SV Angel、500Startups、Draper Fisher Jurvetson、Founders Fund 等。中国这些年天使基金也在形成,代表性的有真格基金、北极光基金、武岳峰基金等。

4. 孵化器形式的天使投资

孵化器是一个机构,围绕着一批项目,通过提供从管理培训和办公空间到风险投资融资的全方位服务,帮助初创公司发展业务和进行孵化。美国硅谷知名的孵化器有 Y Combinator,2016 年,Plug and Play 也已经进入中国。此外,中国还有李开复的创新工厂、清华的启迪孵化器等,这些孵化器都带有天使投资的功能。近十来年,中国由于各地政府的支持,孵化器如雨后春笋,在一大批大中城市遍地开花,并提供了全方位的服务,包括创业培训、辅导、咨询,提供研发、试制、经营的场地和共享设施,以及政策、法律、财务、投融资、企业管理、人力资源、市场推广等。为创新企业的起步和发展创造了很好的条件。

5. 投资平台形式的天使投资

随着互联网、移动互联网和物联网的发展,越来越多的应用终端和平台开始对外部开放接口,使得很多创业团队和创业公司可以基于这些应用平台进行创业。例如围绕苹果 App Store 和腾讯等的平台,就产生了很多应用、游戏等,让许多创业团队趋之若鹜。

为了吸引更多的创业者在其平台上开发产品并提升其平台的价值,很多平台设立了平台型投资基金,给在其平台上有潜力的创业公司进行投资。这些平台基金不但可以给予创业公司资金上的支持,而且可以给他们带去平台上丰富的资源,打造更加完整的生态。

10.5.2　风险投资

风险投资(Venture Capital,VC)应该是贯穿创新投资从早期到晚期全过程的投资活动。在实践中,风险投资一般指天使投资之后,私募股权投资之前这个阶段的投资,包括 ABC 轮投资。ABC 轮实际上是很难严格划分的,总之是经营模式相对成熟,至少有产品原型,甚至产品已经投入市场获得一定销售和市场的认可;再成熟一些的已经取得一定利润,潜力趋势明显,在获得资金后进一步开拓市场可以继续爆发式增长。VC 可以帮助创业公司快速提升价值,获得资本市场的认可,为后续融资奠定基础。行业有影响力的风险投资公司很多,知名的有 IDG、红杉资本、高瓴资本、今日资本、软银集团等。

10.5.3　私募股权投资

私募股权基金(Private Equity,PE)通常是指由私募股权公司组成的普通合伙企业,对私营公司进行投资。私募股权基金以夹层债权或股权的形式直接投资于目标投资的股权证券。

私募股权基金通常投资一些处于上市前(Pre-IPO)阶段的公司,这些公司已经有了上市的基础,私募股权基金进入之后,通常会帮助公司梳理治理结构、盈利模式、募集项目,以便他们能够在 1～3 年内上市,也可以理解为买原始股等待上市。PE 与 VC 虽然都是对上市前企业的投资,但是两者在投资阶段有很大的不同,VC 投资对象为处于创业期的中小型企业,而且多为高新技术企业。PE 着重于投资正处于成长与扩张阶段的企业,这些企业可以是高科技企业也可以是传统行业。

10.5.4　投资过程管理

风险投资的运作过程包括募、投、管、退四个阶段。"募"就是融资阶段,是解决"资金从哪里来"的问题。通常风险资本的资金来源有养老基金、保险公司、商业银行、投资银行、大公司、大学捐赠基金、富有的个人及家族等。在融资阶段,最重要的是解决投资者和管理人的权利义务及利益分配关系安排的问题。"投"是指投资阶段,投资阶段关注的焦点在于解决"资金往哪儿去"的问题。专业的风险投资机构通过项目初步筛选、背景调查、估值、谈判、条款设计、投资结构安排等一系列操作,把资金投向那些具有巨大增长潜力的创业项目。"管"显然是指管理阶段,管理阶段的主要任务是解决"价值增值"的问题。风险投资机构主要通过监管和服务实现价值增值。监管主要包括参与被投资企业董事会、在被投资企业业绩达不到预期目标时更换管理团队成员等手段,服务主要包括帮助被投资企业完善商业计划、完善公司治理结构以及帮助被投资企业获得后续融资等手段。"退"是指退出阶段,退出阶段解决"收益如何实现"的问题。特别是当初创企业发展到一定阶段之后,其盈利能力基本保持稳定,这时风险投资往往希望通过股权转让撤出投资,然后投入其他具有高增长潜力的初创企业中。风险投资机构主要通过公开上市、股权转让和破产清算三种方式退出所投资的创业企业,实现投资收益。其中,通过公开上市方式往往是创业者和投资者最理想的退出机制,因为通过公开上市,企业可以通过发行股票的方式筹集来自社会大众的资金,从而为公司提供新的、持续的融资渠道,这时风险投资的资本退出几乎不需要承担任何风险。然而公开上市的审核过程较为严格,只有满足各项上市要求的企业才能最终实现公开上市。退出完成后,风险投资机构还需要将投资收益分配给提供风险资本的投资者。具体管理过程如图 10-4 所示。

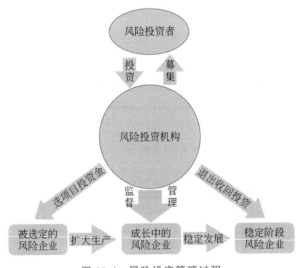

图 10-4　风险投资管理过程

10.6　构建创新项目的法则

如何准备一份高质量的商业计划书来吸引投资也是一个很热门的话题。围绕如何打造商业计划书的书籍很多,里面都会详细讨论很多细节,虽然每个细节都很重要,但是当太多细节需要关注时,反而会使核心要点把握不好。这里只介绍构建创新项目的实战法则——商业计划的"加减乘除法则",可以快速把握顶层逻辑。

1. 团队是加法

一个人无论多么强大都要具有这三种资源:智力资源、人脉资源和资金资源,因此创业团队组合需要具备这三种资源(三源论)。

(1) 智力资源。包括核心技术成员和卓越的管理者。作为创新项目,项目技术核心团队成员是最基本的,而且技术团队最好是核心知识产权的创造者。同时作为商业创业,具备管理能力的团队成员也是必不可少的。总之,创业团队需要具有尽可能完美的创造力和领导力的结合。

(2) 人脉资源。创业团队最重要的资源之一是人脉,即创业团队可以构建的人际网络或社会网络的资源。一个创业团队如果不能在最短时间之内建立自己最广泛的人际网络,那他的创业一定会非常艰难,即使初期能够依靠领先技术或者自身素质(如吃苦耐劳或精打细算)获得某种程度上的成功,但想要达成较大的规模是非常困难的。除非像英特尔那样,开发的微处理器是所有计算机必须有的,而全球没有真正的竞争对手,因此可以垄断市场,形成规模。创业不是引"无源之水",栽"无本之木"。每一个创业,都必然有其凭借的条件,也就是其拥有的资源。

在人脉资源中最重要就是同学和校友资源。京东现在已经成功跻身世界 500 强,2020年更是上升了 37 位,排在全球第 102 位。而在 2009 年年末,中国电商行业竞争十分激烈,当时京东也面临资金的压力。在 2010 年的中国人民大学校友会上,刘强东认识了自己的师兄张磊,这也为京东后来的转型埋下了浓墨重彩的一笔。在校友会上,刘强东跟自己的师兄分享了现在对整个市场的看法,师兄张磊点头赞同。在校友会后,刘强东马上就来到高瓴资本集团,来到师兄张磊的办公室,想让张磊为京东投资,并成功获得投资,成就了一个商业帝国,也成为一段佳话。北极光邓峰投资清华校友展讯,天使投资人龚虹嘉投资华中科技大学校友海康威视,真格基金徐小平投资北大校友世纪佳缘。类似这样的桥段数不胜数。这也是为什么顶级大学工商管理学院总裁班非常热门的原因,更新知识只是一方面,更重要的是投资和结识人脉。

人脉资源中其次是职业资源。所谓职业资源就是创业团队成员在创业之前,在工作中所建立的各种职场资源,包括项目资源、人际资源、客户资源、产业链上下游资源等。在遵守"保密和非竞争"法则的情况下,充分利用职业资源可以大大提升创业的效率。除此之外,还有老乡、战友以及各种社交场合结识的朋友。俗话说:"多一个朋友多一条路",尤其创业,构建人脉网络至关重要。

(3) 资金资源。对于创新项目,资金的重要性是不言而喻的,对创业团队来说,要么团队成员中有人有钱,要么团队成员有人认识有钱的人或机构。

这三种资源包含创业团队所需要的所有资源,而这三种资源,尤其是早期公司是不可能同时体现在一个人身上的,因此团队是至关重要的,团队成员要优势互补,这样团队组合起来才可以很好地覆盖三方面资源。

2. 市场是减法

无论是企业客户还是个人消费者,几乎对某一种产品都有市场细分,因此创新企业需要进行市场调查、做市场细分分析,然后聚焦最有优势的细分市场。例如,智能手机市场,2007年苹果手机的问世,真正开启了智能手机时代,三星2009年强势进入,同期还有微软、黑莓等知名品牌。而小米于2010年创立,在智能手机市场中,小米瞄准中低端市场,也就是那些对价格比较敏感,注重性价比的人群。与小米手机同等配置的手机没有小米的价格优势,与小米手机同样价格的手机没有小米的功能强大,因此,这样的市场定位几乎出现了市场真空! 小米正是通过市场细分切入并占领市场,然后不断扩张,到2021年第一季度出货量达到4900万台,紧追苹果5700万台,全球排名第三! 很多成功崛起的初创公司之所以能获得成功,其中一个重要因素就是敢于在市场定位上做减法,聚焦在一个细分市场,发挥自己的优势。

3. 商业模式是乘法

第4章已经针对商业模式做了深入探讨并列举很多案例,可见合理地选择商业模式和创新,借力平台和渠道,让商业模式成为最强大的推手,能够事半功倍,实现业绩的倍增。

4. 成本是除法

成本控制和管理是企业在竞争中取胜的关键战略之一,企业无论采取何种改革、激励措施都代替不了强化成本管理、降低成本这一工作。在融资过程中,资金的使用也是要认真规划的,其本质就是成本管理。

为使企业产品在市场上具有强大竞争力,成本管理就不能再局限于产品的生产过程,还包括研发成本、人力资源成本、资本成本、服务成本、产权成本、环境成本、后勤成本、生产成本、库存成本、销售成本、顾客维护成本等。因此成本控制的空间很大,除了常规的绝对成本控制、相对成本控制、全面成本控制等,还可以结合科技手段提高自动化、智能化、信息化、标准化等水平以提高效率。此外,企业通过利用非主营业务的服务外包以及供应链整合也可以分摊成本,把成本摊薄,即在同样成本的情况下尽可能扩大分母。

这个构建创新项目的法则可以帮助企业快速清晰地把握计划书的核心要点。还有更加简单的法则:例如 TMP 法则同样可以用来突出计划书中的核心要素:T——团队(Team),M——市场(Market),P——产品或服务(Product)。

通过本章的讨论,读者对创新活动中知识产权、投融资等重要环节有了全面认识。结合前面对创新的系统了解和颠覆科技的应用场景的深入分析,就可以游刃有余地把握科技与创新管理的各个环节。

参 考 文 献

[1]　PETERS T, WATERMAN H R. In Search of Excellence[M]. New York: Harper Collions Pulishers,1982.

[2]　邓恒,王含. 高质量专利的应然内涵与培育路径选择:基于《知识产权强国战略纲要》制定的视角[J]. 科技进步与对策,2021,38(17):34-42.

[3]　高小玫. 我国知识产权战略亟需前瞻性布局[J]. 人民论坛,2020(Z2):6-7.

第 11 章

创新力的培养

学习目标：

- 了解创新力与及其核心要素。
- 熟悉创新力法则。
- 掌握创新力的"五多"和"五度"。

11.1 创新力概述

创新带来了科技的发展、产业的变革和生活的便利,创新力已经成为一个组织、企业甚至国家的核心竞争力,因此如何塑造和提升创新主体的创新力在当下就变得至关重要。当然创新主体有很多种类,包括个人、机构、公司、区域甚至是国家,这里聚焦的创新主体是以个人为单位。中国科技大学校长朱清时谈到创新力的培养时,认为创新力已经成为当前人才素质要求的核心之一。

简单来说,创新力就是一种突破现状并不断超越的能力。杰夫·戴尔在《创新者的基因》(*The Innovator's DNA*)里[1]提到创新者仰仗于一项认知技能,我们称之为"联系性思维"或简称为"联系"。联系指的是大脑尝试整合并理解新颖的所见所闻。这个过程能帮助创新者将看似不相关的问题、难题或想法联系起来,从而发现新的方向。突破思维定式,多学科和领域交叉融合,打破学科之间的固有界限,有助于实现创新和突破。当代社会重大科学技术突破也越来越依赖不同学科之间的交叉融合,比如近年来发展得如火如荼的新能源汽车产业,就是物理学与化学、材料、机械、电子等学科交叉融合的产物。创新力包含三个核心要素:创新思维能力、创新技能能力和创新人格能力。创新力是人类能力中层次最高的一种能力。

11.2 创新力的三个核心要素

创新力的三个核心要素中,创新思维能力表现在怎么想,创新技能能力表现在怎么干,而创新人格能力表现在动机如何,如图 11-1 所示。下面将详细展开。

11.2.1 创新思维能力

创新思维能力是主体创新和创新能力发展的核心和关键,是主体具有创新特质因素的思维整合体和多种创新思维形式的有机整合体。从形式上看,创新思维能力本身就是一个由抽象思维与形象思维、发散思维与聚合思维、横向思维与纵向思维、逆向思维与正向思维、潜意识思维与显意识思维等多种思维形式的有机整合体。从内涵上看,创新思维就是指主体具有创新特质的内在因素整合所形成的思维,它包括五种特质:独创性,求异性,灵活性,敏锐性,联想性。这五种创新思维特质在人的创新活动和创新能力发展过程中发挥各自独特的功能且具有整合作用。

1. 独创性

独创性是指思维会产生新成果、新产品、新作品、新理论、新方案(管理、实验)、新工艺和新方法,且这些成果是首创的,具有实用的或理论的价值。独创性即常常发表超出常人的见解,能用特异的方法解决问题,用新奇的方式处理事件,且成果别具一格。独特性决定了创新的本质以及创新人格能力和智力化能力所能发挥的作用。

2. 求异性

求异性是一种不循常规、注重求异和求新、从多方面寻求答案的思维方式,也称发散性思维。人们在思维活动和实践活动中不满足于现状,或不满足于某一方面的长足发展,因而为了寻求新的发展,寻找改变现状的契机和机遇,即为在异中求新、新中求变的思维方式。这一思维形式具有流畅性、变通性和独特性等特点。流畅性是指这种思维活动能够沿着某一方向或朝着某一目标迅速地扩展开来,并在该方向形成丰富的内容。变通性是指这种思

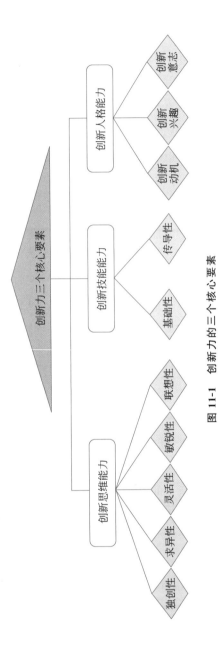

图 11-1　创新力的三个核心要素

维活动能够从某一方向转向其他方向,从而形成立体状态,表现出丰富的多样性。独特性是指这种思维能在前两个特点的基础上形成与众不同的独特见解,它是求异性思维的最高目标,常常表现为创造性。上述特点让求异性思维能成为拟订方案和制定行动计划的决策性思维方式,可以说,拟订方案的过程主要是运用求异性思维来制定行动计划的过程。卓越的求异性思维是拟定出丰富、多样、完善的可行性方案的基础。

3. 灵活性

灵活性是指能打破思维定式的思维模式,善于提出不同意见或问题的解决办法,能根据现状做出调整和变化的思路。它决定了创新的广度和多维性,扩展了创新人格空间并使创新技能能力能更大程度地发挥作用。

4. 敏锐性

敏锐性是指善于发现问题的未知部分,能敏锐地观察和认识客观事物的性质和特征,能够超越感觉及现实(时空)的界限并从一事物中敏锐地跳到其他事物中,在不同事物中把相关因素联系起来。它有利于寻找创新的突破口和突变点,能有效提升创新人格能力和创新技能能力在单位时间内对创新对象的感知程度。

5. 联想性

联想思维简称联想,是人们经常用到的思维方法,是一种由事物的表象、语词、动作或特征联想到其他事物的表象、语词、动作或特征的思维活动。通俗地讲,联想一般是由于某人或者某事而引起的相关思考,人们常说的“由此及彼”“由表及里”“举一反三”等就是联想思维的体现。

正是创新思维的五个特质相互联系,形成了创新思维能力的整合体。它决定了创新的本质和创新人格能力和创新技能能力在创新活动中所发挥作用的性质和程度,是主体创新和创新能力发展的核心和关键。

11.2.2　创新技能能力

创新技能能力是主体创新和创新力发展的基础和手段。创新技能能力是整合主体创新所需要的知识和创新所需要的一般技能在内的综合结果,包括创新所需要的专业技术能力、计算机能力、动手操作能力、熟练掌握和运用创新技法的能力以及创新成果表达展示的能力等。创新知识是主体从事创新和创新力发展的前提和基础,创新技能是主体从事创新和创新力发展的基础和手段。

1. 基础性

在创新力诸要素的相互关系中,创新技能能力起着基础性的作用。创新技能能力的基础性作用表现在：如果没有一定的创新技能能力,那么任何创新都无法进行。创新技能能力决定着创新实现的可能性程度,并作为创新力的重要组成部分,对主体的创新决策和实施以及创新力内在整合发展起着重要的基础性作用。创新技能能力发挥着"创新的条件"和"条件的创新"双重作用,比如人的创新知识既是人的创新人格能力提升的基础,又是创新思维活动的科学基础。人的知识作为陈述性知识可以提升人的认知能力和对创新重要性的认识程度,作为程序性知识可以转化为掌握、控制、认识事物和规律的程序和规则,特别是作用于创新对象的动手操作能力,从而提升主体的创新思维能力和创新人格能力。

技术能力是企业创新的基础,企业获得喜人的创新业绩并创造财富,需要强大的技术能力来做支撑。提高技术能力是一个具有长远性的战略举措,是一些"长寿公司"不断创新的源泉所在。技术能力附着在企业内人员、技术设备系统、技术信息和组织管理诸要素之上,并体现为各要素所有内生知识存量的总和。它是一个表征企业内在技术潜能的概念,是企业提高产品质量、提高劳动生产率、降低产品成本和实现技术创新的技术基础,也是企业全面提高经济效益、增强竞争能力的基础。例如,来自荷兰的阿斯麦 ASML,是全球最大的光刻机巨头,它曾经是个名不见经传的小公司,靠着技术创新开发了第一个浸润式光刻机,现在已成为家喻户晓的业内龙头,是截止到现在唯一能够生产出浸润式光刻机的企业。阿斯麦就是得益于其手中掌握着最先进的技术,靠基础的创新技能成为全球最大的光刻机巨头。

2. 传导性

创新技能能力的作用表现在：创新技能能力在创新主体与创新对象客体之间承担和履行着传播、反馈、调节创新信息的职能。没有创新技能能力,人的创新活动无论是在认识阶段还是在实践阶段都无法做到使主体与客体相联系、主观与客观相符合、理论与实践相统一。创新技能能力决定着创新信息输出、输入的效能,决定着创新目的实现的程度,在很大程度上影响着创新的效果和人的创新力内在整合情况以及其发挥的效用。同时,新成果总是以一定的创新知识形态或技术成果或物化形态的新产品来反馈给世人并传承给后人,供后续再创新。比如知名的微软是全球顶级的科技公司,而且自 1975 年成立以来,在这近半个世纪中仍然一直保持着科技界领头羊的地位,这得益于微软的持续创新及创新传承。自1985 年推出 Windows 1.0 以来,Windows 系统经历数十年的变革,从最初运行在 DOS 下的Windows 3.0 到现在风靡全球的 Windows XP 和 Windows 10,微软凭借其创新的 Windows系统创造了大量财富。在互联网越来越发达的形势下,微软进军云计算,成为全球云计算巨头之一,2021 年年底市值破 2.5 万亿美元,超过 GDP 排名第八的意大利,可谓是富可敌国。

11.2.3 创新人格能力

创新人格能力是主体创新和创新力发展的心智基础。创新人格能力是主体创新个性特质和创新精神因素作用于创新活动而形成的能力,包括创新动机、创新兴趣、创新意志。创新人格能力是创新力发展的方向和动力,在创新活动和创新力的形成和发展中起主导作用。

1. 创新动机

创新动机是指引起和维持主体创新活动的内部心理过程,是形成和推动创新行为的内驱力。创新人格化是人们进行创造活动的出发点和内在动力,是创造性思维和创造力的前提。创新主体的创新动机并不是单一的,而是多元的,这既与创新主体的价值取向有关,也与组织的文化背景、创新者的素质相关。由积极的动机所呈现出来的热情和激情,不仅可以调动认识主体的身心、各种认识器官以及大脑皮层各个部位的积极性和创造性,提高创新效能,还可以使认识主体在认识活动中克服困难,勇往直前,从而推动认识的发展。动机是在需要的基础上产生的,需要作为人的积极性的重要源泉,它是激发人们进行各种活动的内部动力。一般而言,促使创新动机产生的因素包括创新心理需求、成就感、经济性追求、责任心和敢于创新的勇气。

2. 创新兴趣

创新兴趣不仅是推动人们积极从事科技创新工作的动力之一,而且还能使人在艰辛烦琐的科学研究中体会到快乐,并孜孜以求。近些年来,人们把"兴趣"提升到"趣商"的高度而作为衡量一个人素质的标准之一。人对什么产生了兴趣,就会在头脑中形成优势兴奋中心,从而使人的注意力高度集中,并能维持很长时间。因为探究的是自己心中向往的东西,所以个体就会呈现情绪饱满、精神愉快、充满自信、联想丰富的最佳状态。创新兴趣包括直接兴趣和间接兴趣两类,其中,直接兴趣是指对活动本身的兴趣,也就是客观事物中有趣现象对人的直接吸引。间接兴趣则是由活动目的、任务或活动结果引起的兴趣。它吸引着人们去探索更深奥的问题,比如英国生物化学家、两次荣获诺贝尔化学奖的弗雷德里克·桑格认为科学研究就像发现新大陆,真正的乐趣蕴含在工作本身,在于不断地尝试以前没有尝试过的新事物。

3. 创新意志

创新意志是指人们根据社会和个体生活发展的需要,引起创造前所未有的事物或观念的动机,并在创造活动中表现出的意向、愿望和设想。创新意志是来自主体内心的力量,能够调节主体的坚韧性,使主体在对未知的追求过程中能坚韧不拔、百折不回。创新意志的坚韧性使认识主体能处于一种积极的、能动的状态之中,并推动和激励认识主体去追求创新。主体的信念和意志等会影响创新人格的因素,对主体创新活动同样起到激励-抑制的作用。在人们的实践过程中会遇到比认识过程中更复杂多样而始料不及的困难和障碍,因而人们的信念、意志状态等人格因素都会影响人们克服困难的程度。很难想象一个缺乏热情、在实践活动中情绪低落、意志颓废的人会有什么了不起的建树。所以成功与失败的差异往往就是意志的差别。

11.3 制约创新能力发展的表现

鉴于有些行为会对创新能力的发展起到明显甚至是致命的抑制作用,因此在这里梳理一下主要的行为以期避免。

1. 生性懒惰,好逸恶劳

懒惰是最致命的,懒惰是一种堕落,会让人不愿意付出、不愿意战胜完全可以战胜的困难,而身上的创新力也会被一点点磨光。

2. 安于现状,不思进取

主观上缺乏应变思维,缺乏创新动力,照搬陈规旧俗,凭经验做事,缺乏竞争意识。

3. 畏首畏尾,逃避创新

顾虑重重,在不利的客观情势下过分强调客观问题,缺乏创新的信心和勇气,丧失组织的活动,失去发展的机会。

4. 浮躁蛮干,扭曲创新

对自身的优势和不足缺乏了解,立功心切,情绪浮躁,脱离实际,把蛮干当作创新,照搬他人模式,头脑发热,独断专行,好大喜功,热于"业绩工程"。

5. 心胸狭窄,不容创新

不仅缺乏创新力,而且也不容他人有创新的表现。对创新过程百般刁难,对创新成果冷言冷语。

6. 骄傲自满,不思创新

在取得成绩后,处处居功自傲,没有继续创造的动力,导致裹足不前。

这些是一些比较主要的表现,还有投机取巧、目光短浅、唯利是图等表现就不在此再一一列举了。

11.4　创新能力的法则

前面为了便于说明,只是围绕个人主体展开讨论,而实际上一个创新项目的成功是要依靠团队的力量,希望通过团队成员优势互补来综合团队的创新力,使之能尽可能全面地覆盖对创新能力的所有要素。如果在组织团队过程中能够尽可能全面地综合创新能力的各个要素,克服有碍创新的消极影响,那么就会为创新项目打好良好的基础。因此将创新能力的要素及消极影响提炼到法则的高度对实际的创新过程会有很大帮助。

1. 创新能力的加法原则

在三个创新能力核心要素内部适用的是加法原则。比如创新思维能力中既具有独创性又具有灵活性,那么创新思维能力就被叠加起来了,再比如创新人格能力中有明确动机又有创新意志,那么创新人格能力就更强大了。而且创新能力的加法原则对每一类要素内部的叠加是没有限制的,比如一个创新团队具有所有创新思维能力的特质,那说明这个团队在创新思维能力方面非常强大。

2. 创新能力的减法原则

在当前互联网时代,由于信息变得更加透明,对于客户而言他们拥有了更多的选择,因此客户能够通过非常低的成本,充分接触到市面上绝大多数的产品。客户也因此能够更加精准地找到自己所需要的产品。而反之亦然,哪怕是一个非常小众的产品,也可以通过互联网渠道对接到对这样一类细分产品有需求的客户。这种从消费最底层带来的变化直接影响到了产业的竞争格局,因此创新产品需要更加精准的定位,更细致的划分。互联网时代的简约思维是减法,创新能力的减法原则也应运而生。

早期,饮料的品种非常少,可乐刚推出时,实际上是作为一个新品推出的,但是随着可乐销售量的不断增长,市场份额的不断扩大,各种各样的竞争对手也开始切入到可乐这个细分市场里面,最大的两个竞争公司便是可口可乐和百事可乐,主要面向年轻人。这样日益激烈的市场环境推动着可乐产品的进一步细分。近年来比较火热的凉茶领域,最早由王老吉推出,伴随着"怕上火就喝王老吉"的口号,王老吉火遍大江南北,凉茶也逐渐成为一个全新的饮料品类。

产品细分会提升企业间和产品间的竞争水平,而想要提升产品竞争力的首要法则就是要学会专注,学会做减法,少即是多。在当下的市场竞争环境中,每个企业的资源都是有边界的,企业很难在有限的资源和有限的成本下制造出一个完美的全面的产品。苹果的经营就是一个典型的例子。1997 年,苹果接近破产,当时苹果的股东会就邀请了苹果的创始人乔布斯再次回归到苹果主持大局。乔布斯回到苹果之后并没有选择开发新产品,他首先砍掉了 70% 的产品线,把重点资源投入 iPod 等四款产品,要知道当年的苹果即使面临了破产,仍然是行业里的巨头,做出这样的选择并非易事,但是这样的一个巨头也只是将自己的重点放到了仅有的四款产品上。而回想今天的很多企业,可能规模并不是很大,但却拥有不止四个产品,甚至是不止四个产品线,这样广阔的产品线虽然意味着能面向更多的客户,但实际上是大而不强,在每一个细分领域都很难争取到核心客户,没有形成拳头产品。乔布斯也是抓住了这个要点,他通过这四款产品使得苹果扭亏为盈、起死回生,而这样的理念一直被乔布斯所传承。即使是随着 iPhone 的大卖到了 iPhone 5S 时期,这个时期的 iPhone 已经处于一个非常良好、持续增长的盈利状态,但是 5S 也只有五个款式。这样的产品必然是有竞争力的,而苹果品牌的定位也一直源源不断地传递给客户,像一颗钉子一样写入消费者的心理。尤其是在创业的时期,如果做不到专注,就很有可能难以生存。再比如在谷歌创始的初期,创始人提出的唯一的指标,就是需要让用户在两秒之内打开页面进行检索,这使得谷歌最早的导航栏极其简单,只有一个最为简单的"搜索"。而正是这种简约吸引到了消费者,并产生了黏性。

大道至简这个道理说起来都很明白,但是做起来谈何容易。想要实现简约而不简单的一种境界,关键点是要抓住客户的关键性需求。很多企业不敢简约,是因为不了解客户,害怕简约导致丧失了更多可能的用户群体。这就对新时期创新能力的提升提出了要求,而想要做到这一点,最重要的是需要进行大量的客户分析,要提高企业对客户的理解,这种理解是积累在数据层面,所以越来越多的企业,尤其是互联网公司掌握着大量的用户数据,通过这样的数据分析,公司能够发现客户最感兴趣的点在哪儿。而随着物联网程度的不断提高,传统领域里面也发生着同样的变化。

综上所述,想要化繁为简,最重要的就是通过提升对客户的理解,找到客户的核心需求,从而提供最有价值的产品。产品的大道至简,体现的就是一个企业家的创新能力。

3. 创新能力的乘法原则

三个创新能力核心要素之间遵循的是乘法原则。其中,极端情况是如果三个创新能力中任何一项的能力为零,比如没有任何创新技能能力,那么整体的创新能力就是零,没有任何创新技能还谈何创新呢?而相反,如果有超凡脱俗的创新技能,同时创新思维具有独创能力、联想能力等,且极具创新的兴趣和意志力等,那么整体的创新力将会成倍增加,变得无比强大。

4. 创新能力的除法原则

三个创新能力核心要素与制约创新能力的消极表现之间的关系是除法原则。消极因素越大,比如非常懒惰或者逃避创新等,那么整体的创新能力将会大大缩小。

创新能力法则模型形象地展示了各个要素的关系和作用,为创新团队的组织和培养提供了行动指南。

11.5 提升创新力的"五多"

由于创新力对个人乃至团队具有不言而喻的重要性,关于如何提升创新力的方法和相关书籍已有很多,因此这里只想从简单直接的视角来予以总结,以利于理解和实践。

1."多思"

"思"本身包含着很丰富的内容:"思维""思路""思考""思想"等,讨论"创新力"首先需要认真探讨的就是"多思"。

1)联想力是创新力的基础

联想简单来说就是:通过某种事物、某一概念而想起其他相关的事物或概念。一般地,联想的方法包括:①相似联想,就是两个事物之间有相似之处,比如看到鸟会想到飞机;②相关联想,即类比联想,就是两个事物之间未必相似,但是互相关联,比如拿起笔就会想起纸或本;③对比联想,就是向事物的相反方向联想,比如看到白就会想到黑,由高就会想到矮;④因果联想,指两件事情之间有必然的因果关系,比如早上出门看见街上地面是湿的就会想到夜里可能下过雨。

联想是在创新思考时经常使用的方法,也比较容易见到成效。人们常说的"由此及彼、举一反三、触类旁通"就是联想中的"经验联想"。任何事物之间都存在着一定的联系,这是人们能够采用联想的客观基础,因此联想的最主要方法是积极寻找事物之间的关系,主动地、积极地、有意识地去思考它们之间的联系。德国气象学家魏格纳卧病在床,凝视墙上的世界地图,发现大西洋两岸的弯曲形状非常相似。他由此联想,把它们拼到一块,简直就是一块完整的大陆。后来又了解到两岸的动植物基本相似,说明两岸原本相连。于是他提出新的地质结构——大陆漂移学说。这是由观察地图而产生联想的结果。鲁班在手被草叶划破后,发现草叶的边缘有很多细齿。细齿既然可以划手,是否也可以划木料呢?由此联想到木工工具,于是发明了木工锯。这也是由联想思维所带来的创新。

2)想象力是创新力的催化剂

想象则是在已有形象的基础上,在头脑中加工或创造出新的形象的能力。培养想象力:首先要积累丰富的知识和见识;其次要保持和发展自己的好奇心;其三,要善于观察和感受世界。

爱因斯坦相对论的诞生是想象力赋予它生命。他认为从牛顿以来对空间、时间、引力三者相互关系及运动规律永恒不变的理论有失偏颇，似乎感到有一种新的理论体系可以推翻这个论断，但有时几乎它就要在脑中形成概念，却又给某个"瓶颈"卡住了。1895 年的夏天，有一次，16 岁的爱因斯坦信步而行，登上一座小山，找到了一处理想的地方躺下，他半眯着眼睛，仰望天空，阳光穿过他的睫毛，射在他的眼睛上。他好奇地想象，如果自己骑在一束光上去旅行，那将是什么样子呢？然后问自己：如果这时在出发地有一座时钟，从我所处的位置看，它的时间会怎样流逝呢？我能同时看到过去、现在和未来吗？于是，他的智慧在想象中闪光，由此，相对论的灵感及理论体系脱颖而出。

3）发散思维是创新力的核心之一

发散思维的过程是从某一点出发，任意发散，既无一定方向，也无一定范围。发散思维能够产生众多的可供选择的方案、办法及建议，能提出一些独出心裁、出乎意料的见解，使一些似乎无法解决的问题迎刃而解。正如美国著名创新思维学者迪伯诺所言，"思维的目的不在于求正确，而在于求有效。"[2] 发散思维是以形象思维为基础，它不强调事物之间的相互关系，也不追求问题解决的唯一正确答案，它试图就同一问题沿不同角度思考，提出不同的答案。发散思维是一种无规则、无限制、无定向的思维，具有灵活性、流畅性、多变性、新颖性和相对性等特点[3]。

在如今的互联网时代，平台模式正在流行，在这种模式下很容易从一个点任意展开，这正是发散思维非常好的场景，也是实现"羊毛出在狗身上，猪来买单"商业模式的典型场景。比如谷歌提供优质免费的搜索服务，积累大量的用户（狗），其他公司（猪）需要获取大量的曝光，便会借助谷歌提供的广告服务，而这一过程是需要其他公司向谷歌支付费用，在这一过程中，谷歌便通过自己免费的服务在另一个维度赚取利润（羊毛）。牛顿在苹果树下的奇思遐想引发对万有引力的研究，凯库勒受炉火"金蛇狂舞"的启发提出苯分子结构的设想等，则说明了发散性思维在自然科学的创造活动中大有可为。发散思维使观念发散到各个相关方面，最终产生了多种可能的答案，而不是追求唯一的答案，因而容易产生有创见的新颖观念。

4）聚合思维是创新力的关键

思维既要放得开，也要收得拢，从而达到解决问题的目的。聚合思维恰恰与发散思维相反，指的是一种以目标为核心，对原有的知识从内容和结构上进行有目的地选择、重组、整合的能力。具体采取办法有很多，如分析比较、归纳概括、演绎推理等。聚合思维以逻辑思维为基础，它十分强调事物之间的相互关系，试图形成对外界事物理解的种种模式，追求问题解决的唯一正确的答案。因此,聚合思维是一种有条理、有范围的收敛性思维,它具有方向性、判断性、稳定性、服从性和绝对性等特点[3]。

半导体芯片是高科技的心脏,而芯片制造设备又是芯片链上游核心,芯片制造设备投资大、周期长,其中尤其光刻机最为关键,因为光刻机是精度与难度最高、技术最为密集、进步最快的一种系统性工程设备。荷兰 ASML 公司是全球顶级的光刻机公司,ASML 公司就是归纳分析了几个技术路线,为了解决精度问题,选择了浸没式光刻技术路线,是指在镜头和硅片之间增加一层专用水或液体,光线浸没在液体中曝光在硅晶片圆上,由于液体的折射率比空气的折射率高,因此成像精度更高,从而获得更好的分辨率与更小的曝光尺寸,成为行业的霸主,远远把曾经的巨头公司佳能、尼康甩在身后。门捷列夫元素周期的产生以及新元素的发现,海王星与冥王星的发现等,都是聚合思维导致创新与发明的佐证。

虽然聚合思维与发散思维是相互对立的思维方式,但是聚合思维和发散思维又会经常结合使用,往往以发散思维开始从一点展开,联想各种可能性,然后在各种可能性中归纳聚焦最精准的选项。

5) 逆向思维是创新力的突破

逆向思维说的是为实现某一创新或解决某一用常规思路难以解决的问题,而采用反向思维寻求解决问题的方法。用"求异"的思维去看待和思考事物。

拼多多成立于 2015 年 9 月,是一个由用户、商家、公司三方构成的电子商务行业平台,所采用的为 C2B 经营模式,即拼多多不参与任何商品的生产经营活动。在 2015 年,淘宝、京东两大主流电商已经趋于成熟,占据了国内最大的消费者市场,后面还有慢慢兴起的微商和众多细分行业电商,似乎没有太多机会和空间。在这种情况下,拼多多就采用了逆向思维,选择差异化发展,用低级去开拓农村或不发达地区,借助微信平台,用拼单传播,仅用了不到三年时间就在 2018 年 7 月 26 日成功于纳斯达克上市,用户数量达到 3.44 亿,成为国内仅次于小米、京东、网易等互联网巨头的第七大互联网公司,创造了奇迹,到 2020 年年底用户数量逼近 8 亿,达到 7.88 亿,成为中国电商第一。拼多多就是依靠逆向思维使得其成为在电商领域的一匹黑马。

还有一个典型案例是七喜汽水。七喜汽水在面世之初,面临百事可乐、可口可乐两个超级大公司,在这样的市场夹缝里如何求生存?七喜为自己的汽水精心设计了简短的广告词"七喜——非可乐"。一下子把饮料市场一分为二:一边是百事可乐、可口可乐等市场所有的可乐型饮料,另一边是刚刚面世的、非可乐的七喜,在众多的可乐饮料市场上为自己创造出了一个新的市场。这场非可乐广告宣传的结果是喜人的,七喜汽水在第一年的销售量提高了 10%,而且以后每年都有所增加。自从 1968 年非可乐宣传启动以来,七喜公司每年的净销售额从 8770 万美元增加到 1.9 亿以上。如今七喜已经成了世界上第三大软饮料。

6) 系统思维是创新力的精髓

系统思维是原则性与灵活性有机结合的基本思维方式。只有系统思维,才能抓住整体,抓住要害,才能不失原则地采取灵活有效的方法处置事务。系统思维要求从整体出发,把着眼点放在全局上,注重整体效益和整体结果。只要合于整体、全局的利益,就可以充分利用灵活的方法来处置。

在研发新产品时,我们总会不自觉地想要在产品上增加新的特色或功能,导致产品使用起来越发复杂,这样的画蛇添足对产品来说是一种负担。我们要运用简化模式,主要是将产品中多余的属性移除,再增加新功能,例如,手机从键盘按键模式变成触屏的虚拟键,让手机更加简洁美观。将现有的产品逐步摊开来观察,从不同的角度看到综合的整体,角度的改变也会让我们茅塞顿开从而预测到新产品的产生。例如生活中的螺丝刀,将整体拆开后会发现,不同的螺丝刀头可用同一个刀身和刀柄,经过改造后可变成多功能螺丝刀。

“多思”除了上面列举的六种形式之外,还有其他形式,在这里就不再一一列举了。从上面的说明可以看出“多思”对创新力的提升是非常重要的。

首先,“多思”可以不断扩大认识范围,不断地把未被认识的东西变为可以认识和已经认识的东西。

其次,“多思”可以不断地提高认识能力。“多思”就是要不断地探索前人没有采用过的思维方法和思考角度去展开思考,这就要独创性地寻求没有先例的办法和途径去正确、有效地观察问题,分析问题和解决问题,从而极大地提高认识未知事物的能力。

另外,“多思”也将成为人们主要的活动方式和内容。当前颠覆科技的快速发展,带来了生产和生活的变革,全面的自动化把人从机械劳动和机器中解放出来,而人工智能技术的推广和应用,使人所从事的一些简单的、具有一定逻辑规则的思维活动,可以交给人工智能去完成,从而又部分地把人从简单脑力劳动中解放出来。这样,人将有充分的精力把自己的知识、智力用于创造性的思维活动,把人类的文明推向一个新的高度。

2.“多看”

“多看”这里指观察力。观察力是指大脑对事物的观察能力,如通过观察发现新奇的事物等,在观察过程中对事物的各种特征有一个新的认识。观察力对每一个人都很重要,观察力是创新力的重要源泉,为了有效提高观察力质量,需要把握以下 4 方面。

1）明确观察目的

每次观察活动，要定好明确的目的和指向，预先规定好观察任务，以保证观察得全面、清晰、深刻。对一个事物进行观察时，要明确观察什么，怎样观察，达到什么目的，做到有的放矢，这样才能把观察的注意力集中到事物的主要方面，以抓住其本质特征。目的性是观察力的最显著特点，有目的才会对自己的观察提出方向。

2）制定观察计划

观察前，抽出一定时间，对要观察的内容做出安排，制定周密的计划，这样才会有收获。这些观察计划既可以写成书面的，也可以存储在头脑里。

3）不要让观察停于表面，要探寻本质

观察力是思维的触角，要培养观察力，就要善于把观察的任务具体化，善于引导主动思考，学会从现象乃至隐蔽的细节中探索事物的本质。

4）掌握良好的观察方法

很多人缺乏生活经验和独立、系统的观察能力，在观察事物时，往往抓不住事物的本质，或者看得粗心、笼统，甚至观察的顺序杂乱无章。

英国细菌学家弗莱明发现青霉素，就得益于他那敏锐的观察。1928 年，弗莱明在培养和研究葡萄球菌时，偶然发现有些原来在培养液中生长得很好的葡萄球菌消失了。经检查发现培养液受到灰尘的污染。弗莱明敏锐地抓住这一重要线索，进一步研究发现杀死葡萄球菌的乃是和灰尘一起掉到培养液中的青霉素，从而发现了青霉素。类似的例子数不胜数，比如牛顿发现万有引力，爱迪生发明电灯，莱特兄弟发明飞机等。因此，科学实验成为科学发现发明的重要观察手段。

总结起来，首先，"多看"也就是观察是认识的源泉。从观察对象中获取信息，人脑的思维功能对这些信息进行分析、综合、抽象、归纳、演绎等加工处理，构成概念系统和理论系统，从而实现对客观世界的认识。其次，"多看"也就是观察是获得新发现的手段。创新是指人们发现、创造前所未有的新事物、新理论的活动，包括发现与发明。任何发现与发明都是以观察所获得的事实为基础的。所以要"多看"——勤于观察和敏于观察，创新力才能更上一层楼。

3. "多听"

"多听"包括很多方面，不仅需要"多听"新知识从而提升创新力，同时还要"多听"创新团队成员的创新建议，更为重要的是"多听"消费者的反馈意见。许多产品发布前将消费者反馈作为产品开发的一个环节。当今进入了互联网、移动互联网和 5G 万物互联时代,客户甚至会直接提出对产品设计的意见和需求,形成了 C2M 模式,而"多听"则作为创新的一个环节,可以促使所开发的产品更能满足消费者的需求。随着人工智能的普及,许多产品或服务平台都是先通过"听取"客户的需求,从而来推送客户可能需要的产品和内容,大大提升了用户体验。

酷特智能是比较成功的、以消费者需求作为驱动的电商新业态。酷特智能自主研发了电子商务定制平台——C2M 平台,即消费者在线定制产品需求,订单直接提交给工厂的运作模式。C2M 平台是消费者的线上入口,也是大数据平台,从下单、支付到产品实现全过程都是数字化和网络化运作。这是"按需生产"的零库存模式,没有中间商加价,没有资金和货品积压,企业成本大大下降,消费者也不需要再分摊传统零售模式下的流通和库存等成本。随着 5G 的普及,以消费者需求作为核心驱动力的智能制造将成为越来越重要的模式。

4. "多讲"

"多讲"包括叙述和讲解知识、演讲产品、阐述服务及理念和创新项目路演等。讲解或演讲既是对讲解内容认识的升华,也有助于提升创新力,所以"多讲"是非常有益的,尤其创新项目的路演是目前几乎每一个科技创新企业都需要经历的一个过程,也是项目融资的重要一环,所以这里重点小结一下路演的核心要点。

1) 做好路演前的准备

首先要明确路演的目的,要对项目的发展阶段、技术、市场、商业模式、团队和目标等先有一个全面的梳理过程。

其次,要理清商业逻辑中最容易受到质疑和否定的部分,并召集内部成员对该部分进行头脑风暴和二次思考,针对现场可能被问到的棘手问题做好准备。

接下来就是准备好路演 PPT。路演 PPT 应以简单明了的图片和数据为主,配以一些简单的总结性文字,其中项目的核心技术、商业模式、盈利方式、财务预测、市场竞争、对标企业等也应该重点突出。

另外还需要挑选合适的路演演讲者并进行路演前的彩排工作。好的演讲者应该是对项目的商业模式、行业背景、团队和资源、融资计划都非常了解的人,一般是企业的创始人来担任路演演讲者。

2) 如何做好路演

通常路演时间不超过 10min,因此如何在 3min 内吸引投资者,是一场成功路演的关键。

首先在开场的 30s,要表现出创业的激情,同时吸引住全场的注意力。之后的两分半钟则是专门为对项目感兴趣的人准备的。

而演讲的内容,要尽量用通俗易懂、生动活泼、逻辑清楚的语言,让第一次接触该领域的人也能明白你讲述的内容。在这个过程中,要注意不要照着 PPT 念,要面对观众和嘉宾,对现场气氛要有敏锐的洞察力,时刻调整演讲的顺序和语气,既要抑扬顿挫、充满激情,又要控制语速不快不慢,以便掌握好路演的节奏。

演讲的内容要围绕目前存在哪些痛点,将带来哪些价值,要突出项目优势,可以用象限图来说明领域内的竞争态势,从多个角度阐述你跟别人的差异。要讲清楚团队的技术能力,现在的产品和运营状况,遇到哪些问题,希望获得怎样的资源支持,等等。在演讲的过程中针对企业和行业目前遇到的问题,需要实事求是。但千万不要花太多时间在分析市场和存在问题上。

必须注意的是,演讲者一定要一针见血地、清楚地表达项目的盈利模式。千万不可以模糊其词,这样会给投资人一种项目盈利模式不成熟的感觉。

尽可能地展现核心团队成员及他们的优势,特别对于项目团队中的明星成员,要着重介绍。

有些项目路演结束后有问答环节,在问答环节上,要随机应变,表现出对于项目的信心,特别是针对企业核心优势的提问,是很好的展现自我的机会。

总之,在路演的过程中,要实事求是、诚恳地、真实地说出企业现状,不要回避问题。切忌对项目过分乐观,过分乐观自信会令人产生不信任感。项目路演是实现创业者与投资人零距离对话、平等交流、专业切磋的一种重要方式,可以促进创业者和投资人的充分沟通和深入了解,最终推动创业项目的融资进程。

5.“多做”

一切创新的实现都离不开执行,因此执行力就是创新力的重要体现。“多做”就是不断强化执行力,当然正确的创新动机和浓厚的创新兴趣是执行的前提。

执行力指的是贯彻战略意图,完成预定目标的操作能力。执行力包含完成任务的意愿,完成任务的能力,完成任务的程度。

执行力对团队而言就是战斗力,对企业而言就是经营能力,对个人而言是按时按质按量完成自己工作的能力。这种完成预定目标的能力,对创新活动来说就是创新力的具体体现。

执行力无疑会与许多能力联系在一起,比如沟通、理解和解决问题的能力,这些都是显而易见的,也是需要在学习成长过程中日积月累的能力,提高执行力需要在加强这些能力的基础上才能实现。在提升执行力的过程中,确定完成任务的衡量标准也非常关键,标准的高低可能会使结果千差万别,只有逐步建立高标准才能有效提升执行力。另外,养成习惯和心理暗示是两个极为重要且通常没有被足够重视的手段。仅靠毅力去坚持做某件事会有较大的压力和苦难,但如果已经养成了习惯,那么坚持就会成为一件相对容易的事情。心理自我暗示也会使目标更明确、方向更清晰,从而能大大提升执行力。

11.6　创新力境界的"五度"

通过前面的"五多"努力,旨在希望创新力能达到一个"五度"境界。

1."高度"

创新力的第一个境界是"高度"。创新首先要"站得高看得远",要尽可能地洞察未来市场趋势和推测技术未来发展趋势,如此才能高瞻远瞩地进行创新布局。对于一位创新者或者领导者,其眼界决定了创新的高度。比如美国苹果公司的乔布斯就是成功地洞察了市场趋势而推出了触屏式智能手机,借此契机,苹果公司开始快速成长。2018 年 8 月 2 日,苹果公司成为全球首个市值突破万亿美元的公司,两年后的 2020 年 8 月 19 日又突破两万亿,超越沙特阿美(于 2019 年 12 月 11 日在沙特利雅得证券交易所上市,几天涨停,曾经登顶全球市值最高的上市公司,并第一个短暂突破两万亿市值)重回全球第一,目前还是全球唯一一个市值过两万亿美元的上市公司。

中国的高铁也是非常典型的案例。基于对中国经济和市场的认识,中国自 20 世纪 90 年代起开始规划高铁,2004—2008 年中国进入了技术引进期,在这一阶段,日本川崎、德国西门子、加拿大庞巴迪和法国阿尔斯通都参加了国际竞标,但中国铁路部门并没有选择某个竞标者,而是要求每个企业设计和生产各自类型的高铁列车,且条件是必须接受中国的信号标准。就这样,中国高铁网络运行着不同国家品牌企业的各种列车。在这一阶段,中国通过引进消化吸收,基本掌握了时速 200～250km 的高速列车制造技术。2010 年,中国成功设计了自己的车辆集成,后续推出了第二代、第三代。目前,中国高铁技术已经处于世界先进前列,并开始角逐全球高铁市场,承建了世界高铁网络中的 60%,截至 2020 年底,中国高速铁路运营里程达 3.79 万千米,稳居世界第一。同时,中国高铁网络已覆盖 94.7% 的 100 万以上人口城市。

2."广度"

创新力的第二个境界是"广度"。创新"广度"的扩展首先可以靠"跨界"手段来实现,"跨界"不仅指科技领域的跨界,比如大数据信息技术应用在医疗的基因测序,人工智能应用于自动驾驶,而且还包括科技与文化艺术甚至哲学的跨界,比如利用虚拟现实技术可以使无法到达现场演唱的歌手实现人临其境的效果。通过这种不同领域的跨界逐渐产生了新的领域、新的技术、新的体验甚至新的学科。

其次,创新"广度"的开拓可以靠"整合"。"整合"就是将相关的技术、方法、功能、战略、商业模式等整合在一起,从而产生新的价值。例如,微软将 Word、Excel、PowerPoint 等工具整合在一起组成强大的办公室工具。亚马逊从网上书店开始,不断整合越来越多品类的商品使其成为最大的电商平台。抖音整合了边看边买的电商模式、达人直播的付费模式和线上线下的互动营销模式等,使抖音用户快速裂变,短短四年多时间已经发展成为全球最大的网上平台公司之一,创造了奇迹。

3."深度"

创新力的第三个境界是"深度"。创新的"深度"体现在以下三个方面。

(1)从科学技术的角度来讲,就是要把握深层次的核心,即个人、企业和国家都应关注技术专利和标准。对个人而言,形成独创的理论体系或者技术专利就是最重要的核心竞争力,在职场甚至对创业而言都有所裨益;对企业而言,拥有足够数量的技术专利并把握一定的行业标准,就能形成重要的竞争护城河;对国家而言,同样如此,如果能够把控尽可能多的产业核心技术和标准,那么就拥有更广阔的自主发展空间。

(2)从创新文化的角度来讲,创新的"深度"境界需要一个完善的创新文化。世界各地都在努力创建自己的"硅谷",但硅谷模式却如此难以复制。这是因为,政府往往更关注资金投入和人才引进,却较少关注影响科技创新的文化动因。事实上,创新嵌入于特定文化中,创新力的构建离不开深厚的文化土壤,文化是可持续创新的内在力量。

(3)从创新战略的角度来讲,创新"深度"的不断深化可以依靠一个远见卓识的创新战略,创新战略的重要意义前面已经充分讨论,这里只是明确战略与"深度"的关系。

4."速度"

创新力的第四个境界是"速度"。这里"速度"的真正含义是掌控速度,并不是追求快,而是该快的时候快,不该快的时候就不能快。比如美国视频会议公司 Zoom,创始人团队凭借其对视频会议具有前瞻性的认识,决定从思科高级工程师岗位离职,并带领一批核心技术成员于 2001 年成立,2003 年软件发布上线,到 2017 年达到估值 10 亿美元,2019 年 4 月 18 日上市,上市第一天大涨 72％使市值达到 160 亿。2020 年疫情意外在全球蔓延,公司纷纷转入线上办公,学校也开始线上教学,Zoom 的用户快速增加,到 2020 年 10 月,市值达到高峰的 1400 亿美元。Zoom 案例说明了两点,第一是由于创始团队准确地把握趋势,提前布局,在没有疫情暴发之前就已经上市,而且经历了快速成长。疫情的爆发更是催化了 Zoom 的进一步成长,把市值推到了新高度,这就说明了第一个"速度"的核心点机会是给有准备的人的,Zoom 在把握了机会后,它之后的快速成长就变得顺理成章。第二是 Zoom 合理运用了收费模式和免费模式的结合,可以快速地转化用户,这就说明了第二个"速度"的核心点:使用得当的手段促使快速发展。

商业中总是不断上演"龟兔赛跑",有些时候一味追求速度可能只是在做无用功。比如追赶风口,其实那些真正飞起来的,而且之后还飞得很好的都是像 Zoom 那样,很多年前就提前开始预判布局,具有扎实的技术和清晰的商业逻辑的公司,他们已经具备了一双可以展翅翱翔的翅膀,可以带着公司飞得更高更远。如果仅仅是盲目地追赶风口,没有清晰的商业逻辑,那一定是风口上飞起来的猪,风口一过就会摔得很惨。2000 年互联网的泡沫,2018 年虚拟币的大熊市,都有成批的公司倒闭,只有极小比例的公司生存下来。

5."力度"

一切创新的最终实现还是要靠执行,所以创新力的境界不能少了"力度",也就是执行力。在前面已经介绍过:执行力对个人而言就是办事能力,对团队而言就是战斗力,对企业而言就是经营能力。

执行力不仅是一个战术层面上的问题,也是一个战略层面上的问题,它是一个系统工程,更是一门学问,它必须充分融入一个公司的各个方面,渗透到它的战略、目标、文化等各个方面。

执行力就是在既定的战略和愿景的前提下,制定出可行性的战略,并通过有效的执行措施从而最终实现既定的"高度""广度""深度""速度"。

　　通过"五多"手段不断提升创新力,达到"五度"的创新力境界,从而使个人成为一位杰出的创新者,使团队成为一个出色的创新团队,使企业成为一个具有竞争力的创新型企业。

　　最后用松下幸之助的一句话作为结语:非经自己努力所得的创新,就不是真正的创新。

参 考 文 献

［1］　DYER J,GREGERSEN H,CHRISTENSEN M C. The Innovator's DNA:Mastering the Five Skills of Disruptive Innovators［M］. Boston:Harvard Business Review Press,2011.

［2］　DE BONO E. Lateral Thinking:Creativity Step by Step［M］. New York:Harper and Ros,1973.

［3］　岳晓东,龚放. 创新思维的形成与创新人才的培养［J］. 教育研究,1999,(10):9-16.

结束语

　　本书全面地梳理了创新的概念和各种类型的创新,以及创新的过程、创新的模式、模式创新、创新战略、战略创新,为读者建立了完整的创新理论体系和创新实践指南。结合核心颠覆科技工具(包括人工智能、大数据、云计算、区块链、边缘计算、数字孪生、虚拟现实、元宇宙等),对典型应用场景智慧时代、共享时代、数据时代的商业模式及创新要点进行了深入分析,展现了科技与创新融合的清晰画面,为把握科技和创新风险管理、知识产权保护、人才管理、资金管理等打下基础,进而可以有效地规划和培养创新力。其中,科技与创新改变世界的逻辑如附图1所示。

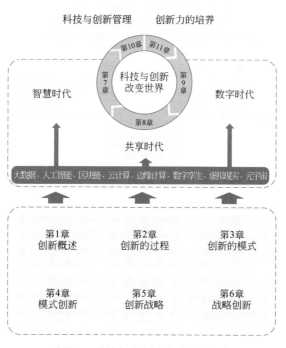

附图 1　科技与创新改变世界的逻辑

当前,新一轮科技革命和创新变革正在兴起,全球科技与创新呈现出新的发展态势。创新的本质是突破,即突破旧的思维定式及旧的常规戒律。创新活动的核心是"新",它或者是产品的结构、性能和外部特征的变革,或者是造型设计、内容的表现形式和手段的创造,或者是内容的丰富和完善。学科跨界融合不断加速,数字技术、新材料、新能源、生物科技广泛融合渗透,带动了以智能和绿色为特征的科技革命。新兴学科不断涌现,产业链不断延伸和交叉,创新意识不断加强,创新模式更加灵活,创新战略竞争更加激烈,而创新精神和创新力将渐渐变成每一个人的重要素质之一。通过"五多"训练,达到"五度"的境界。希望广大读者发扬创新精神,加强创新意识,提升创新力,成为在科技时代能够不断寓意创新的重要的贡献者,用科技与创新改变世界。